思想政治教育与高校学生管理工作协同发展研究

倪鑫杰　张伟伟　孙银玉　著

北方联合出版传媒(集团)股份有限公司
万卷出版有限责任公司

图书在版编目（CIP）数据

思想政治教育与高校学生管理工作协同发展研究 /
倪鑫杰，张伟伟，孙银玉著. -- 沈阳：万卷出版有限责
任公司，2024. 7. -- ISBN 978-7-5470-6585-3

Ⅰ. G641

中国国家版本馆 CIP 数据核字第 2024KM7094 号

出版发行：万卷出版有限责任公司

　　　　　（地址：沈阳市和平区十一纬路29号　邮编：110003）

印　刷　者：济南文达印务有限公司

经　销　者：全国新华书店

幅面尺寸：240 mm×170 mm　　1/16

开　　本：16开

字　　数：305千字

印　　张：19.5

出版时间：2025年1月第1版

印刷时间：2025年1月第1次印刷

责任编辑：朱婷婷

责任校对：张　莹

装帧设计：瑞天书刊

ISBN 978-7-5470-6585-3

定　　价：58.00元

联系电话：024-23284090

传　　真：024-23284448

前　言

时代是一条河，奔腾不息；思想也是一条河，永远向前。作为深刻反映时代思想主题的思想政治教育，其核心在于解决教育对象的思想品德与社会发展客观要求之间的矛盾。它必然且必须紧随时代潮流，不断前行，积极汲取时代赋予的丰富滋养。唯有如此，思想政治教育方能焕发出源源不断的生机与活力，展现出其不息的生命力。

高校思想政治教育承载着双重重要性质。一方面，它致力于向大学生传授思想政治知识，旨在培养他们运用理论知识解决现实问题的能力，以应对未来社会挑战；另一方面，它在思想上凝聚大学生，使之紧密团结在党的周围，确保他们在毕业后能够坚定不移地沿着党的路线前进，为党和人民事业贡献力量。因此，高校思想政治教育工作无疑成为高校各项工作的重中之重。我们必须高度重视、不断加强和改进这一工作，这不仅是做好高校思想政治教育的坚实基础，更是统一大学生思想、凝聚大学生力量，引导他们积极投身祖国建设事业的必由之路。无论是从教育学理论的视角出发，还是从大学生思想需求的角度考量，高校思想政治教育工作在我国高校工作中的核心地位都坚如磐石，无论在过去、现在还是未来，这一地位都不可动摇。

在全面建成小康社会的新时代征程中，高校思想政治教育工作必须与时俱进，不断进行自我革新和完善，以适应我国思想政治工作、教育工作面临的新挑战和大学生思想发展的新需求。要以更加饱满的热情、更加务实的作风，推动高校思想政治教育工作不断取得新成效，为培养担当民族复兴大任的时代新人做出更大贡献。

本书以高校思想政治教育和高校学生管理工作为研究核心，针对具体问题的深入研究，提出了切实可行的解决方案。书中不仅分析了思想政治教育和高校学生管理的有效实践，还探讨了思想政治教育与学生管理协同发展的可行路径，回答了如何创新高校思想政治教育和学生管理模式以及如何实现二者的有机结合等关键问题。

本书由倪鑫杰、张伟伟、孙银玉共同撰写。倪鑫杰（湖北文理学院理工学院）负责第一章至第六章和第八章内容的撰写；张伟伟（齐鲁医药学院）负责第七章、第九章和第十章内容的撰写；孙银玉（安徽大学资源与环境工程学院）负责第十一章、第十二章内容的撰写。沙天怡（大连大学）、赵熠（山东省济南商贸学校）、于景平（陕西能源职业技术学院）负责本书校对。

本书内容科学且实用，语言表述清晰易懂，兼具专业性、系统性与实用性，可作为高校思想政治教育的重要参考资料，同时亦适宜作为思想政治课教师、教育工作者以及广大大学生的教育学习读本，对于提升思想政治教育质量、推动教育事业发展具有积极意义。

本书在编撰过程中，引用了相关学者的研究成果和资料，对此表示由衷的敬意与感谢。鉴于作者的水平尚存局限，书中难免会出现一些错误或不足之处，对此深感歉意。恳请各位专家学者及广大读者不吝赐教，提出宝贵的批评与建议。

目　录

第一章　高校思想政治教育基础

第一节　高校思想政治教育的内涵及任务

高校思想政治教育，简而言之，是对高校学子实施系统的思想政治教育工作。这是一项既具深度又具广度的重要任务，涵盖了丰富的教育内容与多层面的使命担当：既要深化政治、法律知识的教育普及，又要加强理想信念、道德规范的培育引导；既要确保学生树立坚定的政治立场和法治观念，又要引导学生构建科学的世界观、健康的人生观和崇高的价值观。

一、以理想信念教育为核心，进行正确的三观教育

高校思想政治工作应紧紧围绕理想信念教育这一核心任务，致力于培养德智体美劳全面发展的社会主义事业建设者和接班人。我们要通过深化理论宣传教育，引导大学生进一步坚定马克思主义信仰，增强对社会主义的信念，并提升对改革开放和现代化建设事业的信心。

同时，高校还需对大学生进行党的基本理论、基本路线、基本纲领和基本经验的教育，深化中国革命建设、改革开放的历史教育，以及基本国情、形势政策和科学发展观的教育。这些举措旨在帮助大学生正确认识和把握社会发展规律，深刻理解国家的前途命运，明确自身的社会责任。

在此基础上，我们要引导大学生确立在中国共产党领导下走中国特色社

会主义道路、实现中华民族伟大复兴的坚定信念。通过不断激发大学生的奋斗精神，引导他们积极追求更高的目标，为社会主义事业的蓬勃发展贡献青春力量。

二、以爱国主义教育为重点，进行民族精神教育和集体主义教育

中华民族自古便承载着深厚的爱国主义光荣传统，是一个伟大的民族。这种爱国主义精神，源于中华民族悠久历史文化，是推动历史车轮滚滚向前的不竭动力，是凝聚和激励全体人民团结奋斗的光辉旗帜，更是各族人民共同坚守的精神支柱。

在大学生思想政治教育工作中，加强爱国主义、民族精神和集体主义教育，传承中华民族优良传统和中国革命传统，具有十分重要的意义。我们必须高度重视并深入实施这一重要内容，以培养具有爱国情怀、民族精神和社会责任感的青年人才。

当前，我国正处于社会主义现代化建设的伟大征程中，改革开放已取得显著成果。这一宏伟事业为传统爱国主义注入了鲜明的时代内涵。因此，我们要以爱国主义教育为核心，深入开展民族精神教育，引导大学生增强民族自尊心、自信心和自豪感，激发他们热爱祖国、建设祖国的热情，帮助他们树立坚定的民族自尊心、自信心和自豪感。

三、以基本道德规范为基础，深入进行公民道德教育

培养崇高的道德情操与修养，是合格公民不可或缺的基本素质，公民须自觉遵循道德规范，实现道德自律。大学时期作为个体道德意识自觉形成的关键时期，其间的思想道德观念塑造将对个体一生产生深远影响。因此，高校应将培养大学生道德情操与修养置于重要位置。

　　高校应深入贯彻落实《公民道德建设实施纲要》，广泛开展社会公德、职业道德与家庭美德教育，并积极组织道德实践活动，使之融入大学生学习生活的各个环节。通过引导大学生自觉遵守爱国守法、明礼诚信、团结友善、勤俭自强、敬业奉献的基本道德规范，培养他们良好的道德品质和文明行为习惯。

　　此外，高校还应加强法治教育和诚信教育，切实提升大学生的遵纪守法意识和诚实守信意识，增强其遵法守规的自觉性。同时，教育学生深刻认识诚信作为立身之本、做人之道的重要性，牢固树立守信为荣、失信可耻的道德观念，鼓励他们在实际生活中践行诚信与道德，言出必行，行必有果。

四、以大学生全面发展为目标，深入进行基本素质教育

　　促进大学生的全面发展，对于推动人的全面发展、提升全民族整体素质具有举足轻重的战略意义。高等教育工作必须坚定不移地贯彻以人为本的教育理念，以全面促进大学生成长成才为核心目标。我们要积极引导广大学生在学业上精益求精，在品德上修身立德；既要拓宽知识视野、丰富知识储备，又要激发创新精神、提升创新能力；既要强化记忆力、注意力、观察力、思维力等智力素养，又要培育兴趣、情感、意志、性格等人格特质；既要锤炼专业技能、提升实践能力，又要注重身心健康、促进全面发展。

　　同时，我们必须加强社会主义民主法治教育，深化人文素质和科学精神教育，强化集体主义和团结合作精神教育，促进大学生在思想道德素质、科学文化素质和健康素质等方面的全面协调发展。我们要引导大学生在汲取科学文化知识的同时，不断提升思想政治素养，努力将自己培养成为德智体美劳全面发展的社会主义建设者和接班人，为实现中华民族伟大复兴的中国梦贡献青春力量。

第二节　高校思想政治教育的作用

高校思想政治教育所处的环境以及所面临的对象均已发生了显著且前所未有的变化。思想作为行为的先导，在指导实践过程中起着举足轻重的作用。高校思想政治教育必须在坚定正确的思想指引下，全面培养大学生的政治觉悟和业务素养，增强其世界眼光和民族自豪感，同时激发其竞争意识和创新精神。唯有如此，才能通过大学生的全面成长和成才，更好地发挥思想政治教育作为"生命线"的重要作用，进而为中国特色社会主义现代化建设提供更加坚实的人才保障和智力支持。

一、建立和谐的师生互动关系

高校思想政治教育活动，本质上是一种主体间的交往互动，即师生之间的深度交流活动。在此过程中，必须充分尊重学生的主体地位，深入拓展其精神需求，并不断提升其需求层次与品位。而这一切的实现，都离不开师生间有效的、充分的交流互动。

作为教师，不应将学生简单视作教育信息和社会价值信念的被动接受者，更不应直接将社会所要求的思想政治素质和行为道德规范强加于学生头脑之中。相反，应致力于加强师生间的交流、对话与理解，将外在的规范要求转化为学生内在的自我需求。

因此，必须高度重视并加强高校思想政治教育活动中的师生交流，通过深入对话和理解，引导学生将外在的规范内化为自我追求，从而实现思想政治教育的真正目标。

除了课堂内的交流互动，课堂外的沟通同样重要。我们需要开展知识理性的对话，以及价值理性的协同合作，在潜移默化的交流中渗透个性影响。同时，在平等对话和民主协商的基础上，致力于实现教学相长的目标，进一步激发学生的创造精神和超越意识，以促进其全面发展。

构建平等且融洽的师生关系，是确保高校思想政治教育工作取得实效的重要前提。在高校思想政治教育工作中，必须充分发挥教师主体的激励与引导作用，深入挖掘并展现教师的人格魅力。教师要以情动人、以理服人、以行导人，积极引导学生追求真理、崇尚善良、向往美好，推动学生主体精神与人格的全面发展。

同时，还应积极改革传统的教师权威模式，坚持平等原则与疏导方针，构建师生之间平等对话、参与合作的新型关系。师生之间应当互助友爱、愉快合作、共同思考、共同探索，教师在教育过程中应展现出真诚的爱心、高度的责任心与执着的事业心，关注学生成长，激励学生进步，辅导学生成才。通过此举，充分调动学生参与的热情与创造的激情，推动学生身心的健康发展。

二、拓展教育渠道，强化实践锻炼

高校思想政治教育并非单纯等同于思想政治理论课程的传授，而是涵盖了更为广泛的教育实践。对于当代大学生而言，确立正确的理想信念不仅是思想政治教育教学的核心目标，更是学校整体工作的重要追求。教书育人、管理育人、服务育人三者相辅相成，共同构成了高校育人的有机整体，其核心目的在于培育适应社会主义现代化建设需求的优秀人才。

因此，在加强思想政治教育主渠道作用的同时，高校还应注重将素质教育的精髓——爱国主义、集体主义和社会主义的主旋律，深度融入校园文化之中，并渗透到社团活动、网络信息、心理咨询等多个层面。通过形成合力，共同推动学生主体素质的构建与完善。最终，高校思想政治教育的成效应切实体现在学生的实际行动上，确保其真正内化于心、外化于行。

社会实践作为推动学生主体性发展的核心路径，具有举足轻重的地位。为此，必须确保学生能够直接投身其中，通过亲身参与和体验，深切感受社会实践的深刻内涵。在此过程中，应当引导学生将理论知识与社会实践紧密结合，将个体力量融入集体智慧，在集体和社会的广阔天地中，不断培育和发展学生的主体意识。

通过实践活动的锤炼，学生不仅能够锻炼自身的实践能力，更能提升主体能力，完善主体人格，逐步成长为具备高度主体性、全面发展的新时代建设者。

三、大学生形成理想的不可或缺的重要手段

高校思想政治教育作为高校素质教育的重要组成部分，其核心地位不容忽视。其目标在于"育魂"，旨在全面提升大学生的思想政治素养，塑造良好的思想道德品质，增强其分析判断能力，提高政治思想觉悟，引导其树立科学正确的世界观、人生观、价值观、道德观及政治观，并坚定中国特色社会主义的理想信念，从而培养和造就一批合格的社会主义建设者和接班人。

在高校思想政治教育活动中，教师与学生的关系实质上是一种主体间的社会交往关系。哲学家哈贝马斯曾明确指出，社会是一个由交往行为构成的网状系统，只有与行为主体紧密结合，才能形成具备进化能力的体系。在此基础上，社会通过吸收行为主体在社会化过程中积累的学习能力，形成新的结构，进而提升其控制能力和调节能力至新的高度。当社会能够将蕴含在人们世界观中的认识潜力转化为重组人的行为系统的动力时，它才能实现真正的进步和发展。

在师生交往的过程中，学生总是基于自身的主体需求，积极主动地认识教育者，选择教育信息，感受教育的影响和启发。他们能够将外在的教育驱动力转化为自我发展的内在动力，将社会要求的思想政治素质"内化"为自身发展的需要。通过自我评价、自我认识、自我控制和自我调节等过程，学

生调动自身的知、情、意、信等心理因素，将外部要求内化为自身的素养，从而形成独特的思想品质和觉悟。

高校思想政治教育不仅是一项教育活动，更是一种社会交往过程，它涉及行为主体与社会结构之间的相互作用和相互影响。在这个过程中，教师和学生共同参与，相互促进，共同推动高校思想政治教育的深入发展。

高校思想政治教育工作旨在全面解决学生在"知与不知""信与不信"之间的认知矛盾，同时亦需化解"知与行"之间的实践难题。思想政治教育的核心目标，在于促成由理论知识向实践行动的深刻转化。唯有当学生们自觉将知识理论、价值规范及道德要求内化于心、外化于行，深刻领会其内在价值，将所习得的科学世界观、道德观、政治观、人生观转化为实际行动，并展现出一种稳定而坚定的心理倾向，形成牢不可破的理想信念，养成良好的行为习惯后，方能真正达成高校思想政治教育的既定目标。

四、完善高校思想政治教育目标，优化课堂教学

在"知识就是力量"的工业化社会大背景下，知识理性的价值得到了广泛认同，并在教学过程中体现为"知识中心主义"的倾向。然而，在高校思想政治理论课的教学中，我们往往过于注重学科知识的系统性和整体性传授，过分依赖理论知识的灌输，却忽视了对学生领会、分析、综合与评价能力的培养，也忽视了学生非理性心理品质的构建。

因此，必须对高校思想政治教育的目标体系进行调整和完善，树立"创新就是力量"的新理念。高校思想政治教育不仅涉及知识的积累，更关乎学生各项主体综合能力的培养。根据学生主体发展的不同需求，我们应强调学生的自我认知，增强他们的主体意识，使其明确自身在社会发展中的主人翁地位，并自觉肩负起社会责任和历史使命。这是形成学生主体能力素质的内在基础。

在知识社会化和社会知识化的今天，不仅要"授人以鱼"，更要"授人

以渔"。课堂教学在传递知识信息的同时，还应具备引导思考、启迪智慧的功能。应教会学生如何学习、如何选择、如何创造，不断拓展和开发他们的各项潜能。

在知识与能力培养、知识理性提升的过程中，高校思想政治教育更应突出价值理性的渗透，全方位地促进学生知、情、意、信、行的和谐发展。我们要引导学生树立正确的价值观、人生观和世界观，注重他们主体人格的培育和完善。培养积极的情感和坚强的意志，以及坚定的社会主义理想，应成为高校思想政治教育的重要目标。

五、整合高校思想政治教育的价值取向，实现个人理想与社会共同理想的统一

在高校思想政治教育工作中，其在政治功能上的集中体现是以经济建设为核心，紧密围绕并服务于党的基本路线的贯彻与实施要求。我们坚决排除各类错误思想的干扰与影响，确保党的基本路线坚定不移，进一步坚定广大师生对中国特色社会主义的理想信念。

与此同时，随着我国社会主义民主政治建设步伐的加快和依法治国方略的深入实施，人民群众的主人翁地位得到了进一步巩固和提升。这为广大群众平等参与国家、经济和社会事务的管理提供了坚实的条件和有力保障。

在文化功能层面，高校思想政治教育肩负着传承思想文化传统、传授思想政治价值、传递思想道德信息的重要使命。通过转化主导意识形态，我们积极推进社会共同理想信念的形成与坚定，引领观念变革，努力促进现代人精神的文明化进程。

在我国社会主义现代化建设的征程中，人的现代化无疑构成了核心要素与关键目标。人的现代化的核心特质在于主体性的全面展现与发挥，它是衡量现代化人才素质发展水平的内在标准。

在高校思想政治教育工作中，尊重并培育学生的主体性，是适应并推动

市场经济发展规律的必然选择与现实要求。市场经济的竞争性、平等性、开放性与自主性等特性，决定了现代人才必须具备高度的自主意识、创新理念、竞争实力与协作精神，从而摒弃依附心理，摆脱自然经济传统的束缚，进一步凸显主体性。

作为社会主义市场经济体制建设的核心力量，人的素质状况对市场经济体制的建设、运行及功能发挥具有深远影响。在这一背景下，高校思想政治教育在推动人的现代化进程中扮演着举足轻重的角色。无论是传导社会规范与价值导向，满足人的发展需求并提升其需求层次，还是协调人际关系，促进知行合一，抑或发展人的思维方式与综合创新能力，高校思想政治教育均致力于提升人的主体地位，强化人的主体素质，培育与弘扬人的主体性，激励并引导学生树立自觉、自立、自主与自强的精神风貌。

为深入培养社会主义现代化建设所需的优秀人才，促进学生德、智、体三方面的全面协调发展，必须坚持不懈地调整和完善高校思想政治教育工作。针对当前新形势与新挑战，思想政治教育工作既要传承和弘扬优秀传统，又需在内容、形式、方法、手段及机制等多个层面实施创新改革，尤须强化时代感，提高针对性、实效性及主动性，确保工作取得显著成效。

在以往的高校思想政治教育实践中，曾片面地突出了教师的主体地位与职责，过度强调社会的客观要求，将学生视为教育的被动接受者，而非主动参与者，导致教育过程中学生的主体角色被忽视，使学生成为单纯的知识接收机器。在这一过程中，我们过度侧重于"社会本位"和"社会价值"，而忽视了学生个体的独特性和"个体价值"。这种倾向在一定程度上将学生的社会成长价值与个体成长价值置于对立状态，使理想信念教育的目标过于强调对社会需求的适应，而忽略了对学生个体内在需求的关注和满足。

在教育实施过程中，曾一度过于强调教学的功利价值，而相对忽视了教学的人文关怀和对学生精神世界的丰富与人格完善的培养。这种做法不仅可能削弱学生的主体意识和学习积极性，还可能影响高校思想政治教育的实际效果。这种导向往往导致我们忽视学生作为教育主体的内在需求和情感意志，容易形成教育中的行政命令色彩和单向灌输现象，从而制约了学生主体性的形成和发展。

因此，必须及时更新教育观念，全面整合高校思想政治教育的价值取向，既要确保学生的主体性在教育过程中得到充分发挥，又要确保社会的客观要求得到有效落实，实现个人价值与社会价值的和谐统一。在这一过程中，教师的作用至关重要，他们需要通过引导、激励和培育学生，使其能够根据自身素养和思想认识水平积极参与教育过程，能动地接受和内化教育信息，实现自我教育和自我发展。

为了实现个人价值与社会价值的和谐统一，还需要从多个层面进行深入探索和实践。首先，要充分认识到学生个体差异的存在，并根据每个学生的特点来制定有针对性的教育方案。每个学生都有自己的成长背景和性格特点，他们对于教育的需求和接受方式也各不相同。因此，教师需要深入了解每个学生的实际情况，尊重他们的个性和选择，提供多样化的教育资源和路径，以满足不同学生的发展需要。其次，要加强教育过程的互动性，让学生能够在互动中共同成长。在传统的教育模式中，教师往往扮演着主导者的角色，而学生则处于被动接受的状态。然而，现代教育理念强调学生的主体性和参与性，鼓励他们积极参与教育过程，与教师进行互动和交流。小组讨论、角色扮演、实践活动等方式，可以让学生更深入地了解教育内容，同时也能提高他们的团队合作和沟通能力。最后，还要注重培养学生的创新精神和实践能力。在当今社会，创新和实践能力已经成为人才评价的重要标准。因此，高校思想政治教育应该注重培养学生的创新思维和实践能力，引导他们关注社会热点和实际问题，通过调查研究、分析讨论等方式，提出自己的见解和解决方案。这样不仅能够增强学生的社会责任感，还能提高他们的综合素质和竞争力。

实现个人价值与社会价值的和谐统一是一个复杂而长期的过程。我们需要不断更新教育观念，整合价值取向，发挥教师的作用，并注重个体差异、加强互动性和培养创新精神和实践能力。只有这样，才能培养出既有个人追求又有社会责任感的新时代青年。

　　同时，还须明确，对教师主体地位的强调并非意味着对学生的忽视或排斥。相反，教师的教育活动应以满足学生主体的需求为前提，以促进学生的全面发展为目标。在教育过程中，应实现社会价值与学生个体价值的内在结合，实现教学功利价值与人文价值的辩证统一，以及个人理想与社会共同理想的统一。这样，才能在传导社会规范与道德规则的同时，关注学生的个体发展需求，丰富其精神世界，实现高校思想政治教育的全面发展和提升。

第二章 高校素质教育与思想政治教育工作

第一节 大学生素质教育

一、大学生素质教育的概念、内容与特征

（一）大学生素质教育的概念

素质教育是围绕受教育者的基本品质结构，通过教育活动全面提升其综合能力和素质的过程。它不仅关注学生的知识掌握情况，更重视学生的创新精神、实践能力和全面发展。素质教育旨在培养出具有理想、道德、文化、纪律等优良品质，能够成为社会主义建设者和接班人的高素质人才。这种教育理念强调了教育在人的成长过程中所起的关键作用，以及教育应当承担的社会责任，即为国家和社会培养合格的建设者和接班人。

在探讨教育的本质与目标时，不得不面对一个核心问题：如何在培养人的社会属性和自然属性之间找到平衡点。中国的传统教育强调道德修养，而现代教育则因应试教育的压力，逐渐偏离了人文关怀，过度侧重科学知识的传授。西方教育虽在高等教育阶段展现出对社会属性的重视，如英国牛津大学的"绅士教育"，但也未能逃脱科学主义和功利主义的陷阱，导致人文教育的边缘化。

这种教育模式的不平衡，不仅限制了个人全面发展的可能性，也影响了

社会的整体素质和风气。面对这一挑战，东、西方教育界都在积极寻求变革，试图通过重新审视教育的目的和方法，来恢复人文教育的重要性，促进人的全面发展，并以此为基础构建更加和谐的社会。这一探索过程虽然充满挑战，但也是教育进步和社会发展的必经之路。

在 18 世纪，卢梭和裴斯泰洛齐两位教育巨匠不约而同地提出了教育的核心理念，即教育应以儿童为中心，尊重其自然成长规律，并致力于全面发展其天赋和能力。这一理念在今天依然具有深远的影响。1988 年的巴黎集会上，众多诺贝尔奖得主共同发出了要求教育改革的强烈呼声，他们认为在 21 世纪，人类若要持续发展并解决面临的挑战，必须回溯到孔子的智慧中去寻找答案。这不仅是对古代智慧的一种肯定，也是对现代教育模式的一种反思。教育改革的呼唤不仅是对过去的回望，更是对未来的展望，它要求我们在尊重个体差异的基础上，培养全面发展的人才，以应对不断变化的世界。

素质教育的提出是我国教育领域的一次重大变革。长期以来，受应试教育影响，我国教育尤其是高等教育越来越不适应现代化建设的需要，培养的人才难以应对 21 世纪的挑战。为了改变这一状况，国内一些高校率先进行了素质教育的探索，并很快引起全国范围的广泛讨论。

素质教育区别于传统的人文教育和全面发展教育，它强调教育应着眼于提高学生的综合素质，而不仅仅是传授知识和技能。通过教育学、社会学、人类学、文化学、心理学等多学科的探讨，以及对情境教育、愉快教育、成功教育等实践经验的总结，素质教育的内涵不断丰富和完善。同时，国外科学教育与人文教育整合的理论以及港、台地区"通识教育"的经验，也为素质教育的发展提供了宝贵的参考。

素质教育的提出和发展，标志着我国教育思想的一次重大飞跃，为培养适应现代化建设需要的高素质人才指明了方向。在未来的教育实践中，我们应继续深化素质教育的内涵，不断探索适合国情的教育模式，为实现教育现代化和培养社会主义建设者和接班人做出贡献。

素质教育作为一种创新的教育理念，正在深刻影响着中国的教育实践。

大学生素质教育与中小学素质教育虽然都属于素质教育范畴，但在具体实施中存在显著差异。大学生素质教育更加注重全面发展，旨在培养具有高文化素质和品格的人，而非单纯的职业训练。

实现大学生素质教育的目标，关键在于树立正确的教育理念。首先，要确立以培养合格公民和提高全面素质为核心的教育价值观。其次，要尊重学生的主体地位，激发他们的探索精神和创新能力，培养自尊自信的人格特质。最后，要注重个人素质的全面和谐发展，同时兼顾教育环境中各要素的协调。

在具体实践中，大学生素质教育应该注重三个方面：

一是教育学生"学会做学问"，培养自主学习的能力。使他们能够独立思考、批判性地分析问题，并具备终身学习的能力。大学教育应该提供多样化的课程和资源，鼓励学生主动探索知识、提问和解决问题。此外，还应该鼓励学生跨学科学习，培养他们的综合素养。

二是引导学生"学会做事"，发展实践能力和科学思维。大学教育应该提供实践机会，如实验、实习、社会服务等，让学生将理论知识应用于实际情境中。同时，还应该教育学生如何运用科学方法进行研究和分析问题，培养他们的逻辑思维和创新能力。

三是指导学生"学会做人"，培养道德修养和社会责任感。大学教育应该注重培养学生正确的价值观和道德观念，教育他们尊重他人，关注社会问题，积极参与公共事务。此外，还应该鼓励学生参加志愿服务、社团活动等，培养他们的团队合作精神和社会责任感。

这种全方位的教育模式将有助于培养出适应社会发展需求的高素质人才。它不仅能够为学生提供丰富的知识储备和技能，还能够培养他们的综合素质和能力，使他们成为具有独立思考、创新能力和社会责任感的人才。这样的教育模式将更好地满足未来社会的挑战和需求，为学生的职业发展和个人成长奠定坚实的基础。

大学生素质教育是一项系统工程，需要教育工作者、学生以及整个社会的共同努力。只有正确理解和实施素质教育，才能为国家培养出德智体美劳全面发展的高素质人才，为社会进步和国家发展做出贡献。

（二）大学生素质教育的主要内容

大学生素质教育是高等教育的核心任务之一，其主要内容可以归结为三个维度：思想素质教育、人格素质教育和创新素质教育。这三个维度相互关联、彼此补充，共同构成了大学生素质教育的整体框架。

1.思想素质教育

思想素质教育是大学生素质教育的基础，它旨在培养学生具有坚定正确的政治方向和爱国主义精神。只有具备良好的思想素质，学生才能具有正确的价值观念和道德标准，从而更好地服务于社会。

2.人格素质教育

人格素质教育是大学生素质教育的重要组成部分，它旨在培养学生具有良好的心理素质和个性特征。只有具备良好的人格素质，学生才能更好地适应社会的挑战和变革，具有良好的职业道德和人际交往能力。

3.创新素质教育

创新素质教育是大学生素质教育的重点和关键内容，它旨在培养学生的实践能力和创新能力。只有具备良好的创新素质，学生才能更好地适应社会的需求和挑战，具有良好的职业竞争力和创新能力。

（三）素质教育的特征

素质教育是一种全方位、多层次的教育理念，旨在提升整个国民素质，促进学生全面发展。其特征可以概括为"三性"：整体性、全面性和综合性。

1.整体性

整体性体现在教育覆盖面上，要求政府和学校共同努力，确保每个学生都能接受优质教育，缩小教育资源分配的差距。这种平等化的教育理念有助于提高整体国民素质，促进社会公平。

2.全面性

全面性强调教育内容的多元化，不仅注重智力发展，还注重德育、体育、美育和劳动技能教育。这种"五育并举"的方法旨在培养全面发展的人才，而非单一维度的"高分低能"型学生。

3.综合性

综合性体现在教育目标和方法上，强调培养学生的学习能力和创造力。这要求教育工作者不仅要传授知识，更要激发学生的学习兴趣，培养其独立思考和创新能力。教育过程本身应该是一种创造性活动，旨在培养能够适应未来社会需求的创新型人才。

素质教育是一种全面、系统的教育理念，它超越了传统的应试教育模式，致力于培养德智体美劳全面发展的新时代人才。这种教育理念的实施需要教育系统各个层面的共同努力，从政策制定到课堂教学，都应该围绕这一核心理念展开。只有这样，才能真正实现教育的根本目标，为国家培养出全面发展、具有创新精神和实践能力的高素质人才。

二、实施素质教育的依据与意义

（一）实施素质教育的依据

大学生素质教育从提出、讨论、实践探索到全面实施，已经充分彰显出其作为时代呼唤、社会需求的紧迫性和重要性。关于大学生素质教育的依据，主要可归结为以下两大方面。

1.大学生素质教育的理论依据

大学生素质教育的理论依据是马克思主义关于人的全面发展的理论。马克思主义认为，人的全面发展是历史的必然，需要经历社会历史发展的过程，受到客观社会生活条件的影响。人的全面发展与自由发展是互为条件的，需要通过教育与生产劳动相结合来实现。

2.大学生素质教育的现实依据

当前全球化的趋势和国际竞争的加剧使得人才成为国家发展的核心资源。中国面对实现强国梦的挑战，尤其需要关注教育质量和人才的全面发展。大学生作为未来社会的中坚力量，其素质和创造力的培养显得尤为关键。素质教育不仅仅是学术知识的传授，更涵盖了创新能力、批判性思维、人文关怀等多维度的能力培养。这种教育模式对于缩小与发达国家之间的差距，加速国家的综合国力提升，具有不可替代的作用。加强和改进大学生的素质教育，不仅是教育领域的任务，也是国家战略的重要组成部分。

（二）实施素质教育的意义

1.建设中国特色社会主义的客观要求

在推进具有中国特色的社会主义建设的进程中，人才的角色至关重要，尤其是大学生这一群体。他们的全面发展直接关系到国家的未来和社会主义现代化建设的质量。因此，不仅需要在知识和技能方面进行培养，更重要的是在提升其理想信念、道德情操、文化素养和自我纪律等方面下功夫。这种全方位的人才培养策略，是实现国家长远发展计划的基石，同时也是对国际竞争力的一种积极回应。教育系统必须创新和强化其培养模式，确保大学生能在未来的社会主义建设中发挥核心作用，推动国家向更高目标迈进。

2.社会主义物质文明建设和精神文明建设的共同要求

在社会主义的物质文明和精神文明双向推进的背景下，提升公民尤其是年青一代的思想道德和科学文化素质显得尤为关键。改革开放带来的经济发展虽然促进了物质生活的提高，但同时也带来了一系列社会道德和文化问题。大学生作为未来的社会主导力量，他们的道德素养和文化素养的养成不仅关系到个人的全面发展，也是社会主义文明建设的基石。因此，高等教育机构必须加强道德教育和文化教育的实施，确保学生能在复杂的社会环境中坚持正确的价值导向，促进社会主义精神文明的健康发展。

3.坚持培养社会主义"四有"新人的重要途径

理想是前进的动力，纪律是实现理想的保障。两者相辅相成，共同构筑了国家兴盛和人民团结的基石。在这个过程中，教育扮演着不可或缺的角色。它不仅是提高人民群众综合素质的手段，更是塑造社会主义新人的关键途径。

特别是对于大学生而言，全面的教育至关重要。在传授专业知识的同时，也要注重思想品德的培养，帮助他们树立正确的人生观，增强遵纪守法意识。只有这样，才能确保新一代具备全面的素质，成为社会主义合格的建设者和可靠接班人。

培养"有理想、有道德、有文化、有纪律"的社会主义新人是一项长期而艰巨的任务，需要教育工作者、社会各界以及青年学生自身的共同努力。通过持续不断的教育和实践，培养出既有理想抱负，又有道德修养，既有文化素养，又有纪律观念的社会主义新人，为国家的长远发展提供强有力的人才支撑。

三、大学生素质教育体系构成

（一）思想政治教育是素质教育的灵魂

思想政治素质教育是培养创新人才的根本，它包括两个关键方面：一是马克思主义理论、信念和政治方向的素质；二是思想品德方面的素质。这两个方面相互联系，缺一不可。学生只有树立正确的世界观、人生观和价值观，培养高尚的道德品质，才能真正发挥其创新潜能，成为符合社会主义现代化建设要求的创新型人才。因此，思想政治素质教育必须渗透到人才培养的全过程，与各种素质教育深入融合，形成一个有机整体，才能实现培养创新型人才的根本目标。

思想政治素质教育是创新人才培养的核心，但它不能脱离其他素质教育独立存在。它必须依托人才培养的全过程，渗透到各种素质教育的各个环节之中。只有将思想政治教育与学生的身心素质教育、文化素质教育、业务素质教育和创新（创业）素质教育有机融合，才能真正发挥其应有的作用。这种全方位、全过程的思想政治素质教育，不仅能够在时间和空间上得到充分拓展，而且能够真正贯穿创新人才培养的全部领域和全部过程，为培养符合社会主义现代化建设要求的创新型人才提供坚实的思想基础。

（二）身心教育是素质教育的载体

素质教育不能脱离具体的载体而单独进行，必须依附于学生的身心发展特点。对于大学生来说，健康的体魄和良好的心理正是素质教育的重要依托。在实施素质教育时，必须充分考虑不同学生的个体差异，根据他们的年龄、层次、类型等特点采取个性化的教育方式。这是因为每个学生的遗传特性、生活环境、教育经历以及个人努力程度都存在差异，导致了同一发展阶段学生在身心素质"内化"方面的差异。只有根据这些差异，采取有针对性的教育方法，才能使抽象的素质真正植根于学生的身心之中，从而达到素质教育的根本目的。

大学生的身心素质，尤其是心理素质，对其他各种素质的培养都有关键性影响。一方面，良好的心理品质能够直接调控生理活动，提高身体素质；另一方面，健康的心理状态是学生内化专业知识和创新意识的重要前提，认知能力、情感兴趣等心理因素都对这一过程产生直接作用。此外，良好的心理素质还包含着道德认识、情感和意识等，这些都是品德教育的基础，只有遵循学生心理发展规律才能真正发挥作用。因此，在开展大学生素质教育时，必须把提高大学生的身心素质作为重中之重，为其他各种素质的培养奠定坚实基础。只有这样，大学生才能全面而协调地发展，成长为全面发展的社会主义建设者和接班人。

（三）文化教育是素质教育的基础

文化教育是素质教育的根基。它能为学生的业务素质和创新（创业）素质的培养奠定广博深厚的知识基础。一方面，创新往往源于对问题的深入研究，但更需要依托丰富的知识积累。只有拥有广博的知识面，学生才能进行有效的联想和综合，从而产生新的创意思维。另一方面，在当今知识经济时代，解决各种复杂问题都需要跨学科的综合研究，这也要求学生具备宽广的文化知识。因此，文化教育为培养学生的业务素质和创新（创业）素质提供了坚实的基础。只有在此基础之上，学生才能真正掌握专业知识，并具备创新思维和实践能力，成为符合社会需求的创新型人才。

文化素质教育是高等教育体系中的一个重要组成部分，它不仅包含了广泛的学科知识，还涵盖了文化创新和国际交流的精髓。为了确保这一教育模式的有效性，应根据学生的专业背景和学习需求进行个性化教学。自然科学家可以通过人文社会科学的学习来增强文化素质，而社会科学家则可以通过自然科学的学习来提升科学素质。这种综合性的教育方法有助于培养学生的全面素质，并促进他们在未来的社会发展中扮演更加重要的角色。

文化素质教育如同一座桥梁，连接并强化了大学生在思想道德、专业技能、身心健康和创新意识等多方面的素质。通过深化文化教育，学生不仅能够建立起坚实的文化基础，还能在更深层次上理解和应用专业知识，形成对生命和社会的深刻认识。这种全面的教育方式激发了学生的内在动力，使他们在提升个人素质的同时，也更加积极地投入到文化素质的学习和实践中。文化素质教育不仅是知识的传授，更是全面提升学生综合素质和促进个人全面发展的重要途径。

（四）业务教育是素质教育的内核

大学专业教育作为素质教育的核心，是学生实现创新（创业）所必需的知识储备。为了培养具备创新素质的人才，必须在教育思想、培养模式、专业设置、教学内容、教学方法等方面实施一系列深入改革，从而构建与创新人才培养相契合的专业教育模式。在此模式下，所培养的人才应展现出基础扎实、知识面广泛、能力强劲、专业特色鲜明等显著特征。基础扎实是专业人才持续发展的先决条件，也是终身学习能力的重要衡量标准之一。鉴于现代科学的综合性和交叉性，我们迫切需要具备广阔知识面的复合型人才。学习的终极目标不在于知识的累积，而在于知识的应用，因此，专业能力的培养应成为业务素质教育的主体，通过专业教育使学生掌握专业知识的运用能力和实践操作能力，为专业创新奠定坚实基础。科技的飞速发展呼唤着具备宽口径和特色的专业人才，这已成为科技创新对专业人才的新要求。业务素质教育是一种全面教育，当学生将知识、能力和特色有机结合，并内化为自身的专业素质时，将成为推动专业创新的强大动力。

第二节　构建我国现代人才培养模式

一、知识、能力、素质的人才培养模式

知识、能力、素质的人才培养模式是一种全面的教育理念，它超越了单纯的知识传授，强调在知识学习的基础上，培养学生的能力和素质。这种模式通过构建一个多维度的教育框架，使学生在专业学习中不仅获得知识，还能发展解决问题的能力，并在实践中提升个人素质。通过这种方式，学生能够将所学知识与实际应用相结合，激发创新思维，培养创新能力，从而在未来的职业生涯中展现出更高的适应性和创造力。

知识、能力、素质构成了人才培养的三大支柱，它们之间既有层次之分，又相互影响、相互促进。知识作为基础，为能力和素质的形成提供了必要条件；能力则是在知识的基础上通过实践锻炼而形成的；素质则是将知识和能力内化为个人品格和修养的过程。

在这三者中，素质教育尤为关键。高素质不仅能够使知识和能力更好地发挥作用，还能推动知识的获取和能力的提升。然而，我们不应将素质简单地等同于知识和能力的总和，而应该将其视为一个更高层次的综合性概念。

面对 21 世纪社会的多元化发展需求，高等教育的目标应该是培养基础扎实、知识面广、能力突出、素质优良的复合型、创新型人才。为实现这一目标，我们需要构建一个平衡知识、能力和素质发展的教育模式。这种模式不仅要注重知识的传授和能力的培养，更要强调学生综合素质的提升，使他们能够适应快速变化的社会环境，成为推动社会进步的中坚力量。

知识、能力、素质三位一体的人才培养模式，为我们提供了一个全面、系统的教育视角。它提醒我们，真正的人才培养不应局限于单一维度，而应

该是一个多层次、多角度的综合性过程。只有这样，我们才能培养出真正符合时代需求的高素质人才。

二、知识、能力、素质人才培养模式的构成要素

（一）知识要素

世界经济合作与发展组织提出的"4W"知识分类法为我们理解知识的本质和作用提供了一个新的视角。这种分类不仅涵盖了传统意义上的知识内容（事实知识和原理知识），还强调了知识应用和知识网络（技能知识和人际知识）的重要性。

这种分类方法反映了知识经济时代的特征。在当今社会，仅仅掌握事实知识和原理知识已经不够，更重要的是要具备运用知识的能力和获取知识的渠道。这种转变对教育体系提出了新的挑战，要求我们不仅要传授显性知识，还要培养学生获取和应用隐性知识的能力。

然而，这种分类法也存在局限性。它过于强调知识的实用性和技术性，可能忽视了知识的人文价值和道德维度。这可能导致教育过度倾向于培养技术型人才，而忽视了对全面发展的人的培养。

在运用这种知识分类法时，我们需要保持平衡。一方面，要认识到技能知识和人际知识这两类隐性知识在现代社会中的重要性，将其纳入教育体系；另一方面，也不能忽视传统知识的价值，以及人文素养的培养。

未来的教育应该致力于培养既掌握专业知识，又具备应用能力和社交网络，同时兼具人文素养的全面发展人才。这需要我们在课程设置、教学方法和评估体系等方面进行创新，以适应知识经济时代的需求，同时不忘教育的根本使命——培养完整的人。

"4W"知识分类法提供了一个有价值的思考框架，但我们在应用时需要辩证地看待，将其与传统教育理念相结合，以培养出真正适应未来社会需求的全面发展人才。

在知识经济时代，人们对知识的理解和定义需要进行重新审视和扩展。世界经济合作与发展组织提出的"4W"知识分类法虽然为我们提供了一个有价值的框架，但它主要侧重于科技和实用层面的知识。然而，真正全面的知识体系应该是多元化的，既包括自然科学知识，也涵盖社会人文科学知识。

这种全面的知识观对高等教育提出了更高的要求。大学生不应仅仅局限于掌握"事实知识""原理知识""技能知识""人际知识"这四个维度的知识，还需要在社会人文科学领域建立深厚的知识储备。这种综合性的知识结构能够帮助学生更好地理解世界，培养批判性思维，增强创新能力，并在面对复杂社会问题时做出更加明智的判断。

将社会人文科学知识纳入知识、能力、素质模式中，有助于培养全面发展的人才。这种人才不仅具备专业技能，还拥有广阔的视野和深厚的人文底蕴。他们能够在科技创新的同时，考虑到技术应用的伦理问题；在追求经济效益的同时，也关注社会公平和可持续发展。

为了实现这一目标，高等教育机构需要重新设计课程体系，在专业教育之外，加强通识教育和人文素养培养。这可能包括增加文学、历史、哲学、艺术等人文学科的课程，鼓励跨学科学习，以及开展更多促进人文思考和社会参与的实践活动。

同时，也需要改变评估体系，不仅关注学生的专业知识和技能，还要重视其人文素养和社会责任感的培养。这种全方位的教育评估有助于引导学生全面发展，成为既有专业能力又有人文情怀的复合型人才。

在知识经济时代，需要超越狭隘的知识观，构建一个包含自然科学和社会人文科学的全面知识体系。这种知识观不仅能够培养出更加全面、适应性更强的人才，还能够推动社会的均衡发展，促进科技与人文的和谐共生。高等教育应该肩负起这一重要使命，为培养真正的知识经济时代的领军人才而努力。

1.工具性知识

随着信息时代的全面到来，知识的获取、传播和应用方式正在发生深刻的变革。这种变革不仅影响了知识的内容和形式，更对人才培养提出了新的要求。在这个背景下，工具性知识，尤其是信息技术类知识，正在成为 21 世纪人才必备的核心素质之一。

工具性知识可以分为两大类：一类是通过社会语言形式传播的普遍性知识，如语言和数学；另一类是由学校专门教授的、以文字形式存在的知识，如计算机和信息技术。这两类知识共同构成了现代人才的基础能力框架。其中，信息技术类知识因其在当代社会中的普遍应用和重要地位，正逐渐成为一种新的文化素养。

在"信息高速公路"和多媒体技术广泛应用的今天，掌握信息技术不再是专业人士的专利，而是每个现代公民应具备的基本能力。这种能力使人们能够在最便利的环境中获取和利用多种信息和知识资源，实现古人"秀才不出门，便知天下事"的理想。更重要的是，这种能力直接关系到个人在未来信息技术市场中的竞争力。

高等教育必须适应这一趋势，将信息技术教育纳入核心课程体系。这不仅包括基本的计算机操作技能，还应涵盖数据分析、网络安全、人工智能应用等前沿领域的知识。同时，教育方式也应该充分利用信息技术，如在线学习平台、虚拟现实教学等，培养学生的实践能力和创新思维。

然而，也需要警惕过度依赖信息技术带来的潜在风险。在重视信息技术教育的同时，不应忽视传统知识和人文素养的培养。理想的教育应该是技术与人文的平衡，让学生既能熟练运用现代信息工具，又能保持独立思考和批判性思维的能力。

在 21 世纪的知识经济时代，信息技术类知识已经成为一种不可或缺的文化素养和竞争力来源。高等教育应该积极响应这一趋势，培养既精通信息技术，又具备全面素质的复合型人才。这不仅是对个人发展的要求，也是推动社会进步和创新的必然选择。通过合理设置课程、创新教学方法、加强实践训练，我们可以为学生打造一个全面的知识结构和技能体系，使他们能够在瞬息万变的信息时代中保持持续的竞争力和适应能力。

2.社会性知识

社会性知识是指个人在社会中行事和人际交往中所需具备的知识和技能。这种知识关乎个人的社会意识和人际交往能力，能够帮助个人掌握如何处理人际关系、面对挫折、与他人相处等。社会性知识的价值不在于单纯的知识本身，而在于能够帮助个人成长和社会贡献。

在今日的社会中，个人需要具备多方面的能力，包括专业技能和人本技能。社会性知识正是人本技能的一种，能够帮助个人具备良好的人际关系、良好的社交沟通能力和良好的职业适应能力。因此，社会性知识对个人成长和社会贡献至关重要，成为对社会有用的人才需要具备这种知识。

社会性知识是个人在社会中行事和人际交往中所需具备的知识和技能，是个人成长和社会贡献的重要组成部分。

3.学科专业方面的知识

21 世纪的知识经济时代为人才培养提出了新的挑战和要求。尽管社会经济和科技发展呈现出综合化趋势，但专业化和学科分化仍然是不可或缺的。这种看似矛盾的现象实际上反映了现代社会对人才的多元化需求。

未来的理想人才应该是既有深厚专业基础，又具备跨学科视野的复合型人才。这种人才模式强调"博"与"专"的有机结合，但需要注意的是，广博的知识面应建立在扎实的专业基础之上。换言之，未来人才虽然需要具备多学科的知识储备，但仍然会保持明显的专业倾向性。这种专业倾向性不仅不会削弱，反而可能会因为专业知识的深化而变得更加显著。

在这种背景下，大学生的知识结构应该包含三个主要方面：本学科专业知识、跨学科专业知识和综合交叉学科知识。其中，本学科专业知识是基础和核心，它为学生提供了深入理解和研究特定领域的能力。跨学科专业知识则拓宽了学生的视野，使他们能够从不同角度看待问题。而综合交叉学科知识则反映了现代科技和社会发展的趋势，有助于培养学生的创新能力。

为了构建这样的知识结构，高等教育需要进行相应的改革和调整。首先，应该强化专业基础教育，确保学生在自己的主要学科领域有深厚的积累。其次，要提供更多的跨学科课程和项目，鼓励学生跨越传统学科界限，探索不同知识领域之间的联系。最后，要注重培养学生的综合能力，包括批判性思维、创新能力、沟通能力等，这些能力将帮助学生更好地应用和整合不同领域的知识。

同时，教育者也需要认识到，知识的更新速度在不断加快。因此，培养学生的自主学习能力和终身学习意识变得尤为重要。大学教育不应该只是知识的灌输，更应该教会学生如何学习、如何思考、如何创新。

在设计课程和教学方法时，应该注意在专业化和综合化之间寻找平衡点。可以通过项目式学习、跨学科研究等方式，让学生在实践中体验不同学科知识的融合与应用。同时，也要鼓励学生根据自己的兴趣和社会需求，有选择性地拓展知识面，形成独特的知识结构。

总的来说，21世纪的人才培养应该坚持"专业为基、多元发展"的原则。我们既要尊重学科专业的独特性，又要促进学科之间的交叉融合。只有这样，才能培养出既有深厚专业功底，又具备广阔视野和创新能力的复合型人才。

（二）能力要素

在此所述的能力，主要涵盖知识加工、传播与应用所需的核心素养，以及相应的心理特质。作为新时代的大学生，重中之重在于着力培养和提升以下几方面的能力：

1.自学能力

自学能力已经成为人才培养的核心要素之一。这种能力不仅仅是一种技能，更是适应快速变化的社会和持续个人发展的关键。自学能力的重要性体现在多个方面，它不仅能够帮助个人不断更新知识储备，还能够提高科技效率，增强职业竞争力。

自学能力的内涵是多元的，它包括阅读理解、信息检索、数据分析等多项技能。在信息爆炸的时代，如何有效地获取、筛选和吸收有用信息变得尤为重要。这就要求学习者具备快速阅读学术著作和期刊的能力，以及熟练使用数据库和互联网进行信息检索的技能。这些能力不仅可以帮助学习者更好地完成学业，还能为未来的职业发展奠定基础。

有研究表明，大学教育所提供的知识仅占一个人职业生涯所需知识的10%，剩余90%需要通过自学获得。这一数据凸显了自学能力的重要性。特别是在科技快速发展的今天，许多工作所需的知识和技能可能在几年前还不存在。因此，培养持续学习的能力比单纯传授现有知识更为重要。

发达国家已经意识到了自学能力的重要性，将其列为大学生能力要求的首位。这种重视反映了教育理念的转变——从注重知识传授转向培养学习能力。这种转变对教育体系提出了新的挑战，要求教育者不仅要传授知识，更要教会学生如何学习。

"学会学习"作为21世纪人才的首要能力，其重要性不言而喻。它不仅是应对未来不确定性的关键，也是个人持续成长和创新的基础。具备强大自学能力的人，能够更快地适应新环境，掌握新技能，在竞争激烈的职场中保持优势。

2.思维能力

思维能力，尤其是创造性思维能力，已经成为衡量人才质量的关键指标。这种能力不仅是个人智力水平的核心体现，更是推动社会创新和进步的重要动力。随着全球化竞争的加剧和科技的快速发展，培养具有高级思维能力的人才已成为世界各国高等教育的重要目标。

思维能力的重要性体现在多个方面。首先，它是解决复杂问题的关键工具。在面对新挑战时，具备强大思维能力的人能够更快地找到问题本质，提出创新解决方案。其次，思维能力，特别是创造性思维，是推动科技创新和知识更新的源泉。它使人能够突破常规思维模式，提出新概念、新理论，从而推动学科发展和社会进步。

思维能力的培养是一个长期过程，需要学校、教师和学生的共同努力。学校应该为学生提供适当的环境和资源；教师需要改变教学理念和方法，注重启发学生思考；学生则需要主动参与，勇于挑战自我，不断锻炼自己的思维能力。

3.运用知识的能力

中国高等教育在培养学生应用能力方面面临着严峻的挑战。尽管中国大学生在理论知识和应试能力方面表现出色，但在实践应用、问题分析和解决方面却显得相对薄弱。这种现状不仅影响了学生的全面发展，也制约了国家创新能力的提升。

造成这种情况的原因是多方面的。首先，传统的"重理论轻实践"的教育观念仍然存在。"君子动口不动手"的传统思想在一定程度上影响了学生对实践能力重要性的认识。其次，教育体制的惯性也是一个重要因素。20世纪50年代形成的以理论教学为中心的教学管理体制尚未从根本上改变，导致实践教学环节得不到应有的重视。此外，长期以来教育资源投入不足，特别是在实践教学设施方面的投入不够，也制约了学生动手能力的培养。

21世纪的人才培养目标已经发生了根本性的变化。仅仅掌握理论知识已经远远不够，高素质的创新型应用能力成为新时代人才的核心竞争力。这种能力不仅包括一般的应变能力，还包括实验操作、交流表达、设计计算、组织管理和创新创造等多方面的能力。总的来说，将应用能力作为21世纪中国人才培养的主要目标之一，不仅是教育改革的需要，更是国家创新发展的必然要求。

（三）素质要素

素质教育的概念及其在人才培养中的重要性，反映了现代教育理念的深刻变革。这种变革不仅关注知识的传授，更强调培养全面发展的人才，以适应快速变化的全球化社会。

素质教育的核心在于培养人的整体素养。这种素养不仅包括知识和技能，还涵盖了价值观、思维方式、行为习惯等多个方面。它是一个人在先天生理基础上，通过后天环境影响、教育培养和个人实践而形成的稳定品质。这种定义突破了传统教育仅注重知识灌输的局限，强调了教育应该关注人的全面发展。

素质的可塑性是素质教育的重要前提。尽管每个人的先天条件不同，但通过适当的教育和个人努力，素质是可以不断提高的。这种观点为教育工作者提供了重要的指导，即应该相信每个学生都有提高的潜力，教育的作用就是激发和引导这种潜力。根据对未来人才素质构成的认识，人才素质可以概括为以下四个主要的方面：

1.思想道德素质

思想道德素质在人才培养中的核心地位，反映了教育的本质目标不仅是传授知识和技能，更是塑造完整的人格。这一观点深深植根于中国传统文化，同时也与现代教育理念相契合，体现了教育的永恒价值和当代意义。

思想道德素质被视为人之为人的根本特征。这一观点可以追溯到中国古代，许多思想家将道德作为区分人与动物的关键标准。这种观点强调了人的独特性不仅在于智力和技能，更在于道德意识和行为。这一理念对现代教育仍具有深远影响，提醒我们教育的根本目的是培养"大写的人"，而非仅仅是知识的容器或技能的载体。

思想道德素质与个人成功的关系被高度强调。"一切彻底的成功都是做人的成功，一切彻底的失败都是做人的失败。"这句话深刻阐述了道德素质对个人发展的决定性作用。这种观点超越了狭隘的功利主义，提醒我们真正的成功不仅体现在外在成就，更体现在内在品格的塑造上。

在科技高度发达的现代社会，思想道德教育的重要性更加凸显。随着科技的进步，人类掌握了前所未有的力量，但这种力量如果缺乏道德约束，就可能成为危害社会的工具。计算机病毒和网络犯罪等问题的存在，正是缺乏道德教育的典型后果。这提醒我们，技术教育必须与道德教育并重，否则可能培养出"高技术强盗"。

高等院校逐渐认识到培养学生道德品质和社会责任感的紧迫性。这反映了教育界对全人教育的重新重视，认识到大学不仅是传授专业知识的场所，更应该是塑造品格、培养公民意识的重要阵地。

2.文化素质

文化素质教育在现代人才培养中的重要性日益凸显，它不仅是个人全面发展的基础，也是推动社会进步和科技创新的关键因素。这种教育理念反映了对人才培养的深层次思考，超越了单纯的专业技能培训，致力于塑造具有广博知识、深厚文化底蕴和创新能力的全面发展人才。

文化素质教育的内涵极为广泛，涵盖了人文社会科学和自然科学的各个方面。这种全面的知识结构不仅丰富了个人的精神世界，也为跨学科思考和创新奠定了基础。在当今快速变化的社会中，这种广博的知识背景能够帮助个人更好地适应环境变化，解决复杂问题。

文化素质被视为人才整体素质的基础。它不仅影响个人的学习和工作能力，还深刻影响着一个人的价值观、公民意识和社会责任感。这种观点强调了教育不仅是传授知识和技能，更是塑造完整人格的过程。特别值得注意的是，文化素质与道德修养之间存在密切联系，这说明提高文化素质对于培养高尚品格具有重要意义。

文化素质与创新能力之间的关系被高度重视。创新不仅来源于专业知识的深入钻研，更需要广博的知识背景作为支撑。丰富的知识储备能够促进联想和综合思维，为新思想的产生提供土壤。这一观点得到了众多创新科学家的例证，他们往往都是知识渊博、兴趣广泛的人。

3.专业素质

专业素质作为人才素质的核心，在高等教育中占据着至关重要的地位。然而，随着社会和科技的快速发展，对专业素质的理解和培养方式正在经历深刻的变革。这种变革反映了教育理念从狭隘专业化向综合性、跨学科方向的转变，体现了对现代人才培养的新要求。

曾经，专业教育被简单地等同于与特定职业直接相关的知识和技能的传授。这种观点导致了教育内容过于局限，培养出的人才虽然在某一狭小领域有专长，但往往缺乏适应性和创新能力。这种教育模式已经不能满足现代社会对人才的多元化需求。

现代科技的发展趋势对专业素质提出了新的要求。学科之间的界限日益模糊，交叉学科、边缘学科的出现使得单一学科的知识已经不足以应对复杂的现实问题。自然科学、社会科学和人文学科之间的相互渗透，要求专业人才具备跨学科的视野和综合分析能力。这就意味着，现代的专业教育不能局限于传统的学科框架，而应该提供更为广阔和多元的知识结构。

专业素质的内涵已经扩展到更广泛的领域。除了专业核心知识和技能外，还应包括相关的横向学科知识、最新的科技信息，以及与现代社会生活密切相关的科学常识。这种扩展反映了对全面发展人才的追求，因此旨在培养能够在复杂环境中灵活应对挑战的专业人才。

专业素质的培养应该是灵活多样的。不同专业、不同层次的教育应该有不同的具体要求，不能用统一的模式来规范所有专业的人才培养。同时，专业素质的内容和标准也应该随着科技发展和社会进步而不断调整，以保持其时代性和前瞻性。

4.身心素质

身心素质在现代人才培养中的重要性日益凸显，它不仅是个人健康发展的基础，也是充分发挥知识能力、适应社会变化的关键因素。这种全面的素质观反映了教育理念从单纯注重知识传授向培养全面发展人才的转变，体现了对现代社会人才需求的深刻理解。

身体素质作为人才素质的物质基础，其重要性不容忽视。良好的身体状况是个人从事各种活动的前提，也是充分发挥知识和能力作用的保障。在当今竞争激烈、压力巨大的社会环境中，强健的体魄更成为应对挑战的必要条件。因此，高等教育不能仅仅关注知识的传授，还应该重视学生的体育锻炼和健康教育。

心理素质在现代社会中的重要性日益突出。良好的心理素质包括清晰的自我认知、灵活的环境适应能力、强大的心理承受能力等。这些素质能够帮助个人在面对社会变化和压力时保持稳定，做出正确的判断和选择。特别是在信息爆炸、新事物不断涌现的今天，良好的心理素质成为个人成功的关键因素之一。

　　社会适应能力的培养成为教育的重要目标。随着社会的快速变迁，个人可能面临的冲击和压力也在不断增加。因此，教育不仅要传授知识和技能，还要帮助学生提高社会适应能力，使他们能够从容应对各种社会变化和挑战。

三、构建知识、能力、素质人才培养模式的必要性

（一）高等教育思想变革的必然性选择

　　中国高等教育人才培养模式的演变反映了教育理念的深刻变革，体现了对人才培养本质的不断探索和对社会需求的持续适应。这一过程不仅展示了中国教育改革的历程，也揭示了全球教育发展的普遍趋势。

　　中华人民共和国成立初期采用的"专才教育"模式，虽然在特定历史时期为国家培养了大量急需的专业人才，但其局限性也逐渐显现。过于狭窄的专业设置和强调"学以致用"的理念，导致了毕业生知识结构单一、适应能力差、创新能力不足等问题出现。这种模式难以满足快速变化的社会对人才的多元化需求。

　　改革开放带来了教育理念的转变。西方"通才教育"思想的引入，强调了培养学生的全面发展和社会适应能力。这种教育模式试图通过广泛的知识覆盖和能力培养，提高学生的综合素质。然而，随着信息时代的到来，知识爆炸式增长，"通才教育"也显示出其局限性，难以在有限的学习时间内实现真正的"通才"培养。

　　面对这些挑战，素质教育思想应运而生。它旨在纠正功利主义倾向、专业设置过窄和文化底蕴不足等问题。素质教育强调全面发展，不仅注重知识和技能的传授，更重视学生综合素质的培养，包括思想道德、文化修养、创新能力等方面。

　　中国高等教育人才培养模式的发展轨迹——从重知识到重能力再到重素质——反映了教育理念的不断深化。这一过程体现了教育者对人才培养本质

的深入思考，以及对社会需求变化的积极响应。

当前，构建知识、能力、素质并重的人才培养模式成为高等教育改革的必然选择。这种模式试图在专业教育和通识教育之间找到平衡，既保证学生的专业知识和技能，又注重其综合素质的培养。这种平衡反映了对现代社会人才需求的深刻理解。

（二）高等教育适应科技进步的现实性选择

当代科技发展的高度综合化趋势对高等教育提出了新的挑战和要求。这种趋势不仅体现在学科内部的融合，更表现为跨学科、跨领域的综合，甚至延伸到自然科学与人文社会科学的交叉融合。这种发展态势深刻地改变了知识的生产和应用方式，也重塑了解决复杂社会问题的路径。

面对这种趋势，高等教育的人才培养模式必须做出相应的调整。传统的单一学科、狭窄专业的培养方式已经难以满足现代社会的需求。相反，综合型人才，即那些具备跨学科视野、能够灵活运用多领域知识解决问题的人才，正成为社会发展的关键力量。

然而，中国高等教育在这方面还存在一定的差距。尽管中国大学生普遍具有扎实的基础知识和强大的解题能力，但在创新能力、问题分析能力和社会适应能力等方面的表现却不尽如人意。这种状况反映了当前教育模式与社会需求之间的不匹配，也凸显了教育改革的迫切性。

构建知识、能力、素质综合型的人才培养模式，不仅是对现有教育模式的优化，更是高等教育适应科技进步和社会发展的必然选择。

（三）我国发展知识经济的前瞻性选择

知识经济时代的到来为高等教育带来了前所未有的机遇和挑战。在这个新的经济形态中，知识不仅是经济增长的关键驱动力，也是个人和组织发展的核心资源。高校作为知识创造、传播和应用的主要场所，其重要性得到了空前的提升。

对中国而言，发展知识经济面临着独特的挑战。作为一个拥有 14 亿人口的大国，中国的整体文化素质和创新能力还需不断提升。这种状况不仅制约了中国在全球知识经济竞争中的地位，也影响了国家长期可持续发展的潜力。

面对这种挑战，中国的高等教育改革具有特殊的紧迫性和重要性。尽管改革开放以来中国教育事业取得了显著成就，但教育发展水平、结构、体制以及人才培养模式仍然难以完全满足现代化建设的需求。特别是在培养具有国际领先水平的创造性人才方面，中国高等教育还存在明显的不足。

构建创新性人才培养模式成为中国发展知识经济的前瞻性选择。这种模式应该着重培养学生的创新意识和创新能力，使他们能够在未来的知识经济中占据主导地位。这不仅是教育改革的需要，更是国家战略的需要，旨在将中国从"人口大国"转变为"人力资源强国"。

（四）顺应世界人才培养模式改革的共同性选择

世界人才培养模式的改革趋势反映了全球化背景下教育理念的深刻变革。这种变革不仅是对科技发展和社会变化的响应，更是对未来人才需求的前瞻性准备。培养知识、能力、素质协调发展、专博结合的通才，已成为世界各国高等教育改革的共同选择。这种趋势的形成源于下面两个主要因素：

首先，科技发展的速度和方向对人才培养提出了新的要求。以信息科学、生物科学、材料科学为代表的高新技术领域的突破，不仅大大缩短了知识更新周期，也促进了学科间的交叉融合。这意味着未来的人才不仅需要掌握专业知识，还要具备跨学科学习和应用的能力。知识的快速更新要求人才具有持续学习的能力，而学科的交叉融合则需要人才具备综合思考和创新的能力。

其次，社会环境的变化也对人才素质提出了新的要求。全球化、信息化、智能化等趋势使得社会变得更加复杂和多元。这种变化要求人才不仅要有专业技能，还要具备良好的适应能力、沟通能力、创新能力等综合素质。同时，科技进步带来的社会生产力提升和工业化进程，使得科技教育在高等教育中的地位日益重要。

　　顺应世界人才培养模式改革的趋势，构建知识、能力、素质协调发展的人才培养模式，是中国高等教育改革的必然选择。这不仅是对全球教育发展趋势的响应，更是提升国家竞争力的战略需要。通过这种改革，我们可以培养出更加适应未来社会需求的高素质人才，为国家的可持续发展和国际竞争力提升提供强有力的人才支撑。

第三章 多元文化背景下的高校思想政治教育

第一节 传统文化与高校思想政治教育

一、高校思想政治教育与传统文化资源结合的必要性

高校思想政治教育与传统文化资源的结合，反映了当代中国教育理念的创新和对文化传承的重视。这种结合不仅是对教育内容和方法的丰富，更是对大学生全面发展的深层思考。

传统文化的引入有助于提升大学生的综合素质。传统文化中蕴含的道德规范、价值观念和处世智慧，可以为大学生提供精神指引和行为准则。通过传统文化的熏陶，大学生不仅能提高文明素养，还能形成更加稳固的道德基础，这对于培养全面发展的人才至关重要。

在经济全球化的背景下，传统文化的引入可以帮助大学生建立文化自信，增强文化认同感。面对西方文化的冲击，传统文化可以作为一种"文化缓冲"，帮助学生在多元文化中找到平衡，既能吸收外来文化的精华，又能保持本民族文化的特色。

传统文化为思想政治教育提供了丰富的资源和方法。中国传统文化中的

许多理念，如仁爱、诚信、敬业等，与现代思想政治教育的目标高度一致。通过古今结合、寓教于乐等方式，可以使思想政治教育更加生动有效，增强其吸引力和说服力。

传统文化的引入有助于塑造大学生的理想品格。中国传统文化中的君子品格、大同理想等概念，可以为大学生提供人生榜样和精神追求，有助于他们形成积极向上的人生观和价值观。

传统文化可以为大学生提供应对现代社会挑战的智慧。面对快节奏、高压力的现代生活，传统文化中的处世哲学和生活智慧可以帮助大学生保持心理平衡，提高抗压能力。

二、运用传统文化加强高校思想政治教育的途径

运用传统文化加强高校思想政治教育是一项系统性工程，需要多方位、多层次的策略和方法。这不仅是对教育内容的丰富，更是对教育方式的创新，旨在培养既有现代意识又不忘本源的高素质人才。

1.课程体系的改革是核心

将"中国哲学史"等传统文化课程纳入公共必修课，开设"优秀传统文化精品课程"，不仅能系统传授传统文化知识，还能为学生提供深入了解中国传统思想的机会。这种课程设置既能提高学生的文化素养，又能增强其文化认同感和民族自信心。

2.教育方式的创新至关重要

通过邀请专家做讲座、组织诗词比赛、读经典活动等，可以让传统文化教育变得生动有趣。这种互动式、参与式的学习方式，能够激发学生的学习兴趣，提高教育效果。同时，利用现代化教育手段和互联网资源，如建立思想政治教育网站，能够使传统文化教育与时代特征相结合，增强其吸引力和影响力。

3.校园文化建设是重要载体

将传统文化元素融入校园文化活动，如组织"读书周"、传统文化节等，能够营造浓厚的文化氛围，使学生在日常生活中潜移默化地接受传统文化的熏陶。这种方式能够让传统文化教育超越课堂界限，成为学生生活的一部分。

4.教育理念的创新也不可忽视

将传统文化与创新精神、时代精神、社会主义先进文化相结合，可以使传统文化教育更具现代意义和实践价值。这种结合能够帮助学生理解传统文化在当代社会的应用和发展，增强其对传统文化的认同和理解。

5.多方协作是保障

学校、家庭、社会的合力作用，以及教师队伍的传统文化素养提升，都是确保传统文化教育效果的重要因素。只有形成全社会重视传统文化教育的氛围，才能真正实现传统文化在思想政治教育中的价值。

第二节 校园文化与高校思想政治教育

一、校园文化的定义与内涵

（一）当前几种主要的"校园文化"定义

鉴于文化定义的多样性，不同文化观念势必对校园文化的理解产生深远影响。国内学者基于不同视角、维度与层次，对校园文化这一概念进行了多方面的界定。综合分析当前研究成果，关于校园文化的概念，主要存在以下几种观点：

一是"文化氛围说"。校园文化是校园内特定环境下形成的独特文化现象，它涵盖了学生在校园中所感受到的精神风貌和文化气息。作为一种群体文化，校园文化是在教学管理以及整个教育过程中逐步构建和传承的文化氛围和文化传统，它体现了学生的独特性和校园的独特魅力。

二是"社区说"。该观点以社会学理论为基石，深入解析校园文化，明确指出校园文化作为社会文化背景下的一种亚文化形态，独具特色，且在分类上隶属于社区文化范畴。因此，他们认为校园文化应由学校社区内的所有成员共同持有，并且通过物质形态和意识形态来具体体现这些共享的校园价值观。

三是"补充说"。校园文化是根据学生的个体偏好及能力条件，对学校传统课堂教学的不足进行必要补充，旨在促进学生潜能与兴趣的全面发掘与培养，是学校正式教育体系的有机补充与提升。

四是"体现说"。校园文化是学校教育理念、传统积淀、校风学风以及理想追求的集中展示，体现了学校的独特魅力和文化底蕴。

五是"综合说"。校园文化是学校在长期办学实践中逐渐积累和形成的，全体师生共同认可并践行的，体现学校独特性和精神风貌的价值观念、行为准则、学风校风、精神文化、道德规范、发展目标及思想体系等多方面的集合体。它既是学校文化的核心体现，也是推动学校持续发展的重要力量。

六是"启蒙说"。校园文化作为一种特定的文化表现形式，其核心功能在于对校园亚文化群体进行精神层面的现代启蒙，旨在塑造其文化认知，并促进思维模式的更新与完善。

七是"精英说"。校园文化是一种深深根植于民族文化和城市文化土壤之中的独特文化形态，其特质在于其前瞻性和相对独立性。此文化形态以精英分子为主体，相较于大众文化，展现出了其特有的超前性和精英特质。

八是"课外文化论"或"社团视角"。这种观点倾向于将校园文化简单归结为课外或社团活动，认为除了传统的课堂教学之外，所有在课外自发或有组织进行的文化和社团活动即代表校园文化的整体。

另外，针对校园文化，还涌现出了诸如亚文化理论、文化指令论、精神体系论、意识形态论、文化潮流论等多种定义，这些定义均从不同角度或特定方面揭示了校园文化的部分精髓，进一步丰富了我们对校园文化理解的维度。然而，从全局视角审视，这些定义存在以下三方面的局限：首先，它们往往倾向于将校园文化单纯地视为精神文化或娱乐文化的范畴；其次，它们倾向于将校园文化的关注点过分集中在学生群体，而对教师、职工、管理人员及周边社区人员在塑造校园文化中的作用认识不足；再次，它们易于将校园文化与社会其他文化混为一谈，从而削弱了其特有的教育价值和校园特色；最后，这些定义普遍缺乏对校园文化与校园主体间相互作用的深入探讨。

（二）校园文化的内涵

校园文化是学校育人环境中不可或缺的一环，以学生为主力军，以教师为引领者，致力于促进学生的全面成长和全员文化素养及审美品位的提升。在教育教学、科研探索、校园管理、实践活动、日常生活及休闲娱乐等多个领域，全校师生员工共同参与，相互激荡，共同塑造出具有鲜明校园特色的文化成果。这些成果在物质层面表现为各类设施与环境的建设，在制度层面体现为规章制度的制定与执行，在行为层面则是师生员工的行为规范与习惯，在精神层面则是校园文化的精髓与灵魂。这四个方面相辅相成，共同构成了校园文化这一独特的文化形态。

从更为宏观的视角来看，校园文化是师生员工在学习、工作以及生活中共同营造的一种精神风貌和物质载体，它们共同交织形成了一种特有的生活形态。在这样的环境中，无论是教师还是学生，每位成员都在不知不觉中参与到这种精神风貌和物质载体的构建和演变中。同时，他们也在这一文化氛围中接受熏陶，受到引导，并逐渐塑造出个人的行为习惯、精神追求和生活方式。

二、加强校园文化建设、推进高校思想政治教育的对策

（一）创新校园文化活动形式

为了广泛吸引学生参与校园文化活动，以校园文化活动引领思想政治教育，我们必须持续创新活动形式。具体而言，可以策划一系列互动性强、参与性高的活动，如校园文化节、主题演讲比赛和创意大赛等。通过这些活动，激发他们的创造力和想象力。通过精心组织的校园文化活动，让学生在亲身参与中深刻体验文化的魅力，努力营造积极向上的文化氛围，以正面的校园文化塑造高品位的大学精神，使校园文化成为孕育优良校风的重要土壤，以及拓展德育第二课堂的有效载体。

（二）强化校园文化的育人功能

校园文化作为大学教育的重要组成部分，不仅展现着学校的精神风貌，更是培养学生全面发展的重要平台。我们应当坚持以理想信念教育为引领，将爱国主义教育贯穿于整个教育过程中，打造积极向上的校风。在育人工作

中，我们要坚持教书、管理、服务、环境四位一体的育人模式，共同营造良好的教风。同时，不断创新教学内容、方法和手段，形成具有学校特色的学风。此外，我们应积极开展多样化的素质教育活动，全面提升学生的综合素质。加强学生社团组织建设，培养学生的团队协作和创新能力。在校园文化建设中，我们要注重将思想政治教育融入其中，让学生在参与校园文化活动的同时，接受正确的价值观和人生观的熏陶。通过组织各类讲座、展览等文化活动，展现校园文化的多样性和丰富性，传承和弘扬中华优秀传统文化和时代精神。

（三）加强校园文化的品牌建设

校园文化品牌是校园文化建设的重要标志。我们应该注重打造具有特色的校园文化品牌，如校园文化节、文化节开幕式演出等，提升校园文化的影响力和知名度。同时，还可以通过媒体宣传、网络传播等方式，将校园文化品牌推向更广阔的领域。

（四）加强师生文化交流和互动

师生之间的文化交流和互动是校园文化建设的重要组成部分。我们应该鼓励师生共同参与校园文化活动，加强师生之间的沟通和交流。可以组织师生座谈会、文化沙龙等活动，让师生在交流中分享彼此的文化见解和体验，促进师生之间的文化融合和共同进步。

（五）建立校园文化建设的长效机制

校园文化建设是一个长期的过程，需要建立长效机制来保障其持续发展。制定详细的校园文化建设规划，将思想政治教育工作纳入整体规划，并明确建设目标和任务是关键。为确保这些规划的实施，需要加强监督和评估。此外，激励机制的建立对鼓励师生积极参与校园文化建设具有重要意义。学校表彰和奖励在校园文化建设中做出突出贡献的个人和集体，可以激发广大师生的参与热情。探索新途径和新方法，将思想政治教育融入校园文化建设中，有助于提高校园文化的质量和品位。以校训为切入点，培育具有时代特征的校园精神，结合舆论文化建设，形成优良校风。加强学生社团的建设与指导，推动社团活动的长期化和规范化，使之成为校园文化的重要组成部分。同时，校园文化建设要与社会文化紧密结合，取长补短。利用网络技术构建网上思想政治教育平台，实现校园文化与思想政治教育的良性互动，从而全面提升校园文化建设的质量和效果。

第三节　网络文化与高校思想政治教育

一、网络文化对高校思想政治教育的影响

（一）网络文化对高校思想政治教育的积极影响

1.有利于大学生开放观念和创新意识的培养

高校校园网络文化是校园文化与网络文化融合的新型形态，具有高度开放性。网络的开放性使得信息传递更迅速、使用更方便有效。校园网络文化的信息海量和开放性为大学生提供了认识社会、了解世界的机会和平台，拓宽了他们的知识视野。网络文化打破了时间和空间的限制，使大学生可以随时了解国内外重要信息，增强全球意识，有助于形成开放和多维思维方式。

高校校园网络文化的本质是创新，这与其开放性密切相关。尽管具有多元性，但必须有一种主流文化来引领其发展，因此需要不断创新校园网络文化的内容和形式。这种创新对于促进大学生的创新意识和创造能力的培养具有重要作用。

2.有利于丰富大学生的个性人格

当前时代是个性张扬的时代，个性的多样化有助于社会的丰富化。随着网络的发展和平台的完善，大学生展现个性的条件得到了显著改善，这对社会的积极促进作用不可忽视。大学阶段是个人自我发现的时期，大学生的独立意识急剧增强，自主性表现突出。在网络文化的影响下，他们可以更加大胆和自由地表达观点和意见，同时，现代网络技术的支持满足了他们对新鲜事物和变革的追求。

马克思指出："人类的特性恰恰就是自由的自觉的活动。"理想社会应

以每个人全面自由发展为基本原则。网络文化环境为大学生提供了展示和发展思想及个性的便捷通道。在这个环境中，大学生的个性得到充分展示，满足了他们自我表现的欲望，同时促进了个性的多样化和社会的丰富化。

3.有利于丰富大学生思想政治教育载体的多样性

大学生思想政治教育的有效开展必须依赖于适当的载体，这些载体不仅是具体的表现形式，也是思想政治教育体系中不可或缺的重要组成部分。大学生思想政治教育的载体包括传统载体和现代新型载体两大类。传统载体主要包括谈话、开会、座谈、研讨和理论教育等形式，通过物质形式实现，在现代思想政治教育中仍发挥着重要作用。现代新型载体则包括文化载体、活动载体、大众传媒载体和管理载体等，随着社会的发展而产生，具有时代特征，在大学生思想政治教育中作用日益突出。

特别是高校校园网络文化作为新型载体和校园文化传播的主要渠道之一，融合了文化载体和大众传媒载体中的网络形式。它利用互联网新型媒体传承和融合高校校园文化，有效开展大学生思想政治教育，增强了教育内容的渗透力和传播效果。通过高校校园网络文化，大学生可以更广泛地接触和参与思想政治教育活动，促进其思想的成熟和政治素养的提升。

4.活跃了大学生的思维方式

思维方式是某一时代的理性认知方式，是由人的各种思想元素及其结合形成的相对稳定、定型化的思维模式。它反映了主体对客体认知的启动、运作和转换的内在机制和过程。网络文化环境作为现代信息环境，与传统的口头和文字传播文化环境有显著区别。首先，网络文化环境信息量大，传播路径宽广，传播速度快，覆盖受众广泛。这种特点为大学生提供了更多的信息选择，使得人们在信息获取上更具平等性，从而提升了大学生认识世界的能力。其次，网络文化环境中图像和声音并存，高雅内容与世俗内容交织在一起。这种多样性和混合性在一定程度上拓展了人们的思想和思维方式，使得大学生的思维更加开放和活跃。

5.有利于提高大学生思想政治教育工作的实效性

高校校园网络文化信息的开放性和共享性为大学生思想政治教育带来了显著的优势。它不仅拓宽了教育的空间和渠道，还使得教育活动更富有趣味性和形象性，更能够覆盖到更广泛的学生群体。通过校园网络平台，教育者和学生可以进行开放、自由的交流，建立更紧密的互动关系，从而提升了思想政治教育的有效性和影响力。这些特点使得校园网络文化成为现代思想政治教育不可或缺的重要组成部分。

6.突破了旧的高校思想政治教育方式

传统的思想教育方式因其单一性和局限性逐渐被网络教育所取代。网络教育通过其多样化的表达形式和互动性质，为大学生思想政治教育注入了新的活力和生命力。学生通过网络平台可以更自由地参与讨论、表达观点，这种互动性不仅丰富了教育过程，还增强了学生的学习动力和参与感。因此，利用网络优势开展思想政治教育是提升教育效果和质量的重要途径，可以更好地满足现代学生多样化、个性化的学习需求，推动教育向更加开放和互动的方向发展。

（二）网络文化对高校思想政治教育的消极影响

1.容易导致大学生价值观念扭曲

鉴于大学校园逐渐受到多样化社会因素及风气的渗透，高校内的人员构成也呈现出更加复杂和多层次的趋势。加之网络的普遍开放，不同思潮和价值观念在校园内频繁交流，使得大学校园不再是传统意义上的纯净之地。在校园网络文化中，各种思潮和价值观念相互碰撞，形成了多元的文化格局。

青年大学生作为校园的主体，其思想尚未成熟稳定，具有极大的可塑性。他们充满好奇，渴望知识，兴趣广泛，但同时也容易受到外界环境和情绪的干扰。部分大学生在面对复杂多变的信息时，容易表现出偏激和盲从的倾向，从而导致价值取向的混乱。此外，当前大学生中独生子女占比较大，他们长期在家庭的溺爱中长大，容易形成以自我为中心、自私自利的个人主义价值观。这种价值观在校园内广泛传播，并相互影响，进一步加剧了大学生价值取向的紊乱。

2.降低了大学生思想政治教育的吸引力

当前，高校校园网络文化产品的供给相对不足，且缺乏鲜明特色，这无疑减弱了对大学生思想政治教育工作的吸引力。面对高校师生日益增长的精神文化需求，我们必须正视当前校园网络文化在满足这一需求方面的不足，须积极运用网络技术，不断探索新的发展方向，开拓新的领域，以培育出高品质、多样化的具有鲜明校园特色的网络文化产品。

当前，无论是从重视程度还是产品的丰富程度来看，高校校园网络文化产品都显得不足。例如，高校主题网站的建立、思想政治教育博客、思想政治教育社区等多样化的教育类成长类网站、网页、博客等，这些校园网络文化产品在特色上并不鲜明，且缺乏具有吸引力和感召力的品牌。这种情况在一定程度上无法满足高校师生的精神文化需求，同时也削弱了大学生思想政治教育工作的吸引力和影响力。

3.暴力与色情对大学生思想的侵蚀

互联网作为现代社会的虚拟载体，不仅放大了现实社会中的色情活动，还成为不法分子进行这些活动的主要平台之一。网络信息中色情内容的广泛存在，以及大量低俗内容的发布，严重影响了网络环境的健康与公共秩序。同时，网络游戏中的暴力因素也像毒品一样侵蚀着大学生的思想，近年来，大学校园内暴力事件频发，这也与网络游戏中暴力因素的渗透密不可分。

4.削弱传统思想政治教育模式的积极作用

大学生思想政治教育在传统模式的基础上，正逐步融入现代校园网络文化。这种融合不仅丰富了教育手段和内容，更重要的是激发了学生的学习兴趣和参与度。然而，要实现更有效的教育，必须解决传统模式的单一性和学生逆反心理的挑战，通过开放性、互动性和多样化的教育方法，使教育更加个性化和贴近学生的实际需求，从而提升思想政治教育的实效性和影响力。

在高校校园网络文化的背景下，传统的思想政治教育模式仍然具有重要的积极作用，但也需要适应网络时代的需求和挑战。教育者应正确利用网络新兴媒体的积极作用，同时保留和强化传统教育模式的正面价值，以实现大学生思想政治教育的有效传达和实践。这种双重策略的结合，有助于构建更为全面和富有活力的大学生思想政治教育体系，推动教育质量的提升和学生发展的全面性。

二、利用网络文化加强高校思想政治教育的对策

（一）充实高校思想政治教育内容

在校园网络文化的熏陶下，高校思想政治教育应坚守并深化马列主义、毛泽东思想、邓小平理论、"三个代表"重要思想和科学发展观以及习近平新时代中国特色社会主义思想的传播，同时强化世界观、人生观和价值观的培育，坚定理想信念，弘扬社会主义道德。在此基础上，跟随时代的发展和形势的变迁，有必要进一步充实和完善教育内容，以适应新时代对人才的需求和期望。

（二）提高高校思想政治教育者的综合素质

提高高校思想政治教育者的综合素质，是新时代教育事业发展的必然要求，也是培养学生全面发展的重要保障。面对新时代带来的新挑战和新机遇，我们需要从多个方面着手，全面提升思想政治教育者的专业素养、道德品质和创新能力。

1.专业素养是思想政治教育者的基础

他们不仅要具备深厚的马克思主义理论基础，还要对党的路线、方针、政策有深刻的理解和把握。同时，随着社会的不断发展，新的思想和观念不断涌现，思想政治教育者也需要不断更新自己的知识体系，以更好地适应时代发展的需要。因此，我们应该加强对思想政治教育者的专业培训，提高他们的专业素养和理论水平。

2.道德品质是思想政治教育者的灵魂

他们作为学生的引路人，必须以身作则，树立良好的道德榜样。这不仅包括个人的品德修养，还包括对教育事业的忠诚和热爱。只有具备高尚的道德品质，才能赢得学生的信任和尊重，也才能在教育过程中传递正能量，引导学生树立正确的价值观和人生观。因此，我们应该注重思想政治教育者的道德建设，加强他们的职业道德教育，提高他们的道德素质。

3.创新能力是思想政治教育者的重要素质

在新的时代背景下，我们需要不断创新思想政治教育的方式和方法，以更好地满足学生的需求和提高教育的效果。思想政治教育者应该具备创新意识和创新能力，不断探索新的教育模式和教学方法，以激发学生的学习兴趣和积极性。同时，他们还应该关注社会热点和难点问题，及时引导学生思考和讨论，培养学生的批判性思维和创新能力。因此，我们应该鼓励思想政治教育者积极参与教育创新实践，提高他们的创新能力和水平。

（三）加强大学生网络传播的伦理道德自律教育

随着互联网的普及和信息技术的飞速发展，网络传播已经成为大学生日常交流、获取信息、表达自我的重要渠道。然而，网络空间的匿名性、自由性也带来了一系列伦理道德问题，如网络暴力、谣言传播、侵犯隐私等。因此，加强大学生网络传播的伦理道德自律教育，对于培养具有高尚品德和强烈社会责任感的时代新人具有重要意义。

加强大学生网络传播的伦理道德自律教育是一项重要而迫切的任务，随着互联网的普及和社交媒体的兴起，大学生在网络上的言谈举止对社会的影响越来越大。伦理道德自律教育旨在引导大学生树立正确的网络价值观，自觉遵守网络道德规范，负责任地使用网络传播平台，以促进个人和社会的健康发展。以下是加强大学生网络传播的伦理道德自律教育的几个具体方面：

1.教育网络伦理知识

通过课程教育、讲座、研讨会等形式，向大学生传授网络伦理的基本原则，包括尊重知识产权、保护隐私、避免诽谤、不参与或传播虚假信息等。

2.培养批判性思维

教育大学生如何培养批判性思维，使其能够辨别网络信息的真伪，不盲目转发未经证实的消息，避免散播谣言或误导性信息。

3.强化道德责任感

通过案例教学、角色扮演等方式，强化学生的道德责任感，使他们认识到自己在网络上的言行对社会的影响，鼓励他们采取负责任的行为。

4.建立自律机制

学校可以制定《网络行为准则》，鼓励学生自觉遵守。同时，建立奖惩机制，对遵守准则的学生给予表扬，对违规行为进行适当的处理。

5.实践导向的活动

组织学生参与网络公益活动，如网络辟谣、网络文明传播等，通过实践活动体验和传播网络正能量。

6.加强师生互动

鼓励教师在课堂上讨论网络伦理问题，与学生进行互动，解答学生关于网络伦理的疑惑，形成良好的师生互动机制。

7.利用网络平台

利用校园网络、社交媒体等平台，开设网络伦理道德教育专题，发布相关文章、视频，引导学生自主学习网络伦理知识。

8.家庭与社会合作

家庭、学校和社会共同合作，形成对大学生网络行为的共同监督和支持，确保学生在网络上的行为符合伦理道德标准。

这些措施可以有效地加强大学生网络传播的伦理道德自律教育，帮助他们在数字化时代中成长为负责任的网络公民，为构建清朗的网络空间贡献力量。网络道德自律作为网络价值观念的倡导，体现了一种自我约束的精神。对于当前身处网络教育体系的高校大学生而言，自律不仅是思想政治教育中的重要一环，更是新时代背景赋予他们的一项独特且重要的使命。

（四）加强高校思想政治教育领导与管理

加强高校思想政治教育领导与管理，是推动高等教育内涵式发展的重要一环。在当前社会多元化、信息爆炸的背景下，高校学生的思想观念和价值观念面临着前所未有的挑战和机遇。因此，必须进一步加强高校思想政治教育的领导与管理，确保学生能够在正确的思想指导下健康成长。

1.加强领导机制建设

建立健全思想政治教育领导机制，明确各级领导在思想政治教育中的责任与义务。学校党委要发挥领导核心作用，将思想政治教育纳入学校整体发展规划，确保其在教育教学中得到充分体现。同时，各院系要成立由院长、书记牵头的思想政治教育工作领导小组，定期研究解决思想政治教育中的重大问题。

2.完善管理体系

一方面，要加强师资队伍建设，提高教师的思想政治素质和教育教学能力；另一方面，要完善课程设置和教材建设，确保思想政治课程内容符合时代要求和学生需求。此外，还要加强对学生社团、网络等阵地的管理，防止不良信息对学生的侵蚀。

3.加强评估与监督

建立健全思想政治教育评估与监督机制，定期对思想政治教育工作进行全面评估，发现问题及时整改；同时，要加强对思想政治教育工作的日常监督和管理，确保各项工作落到实处。此外，还要建立奖惩机制，对在思想政治教育工作中表现突出的单位和个人进行表彰和奖励。

（五）拓展高校学生思想政治教育工作的新渠道

面对现代化社会信息传播手段的迅猛发展和新时期学生的多元化需求，传统教育方式在效果上显得力不从心。当前，网络信息的传播已不仅仅局限于文字形式，更融合了声音、图片、动画及影视画面等多媒体元素。这些多媒体技术的应用，不仅为思政教育工作的手段、方式、条件和效果带来了革命性的变化与拓展，还使学生能够通过多种感官的同时感知，获得身临其境的体验，从而极大地改变了高校思政教育工作的传统模式。学生在网络上能够全面接收学校的动态资讯，教育者与网络紧密结合，可以使思政教育工作取得最佳效果。

第四节　多元文化与高校思想政治教育

一、多元文化对高校思想政治教育的影响

（一）多元文化对高校思想政治教育的积极影响

1.高校思想政治教育内容的不断扩展

多元文化的社会环境极大地拓宽了学生的视野，增强了他们的智力和对社会的理解能力。在古今中外文化交汇的背景下，学生们对思想道德的关注重心不断扩大，认知领域和对思想道德现象的敏感度、接触度也比以往任何时候都更广泛和深入。随着多元文化的不断发展，高校的思想政治教育内容也在不断扩展，以适应学生对多元文化和复杂社会现象的认知需求。

2.有利于大学生个体精神的进一步完善

英国当代政治经济学家伊赛尔·伯林指出，人类个体天生具有自主和"自我实现"的内在需求。他坚持认为，世界并非由一种普适的价值和原则所统治，而是每一种价值都深深植根于不同的人类经历之中，具备其独特的性质与要求。此外，伯林还强调，选择是人类固有的本质属性，它与人能够无阻碍地做出选择的机会紧密相连，从而体现了自由的本质。作为自主和自我决定的存在，人类不仅能够、而且倾向于选择自己的目标和价值。

多元文化对个体发展的益处在于，它为个体提供了更广泛的选择范围和多元化的价值取向。这种环境不仅增加了个人的自由度，还极大地丰富了他们的精神世界，使得个体能够更全面地展现自我，实现更为充实和有意义的生命。因此，多元文化环境对于社会的活力和稳定性具有重要的促进作用。

3.有利于突出思想政治教育的本性特征

多元文化环境促使高校思想政治教育超越对某种政体或制度的依附，转而更加关注人的发展。这种转变突出思想政治教育的核心特征，即对社会和人的发展功能的强调。在多元文化的影响下，高校思想政治教育展现出更强的开放性，减少了文化隔离，增强了对其他文化的吸收和传播能力。这一变化不仅丰富了教育内容，也促进了教育形式的多样化和现代化。

（二）多元文化对高校思想政治教育的消极影响

1.中国文化的多元并存和中国特色社会主义核心价值观的确立

中国是具有五千多年文明史的国家，悠久的历史孕育了丰富多彩的农业文明、工业文明和当代文明。不同文明之间相互冲突、相互影响，使中国文化具有了独特的多元文化特征。在当下，中国传统文化与社会主义文化、市场经济文化相互交融，在强调文化多样性的同时，也需要谨慎处理不同文化之间的关系，以免出现文化相对主义，导致价值观的模糊和混乱。多元文化环境下，如何在高校思想政治教育中加强中国特色社会主义核心价值观的培养，成为一项复杂的挑战。

2.西方文化冲击下的意识形态冲突

中国传统文化与西方文化之间一直以来都存在一定程度的碰撞和交融。随着全球化进程的加快和西方文化对中国的渗透，西方的资本主义意识形态通过各种途径进入中国，对中国社会主义意识形态造成了一定冲击。在高校思想政治教育中，如何正确引导学生区分社会主义核心价值观和西方资本主义价值观，避免学生对马克思主义认识偏离，成为紧迫的问题。西方文化入侵还体现在对我国青年的世界观、人生观、价值观的冲击，可能导致他们产生文化认同感和价值观的迷失。

3.当下文化多元化进程中的负面影响

文化多元化进程中出现的商业文化泛化、民族精神淡化、文化感性化、信仰危机等问题，也对高校思想政治教育造成了负面影响。商业文化泛化导致学生将过多精力放在物质追求上，精神文化生活缺乏；民族精神淡化则使学生的爱国情怀和民族认同感下降；文化感性化使学生的审美情趣下降，缺乏深沉的内容；信仰危机则使学生精神上缺乏寄托，容易产生价值观迷茫。上述问题会导致大学生思想激进、价值观易受干扰，从而对马克思主义信仰产生怀疑，甚至抱有怀疑主义和相对主义态度。

多元文化对高校思想政治教育的挑战不容忽视，需要通过各种措施加强马克思主义思想教育，坚定学生理想信念，加强中国传统文化教育，树立正确的"三观"，增强文化自信，同时鼓励学生客观地认识和理解其他文化，以开放包容的姿态积极参与国际文化交流。

二、多元文化背景下加强高校思想政治教育的对策

（一）在思想政治教育的理念方面

在多元文化背景下，大学生思想政治教育的基本主题包括坚持社会主义核心价值观、进行社会主义荣辱观教育以及弘扬和培育民族精神。教育过程中应遵循主导性与多样性、主体性与主动性相统一的原则。在策略层面，应在目标层面认同多元文化，树立科学与人文统一的精神支柱；在内容层面注重文化的传承与创新，保持开放的心态面向世界；在过程层面重视挖掘深层思想，通过外显行为服务社会。通过这些方式，高校思想政治教育能够更好地适应多元文化环境的挑战和要求，培养全面发展的学生。

（二）在思想政治教育的创新方面

1.创新思想政治教育工作观念

在推进思想政治教育工作观念的革新过程中，我们应当确立一种兼容并蓄的文化发展观，既坚守文化的民族性特色，又追求文化的世界性融合；同时，我们应树立一种德育价值观，既要尊重社会价值的重要性，也要重视个人价值的实现。此外，我们还应采纳一种教学方法观，即坚持民主交流与价

值引导相结合，以促进教育过程的互动性和指导性。

2.创新思想政治教育工作载体

面对日新月异的社会环境和复杂多变的价值观念，传统的思政教育方式已经不能完全满足新时代青年的需求，因此，我们需要不断探索和创新思政教育工作的新载体。通过数字化平台的建设与利用、实践教育活动的组织与开展、文化育人活动的创新与实施以及网络思政教育的探索与实践等方式，我们可以为思政教育注入新的活力和动力，推动思政教育工作的深入发展。

3.创新思想政治教育工作队伍

在严格把控选拔标准的基础上，确保人才流动的畅通性，全面加强"两课"教师、班主任、辅导员、心理健康教育专家、网络德育工作者、就业指导团队及学生党员干部队伍的建设与培养，确保整体质量与数量的双重提升。进一步完善竞争与保障机制，将激励与约束措施相结合，优化大学生思想政治教育队伍的管理、培训和晋升机制。同时，持续优化队伍的性别、年龄、知识和能力结构，构建一支政治过硬、业务熟练、纪律严明、作风优良、素质全面的队伍，推动思想政治教育工作的专业化、职业化、专家化进程。此外，转变大学生思想政治教育工作队伍的角色定位，由传统的"保姆""守护者"角色转变为"人力资源开发者"，由"应急响应者"转变为"人才培养的规划师"，积极发挥先进文化的引领作用，成为大学生健康成长的坚强后盾和引路明灯。

4.创新思想政治教育工作体制

为确保学校教育的高效运行与全面发展，构建由学校党委统一领导、党政部门协同推进、专兼职队伍紧密结合、全校师生共同参与、学生自我提升的一体化管理体系。在此基础上，建立"全员投入、全程跟进、全面覆盖"的大学生思想政治教育长效机制，确保学生思想政治教育工作的深入持久。同时，构建以育人业绩为主要考量指标的评分体系，并推行"教书为人、管理为人、服务为人"的评先选优活动，激励全体教职工全身心投入育人工作，共同为学生的全面成长和进步贡献力量。

5.创新思想政治教育工作职能

在服务理念上，面向全体学生，坚持主动服务、微笑服务、个性化服务与卓越服务的原则，持续关注学生的需求和利益，尊重他们的权利和尊严，同时发掘和培养学生的全面潜能，致力于为学生提供贴心、务实、高效的服务，解决他们的实际困难，帮助他们顺利成长。

在服务方式上，注重策略性与阶段性的平衡，追求先进性与层次性的结合，同时充分考虑共性需求与个性发展的融合；树立标杆，引领新风尚，以典型示范带动全体进步；通过两端带动中间，实现整体提升；注重点面结合，确保学习生活的有序进行。

在服务目标上，持续贯彻育人理念，以学生为中心，不断优化服务流程，提升服务水平，为学生的全面发展提供有力保障。

（三）在思想政治教育渠道的探索方面

首先，要坚持以德为先的原则，确保道德教育在教育工作中的首要地位。其次，建立全员育人的工作格局，让每个教职员工都参与到思想政治教育中来。避免极端，既要反对道德理想主义的片面性，也要抵制道德虚无主义的消极影响，注重对理性教育与对学生非理性需求的关注与平衡。通过培育人文精神，强化学生的思想政治教育，提升其综合素质。创造校园文化平台，加强主流意识的宣传与教育，进一步促进思想政治教育的深化和落实。最后，加强以就业为导向的教育，帮助学生更好地适应社会发展的需要和挑战。

第四章　高校大学生社会实践研究

第一节　大学生社会实践的目的、特征与作用

一、大学生社会实践的目的

大学生走向社会、参加实践的目的就在于深刻地认识客观世界和改造主观世界，从而加速青年大学生成长的社会化进程，使新一代的大学生成为国家、社会的有用人才。具体地说，可以归纳为以下三个方面。

（一）树立全心全意为人民服务的思想

青年一代在世界新技术革命的浪潮中及我国现代化建设的征程上，肩负着至关重要的历史使命。他们不仅是社会进步与发展不可或缺的人才力量，更需具备"有理想、有道德、有文化、有纪律"的综合素质。他们应深切热爱社会主义祖国，矢志投身于伟大事业，秉持艰苦奋斗的精神，不断追求卓越。同时，他们还需具备实事求是的科学态度，保持独立思考的能力，勇于在创新实践中不断突破。为实现这些要求，我们必须全面贯彻党和国家的教育方针，坚定不移地将教育与生产劳动紧密结合，共同培育新时代青年成为有理想、有本领、有担当的时代新人。

传统的封闭式学校教育往往缺乏对生产劳动的融入，这在一定程度上造

成了部分青年学生在思想观念上的偏差，表现为对劳动的轻视以及对工农地位认知的模糊。为了有效纠正这一倾向，鼓励广大青年学生积极参与社会实践成为一项至关重要的举措。通过深入的社会实践，大学生能够更全面地了解国家的实际情况和民众的需求，增进与工农群众的深厚情感，从工农群众中汲取智慧和力量，进一步提升自身的社会责任感，并牢固树立全心全意为人民服务的崇高理想。

事实上，知识分子唯有投身于社会实践，与广大劳动人民紧密结合，方能在社会主义现代化建设的伟大征程中充分展现其聪明才智，实现自身的卓越成就。历史的教训与经验均表明，青年知识分子要想成长为国家的栋梁之材，必须具备为振兴中华而矢志不渝的献身精神，并且必须历经实践的洗礼与锻炼。

（二）校正"思维错位"，完成思想和行为的统一

长期以来，封闭的校园教育模式在一定程度上导致了部分青年学生思维方式出现"错位"现象，进而影响了其思想与行为的协调性。具体而言，有些青年学生常常以主观臆断替代客观现实，一旦面对现实中的不尽如人意，便对社会进行指责。同时，一些青年在分析问题时，过于依赖抽象概念，缺乏对客观现实和事物发展内在规律的深入探索，从而得出不切实际的结论。此外，许多青年学生在思考问题时，往往将自身与社会相割裂，缺乏将个人成长发展与社会进步有机结合的意识。部分当代青年的思维视角过于局限于表面现象，忽视了社会发展的内在联系和制约因素，导致视野受限，无法全面深入地认识问题。

此外，由于年龄和阅历的限制，青年大学生往往表现出情感丰富而理性略显不足的特点。他们怀揣着炽热的爱国情感和坚定的报国志向，然而，由于思维上的"错位"，其动机与实际效果往往难以达到完美契合。

为有效校正这些"思维错位"现象，我们应采取以下措施：首先，通过科学指导思想的引领，即运用马列主义武装大学生的头脑，帮助他们掌握正

确的思维方法。其次，引导青年学生积极参与社会实践，了解国情、民情，从而增强对社会和自身的正确认识。

于青年大学生而言，社会实践无疑是一剂良药。通过实践的力量，他们能够实现思想与行为的和谐统一，进而确保动机与效果达到有机融合。

（三）投身社会怀抱，掌握为人民服务的专业本领

传统的大学教育模式及其封闭的学习生活方式，在一定程度上导致了大学生理论与实践之间的脱离。学术研究往往偏重理论层面的深入探索，而相对忽视了实际应用的广泛研究，进而引发了所学专业知识与职场实际需求之间的不匹配现象。为有效解决这一问题，应积极鼓励大学生走出校园，深入参与社会实践活动。通过亲身感受社会的运行规则与真实需求，大学生能够实现知识与实践的紧密结合，进而提升他们的实际应用能力和服务人民的切实能力。

社会实践不仅为大学生们提供了更为广阔的视野，使他们能够更好地了解社会、认识世界，同时也为他们施展个人才华、实现自我价值、推动社会进步提供了宝贵的平台。通过这样的实践经历，大学生们能够更好地将所学知识与实际应用相结合，为未来的职业发展和社会贡献奠定坚实的基础。

二、大学生社会实践的特征

随着改革开放的深入发展，我国大学生社会实践取得了长足进步，成效显著，对大学生的全面成长起到了积极的推动作用。进入新的历史阶段，面对构建和谐社会和全面建成小康社会的新使命，教育改革和知识创新步伐加快的新形势，知识和人才的重要性日益突出。同时，经济社会的深刻变革也对大学生社会实践提出了更高的要求，并带来了新的课题和挑战。因此，我们需要紧密结合新的形势、新的情况和新的任务，对大学生社会实践进行深入研究和科学部署。

尽管社会实践与其他教育形式在某些方面存在共性，如学习体验性、多序列性、多迁移性等，但它也展现出特征和优势。这些特征主要表现在以下几个方面：

（一）教育性

大学生参与社会实践，具有深远的教育意义，对于其学习能力的提升、品德修养的增强以及全面发展具有显著促进作用。作为学校教育与社会教育之间的桥梁，社会实践将二者紧密结合，形成了一个完整而统一的教育过程。在这一过程中，大学生不仅能够进一步巩固和深化课堂所学的理论知识，更能将理论知识应用于实际问题的解决之中，实现理论知识与实践能力的双向提升，从而达到教育效果的全面优化。

（二）生动性

大学生正处于塑造世界观、人生观、价值观的关键时期，其思想活跃，好奇心强，对新鲜事物具有较强的接纳能力。通过参与社会实践活动，大学生能够深入社会各阶层，获取时代的最新信息。在此过程中，他们会接触到多样的自然环境和人文环境，这些环境对大学生的思想发展产生着不同程度的影响。应当指出，社会实践活动对大学生的影响是双面的，既包含正面的教育引导，也不乏负面的挑战与考验。这种正反两方面的思想教育都是直接而深刻的，且无法回避，从而构成了对学校课堂教育的有益补充。大学生从被动参与社会实践到主动寻求实践机会的转变，充分证明了社会实践活动在大学生教育中的实际效果与重要性。

（三）综合性

大学生社会实践活动旨在将理论知识与实际操作紧密结合，旨在点燃大学生的学习热情，拓展其知识领域，并提升他们的实践能力。此举措不仅有助于实现对大学生在道德品质、智慧启迪、审美情趣、劳动技能、身心健康以及心理素质等多方面的全面培养，而且有助于增强大学生的社会责任感，培养他们吃苦耐劳的精神，从而促使他们更好地服务于社会，为社会做出积极贡献。通过这一综合实践过程，大学生能够全面发展，实现个人价值与社会价值的有机统一。

（四）开放性

开放性是社会实践活动的重要特征之一，它要求教育者在教育教学过程中，摒弃一切过度依赖书本、教室以及以教师为中心的传统教学理念，积极引导学生关注课堂以外的广阔世界。通过引导学生关注社会现象、参与实践活动，教育者可以培养学生的社会责任感与爱国情怀，使之能够热爱生活、热爱集体、热爱国家。同时，社会实践的开放性还体现在活动内容的多样性、活动时空与形式的灵活性以及活动过程与活动评价的开放性等多个方面，从而为理论与实践之间的有效衔接搭建起坚实的桥梁。

（五）协同性

协同性在教育中不仅体现在各类学校、教师、家长和社会机构人员之间的相互配合，形成家庭、学校、社会的合力来共同完成教育任务上，还要求学生在自我评价的基础上，积极利用与合作伙伴交流和分享成果的机会，培养人际交往能力和团结合作精神。

（六）双重属性

社会实践不仅具备学校教育的属性，同时也兼具社会教育的特质，是连接学校教育与社会教育的关键桥梁。我们不应单纯地将社会实践视作课堂教学的延伸，也不应仅仅关注其社会教育属性而忽视课堂教学与理论知识的价值。作为素质教育不可或缺的组成部分，加强社会实践教育与推进课堂理论教育改革同等重要，二者应同步推进，相辅相成，共同提升教育的整体效果。

（七）社会参与性

学生作为社会政治、经济与文化生活的重要参与者，通过广泛投身自然改造及社会活动，深入接触并感知各种人与事，从而丰富其社会生活的实践经验，深化对物质文化、精神文化以及制度文化的全面认知与深刻理解。在此过程中，学生的主体地位得到充分彰显与发挥，进而有效提升其社会认知与实践能力。

（八）灵活多样性

随着大学生社会实践活动的日益普及化，部分高校开始摒弃传统单一且被动的运作模式，积极探索并采用企业化运作模式来推动大学生社会实践活动的深入发展。这些高校通过社会筹集、自主经营等多种渠道筹集经费，有效拓宽了经费来源途径，彻底打破了以往活动经费来源单一的局面，从而为大学生社会实践活动的顺利开展提供了更为坚实可靠的经费保障。此举不仅有助于提升大学生社会实践活动的质量和效果，也有助于推动高校与企业之间的深度合作，共同培养具备实践能力和创新精神的高素质人才。

（九）稳定性与持续性

随着高校社会实践的稳步推进，在不断挖掘和提炼实践经验的基础上，为确保该活动能够持久且稳健地运行，高校已构建起一套切实可行的制度体系。同时，成功打造了一批"大学生社会实践基地"和"社会实践定点单位"。这些基地和单位的设立，为大学生提供了一个稳定、可靠的实践环境，有力保障了社会实践活动的连续性与稳定性，为大学生深入社会、增长才干奠定了坚实基础。

三、大学生社会实践的作用

（一）促进青年学生的健康成长

1.促进学生思想政治素质的提高

通过对社会实践活动的深入参与，学生能够更加全面地了解国家的实际情况，从而增进对党的基本路线的理解和认识，坚定正确的政治方向。此外，这些活动使学生有机会亲身接触人民群众，加深对人民群众生活状态和需求的认识，进而与人民群众建立起深厚的感情纽带，培养全心全意为人民服务的崇高精神。同时，社会实践活动还能让学生明确社会对知识和人才的需求状况，进而增强他们勤奋学习、努力成才的责任感和紧迫感。最后，通过深入了解改革和建设的长期性和复杂性，学生能够摒弃偏激急躁的心态，自觉维护社会稳定，为社会的和谐与发展贡献自己的力量。

2.促进学生业务素质的提高

社会实践为学生提供了一个宝贵的实践平台，使他们能够亲身体验并检验课堂教学内容的实际应用效果。通过实践，学生能够清晰地看到自身知识和能力结构上的不足之处，进而主动调整和完善。这一过程不仅有助于培养学生追求新知的科学精神，更能激发他们的学习热情与主动性。在社会实践中，学生将所学知识应用于实际生产活动中，从而有效巩固和深化了课堂学习的成果。同时，实践也为学生提供了锻炼实际动手能力的绝佳机会，促进了他们的全面发展。

3.促进学生的社会化进程

社会化作为个体生命历程中的关键环节，贯穿于每个人的成长与发展之中，是每个人所必须面对与经历的重要过程。对于大学生而言，社会化成功与否，直接关系到其未来的成才与发展，甚至对其一生的命运具有深远的影响。

通过参与社会实践活动，大学生能够积极促进自身社会角色的转变与适应，进而增强对各类角色类型的辨识能力，提升在角色扮演过程中的心态健全能力，如心理承受能力、适应能力、人际交往能力、组织策划能力及应变能力等。这些能力的提升，将有助于大学生更好地适应和融入社会，为未来的职业生涯奠定坚实的基础。

此外，社会实践还有助于大学生树立正确的择业观念，帮助他们消除心理误区，明确自身定位与发展方向，从而寻找到社会与自身发展的最佳结合点。通过实践中的不断探索与积累，大学生将能够更加清晰地认识到自己的优势与不足，为未来的职业发展做好充分的准备。

（二）促进书本知识与实践知识的有机结合

社会实践能促使大学生把书本知识与实践知识有机地结合起来，这是由实践和认识的辩证关系所决定的。

第一，实践是获取认识的重要来源，通过社会实践大学生可以学到课堂上无法传授的知识。人的认识不是先天存在的，而是在实践中逐步获得的。认识对象由实践需要决定，人在实践中接触并感知事物，从而揭示其本质。所有的真知都源自实践。在当今科技飞速发展、知识不断更新的时代，课堂教育受到教学大纲、计划、学时和传统模式的限制，难以完全适应新形势的需求。因此，指导学生积极参与社会实践成为弥补课堂教育不足的重要手段。

第二，实践是推动认识发展的不竭动力，社会实践活动可以持续推动并丰富和完善书本知识的内涵。纵观历史长河，认识上的新挑战和课题，均源于实践活动的深入与拓展。正是在对这些新挑战和课题的研究与解决过程中，人们的认识得以不断深化和发展。对于大学生而言，他们在参与社会实践的过程中，同样会面临一系列具体问题，这些问题会引发他们对所学知识的质疑与反思，进而促使他们重新审视并完善所学的书本知识。

第三，实践是判断真理的唯一途径，对于大学生而言，他们所学的书本知识同样需要通过社会实践的检验来验证其真实性和适用性。人的认识作为对客观世界的反映，其正确性无法单凭主观判断，而应在实践中检验和证明。

因此，大学生在书本上学习的知识是否准确、掌握是否深入、知识广度与深度如何，都需要通过实践来进行检验。这一过程不仅能够证明知识的正确性，还能够修正错误的认识，补充和完善知识体系中的不足。

第四，实践是大学生将理论知识转化为实际行动、为社会创造价值的关键环节。人类认识世界的终极目标，并非仅限于解释和阐述世界的规律，更在于通过实践去改变和推动世界的发展。理论的形成离不开实践的积累与检验，同时理论又能够指导实践，二者相辅相成，共同构成了认识的完整链条。大学生通过深入实践，运用理论知识分析和解决实际问题，直接服务于经济社会的发展，将潜在生产力转化为现实生产力。在这一过程中，大学生不仅能够进一步巩固和拓展知识，提升个人素质和能力，同时也能够为社会的发展和进步贡献自己的力量。

（三）推进高等教育的改革与发展

社会实践有效加强了学生与社会之间的紧密联系，有助于调动社会各界力量，共同致力于高校思想政治工作的加强与改进。通过社会实践，我们能够探索出适应新形势的思想政治工作新路径，为高校思想政治工作注入新的生机与活力。

此外，社会实践还有助于学校深入剖析学生素质、课程设置、教学和管理等方面与社会需求之间的不适应之处，进而主动进行有针对性的改革。这有助于学校进一步明确办学方向，在紧密结合社会实际的基础上，寻求高等教育的创新与突破。

同时，社会实践搭建了学校与社会之间的沟通桥梁，使教育得以走出封闭的学院环境，迈向更为广阔的社会舞台。这有利于构建教学、科研与社会实践相互融合的新型教育体制，为高等教育的可持续发展提供有力支撑。

（四）锻炼大学生的意志品质

虽然学校提供了良好的学习环境，但其平静和正规的氛围使大学生缺乏逆境和复杂情境的体验。现代大学生因年龄较小、依赖性强，往往意志薄弱，缺乏艰苦奋斗的精神。社会实践通过让大学生直接参与生产劳动和接触复杂情况，帮助他们提高心理承受能力，锻炼艰苦奋斗的意志。例如，大学生志愿者在山区开展"三下乡"活动，通过在艰苦条件下进行教学和劳动，不仅学到了知识，更重要的是锻炼了自己的意志。这对大学生成长意义重大。

（五）促进地方"三个文明"建设

在社会实践中，学生们不仅能够深化对知识的理解和运用，锻炼和提升自身各项能力，更能将所学的马克思主义理论、党的方针政策以及科学文化知识转化为实际行动，为地方和活动接收单位提供实质性的帮助。这不仅是对学生们学习成果的有效检验，更是对"三个文明"建设的有力推动，有助于推动社会的全面进步与发展。

（六）培养大学生多方面的能力

能力，作为个体在实践中成功执行各项活动的核心要素，是对知识熟练把握与灵活运用的体现。其内涵广泛，涵盖认知、组织管理、实际操作、适应以及创新等多重维度。固然，个体的先天素质为能力的孕育与成长提供了天然的基石与物质基础，而能力的构建与深化，更多依赖于后天教育的悉心雕琢、社会实践的磨砺锻炼，以及个人不懈的勤奋追求，并在这一过程中不断汲取集体智慧的滋养与力量。能力并非如同知识那般，可以简单地借助工具进行储存与积累。相反，它正是在个体不断认识世界、改造世界的实践中得以孕育与成长。同样地，对于大学生而言，各类实际能力同样需要在不断的实践活动中得以锤炼与提升，方能真正达到成熟与完善的境地。

（七）了解社会、工农，认清自己

尚未踏入社会之际，大学生对社会和工农阶层的认知多依赖于间接渠道，这样的了解方式往往呈现出片面化和浅尝辄止的特点，而社会实践则为大学生提供了宝贵的直接接触社会的机会，使他们得以亲身感受国家的繁荣昌盛以及改革开放所取得的辉煌成果。

通过参与社会实践，大学生们不仅能够目睹国家经济发展的辉煌成就，更能深刻认识到经济发展中存在的区域不平衡问题，从而进一步激发他们的责任感和使命感，增强学习动力。在工厂和农村的实践活动中，大学生们与工农群众同甘共苦，亲身体验到基层工作的艰辛与不易，并从他们身上学习到丰富的生产实践经验和崇高的道德品质。

这些实践活动使大学生对工农群众的态度发生了显著变化，从最初的轻视逐渐转变为尊重和敬佩。他们深刻认识到，只有与工农群众紧密结合，才能更好地了解国情民意，实现个人的成长和成功。因此，社会实践对于促进大学生的全面发展和社会适应能力提升具有不可替代的重要作用。

第二节　大学生社会实践的形式与原则

一、大学生社会实践的形式

（一）社会调查

社会调查是大学生针对特定主题，以系统性和针对性为原则，对社会各领域进行深入探索与研究的一项重要实践活动。它涵盖了实地走访、访谈交流、资料分析等多元方法，旨在使学生全面了解社会现象，洞察社会变迁。作为大学生自我教育和成长的重要载体，社会调查不仅有助于提升学生的综合素质，更有助于培养他们的社会责任感和历史使命感。通过参与社会调查，大学生能够更加客观地认识社会，形成符合实际的思想观念，为未来的社会参与和发展奠定坚实的基础。

（二）劳动服务

劳动服务是大学生直接参与服务社会公益事业的主要形式，包括青年志愿者服务活动、学雷锋树新风活动、各种义务劳动和公益劳动等。这些活动主要以提供劳务为主，旨在帮助学生增强劳动观念，摒弃轻视体力劳动和工农群众的思想和行为，树立为人民服务的思想。同时，通过参与劳动服务，大学生还能学习到实际的劳动技能，这不仅丰富了他们的实践经验，也促进了个人的全面发展和社会责任感的培养。

（三）勤工助学

勤工助学是大学生通过智力劳动和体力劳动，以获取经济报酬为目标的社会实践活动。此类活动不仅有助于缓解学生的经济压力，更能有效培养他们的自主自立精神。

（四）智力服务

智力服务，是大学生依托其深厚的专业背景和独特的个人特长，发挥智能优势服务社会的有效途径，涉及科技咨询、项目开发、科技培训、医疗保健、扫盲教育以及文艺演出等多个领域。这种社会实践形式不仅有助于激发大学生对学习的热情，进一步巩固其专业思想，而且能够有效提升大学生的实际操作能力，避免高分低能的现象发生。同时，智力服务也是大学生展现自身才华和风采的重要舞台。通过这一形式，大学生能够更好地向社会展示其综合素质和能力水平，增强社会对大学生的认识和接纳度。

（五）岗位工作实践

岗位工作实践，指的是大学生前往与其所学专业相关的岗位，开展实际工作的锻炼活动。此类活动旨在提高学生的专业技能，加深其对业务内容的了解，并增强其在工作中的自信心与勇气。

此外，大学生利用假期时间到企业或公司进行兼职工作，有助于其深入了解现代企业制度及其经营管理模式，掌握市场经济的运作规律，进而积累创业所必需的基础知识与基本技能。同时，大学生在课余时间参与勤工助学活动，或利用自身的知识、能力与体力从事相关劳动，不仅能够有效增加收入，减轻家庭经济负担，还能对其未来创业所需的适应社会的意志品质、心理承受能力、生存能力及竞争力等方面进行有效的锻炼与考验。

二、大学生社会实践的原则

（一）坚持以正确思想为指导的原则

人的活动总需以一定的思想作为指引，大学生参与社会实践活动亦不例外，必须坚守正确的指导思想，方能达成既定目标，收获预期效果。我国高等教育以培养具备德、智、体、美全面素质的社会主义建设者和接班人为己任。因此，大学生在社会实践活动中，必须坚定以马列主义、毛泽东思想、邓小平理论、"三个代表"重要思想、科学发展观以及习近平新时代中国特色社会主义思想为指导。

大学生在社会实践中亦需坚守正确的思想方法。缺乏正确的思想方法，社会实践活动的目标便难以实现。任何工作都离不开这一正确思想方法的指引，一旦偏离，必将陷入误区，难以取得实质性成果。

大学生在实践过程中应自觉运用马列主义、毛泽东思想、邓小平理论、"三个代表"重要思想、科学发展观以及习近平新时代中国特色社会主义思想来分析问题、研究问题和解决问题。唯有如此，方能树立正确的世界观、人生观和价值观，在政治和思想上不断成熟，真正在实践中锻炼能力，为社会做出积极贡献。

（二）坚持理论与实践相结合的原则

马克思主义认为理论源于实践，并最终为实践服务，这一原则在高等教育中尤为重要。高校应在人才培养中注重理论与实践的结合。毛泽东指出，知识包括书本知识和实践知识，只有书本知识而没有实践知识是不完整的。学科的书本知识是实践经验的总结，但要使这些知识真正为己所用，必须通过亲身实践来验证。大学生从小学到大学主要学习书本知识，缺乏实践经验，因此知识不全面，动手能力较弱。为了获得完善的知识，大学生应在社会实践中践行理论与实践相结合的原则，积累新的经验，并在此基础上创造新的理论。

（三）"双向受益"的原则

"双向受益"，是指在社会实践活动中，不仅要确保学校和学生能够从中获得益处，同时也应努力使活动接收单位实现相应的利益增长。因此，在规划社会实践活动时，我们除了应重点考虑对学生思想教育和专业教育的需求外，还需充分考量地方和活动接收单位在"三个文明"建设方面的实际需求。这种考量应贯穿于社会实践的全过程，确保实践活动与地方和活动接收单位的"三个文明"建设需求紧密结合。近年来，部分学校通过创新形式，如举办"洽谈会"和"选题见面会"，实现了学校与地方之间的有效对接。在这些活动中，学校提出服务项目，地方提出急需项目，双方通过深入洽谈，共同确定合作项目，进而选派学生开展社会实践。这种形式不仅提升了社会实践的针对性和实效性，也为双方带来了切实的利益，值得广大学校借鉴和推广。

（四）坚持讲求实效的原则

大学生社会实践活动，是一项高投入、广参与的教育活动，必须摒弃表面功夫，追求实际效果。它的核心价值在于实现人才培养与社会效益的双赢。为确保这一目标的实现，我们需重点关注以下几点：一是系统性规划。社会实践活动应当具备完整的体系，从内容到形式都应当保持连贯性和一致性，以确保活动的整体性和稳定性。二是精准性计划。活动的进行不应随意，而应基于明确的目标和学生的实际情况，制订详尽的计划，确保活动的每一步都能按照预期进行。三是实效性措施。为实现计划，需要制定具有可操作性的措施，这些措施应能够确保计划的顺利实施，并达到预期的效果。四是多维度的效果评估。社会实践活动的成果应从多个角度进行评估，包括学生的成长、知识的运用以及社会的反馈等，以确保活动的全面性和有效性。

（五）"就近就便"的原则

鉴于经费预算、交通便利性以及活动接收单位的承载能力等多方面的考量，社会实践活动的组织应坚持"就近就便"的指导思想。首先，应鼓励大部分学生返回家乡，利用当地资源开展社会实践活动，以减轻组织压力。其次，对于集中组织的社会实践团队，应确保团队规模合理，活动地点和内容须与活动目标高度匹配。再次，学生在社会实践期间，应坚持简朴的生活作风，合理安排食宿和交通，避免给接收单位带来不必要的负担，同时确保实践活动的有效进行。最后，这种简朴的生活方式也有助于培养学生的意志品质和适应能力，对其成长成才具有积极作用。因此，我们必须坚决抵制以社会实践为名，行观光旅游之实的行为。

（六）坚持与工农群众相结合的原则

人民群众不仅是物质财富的创造者，更是精神财富的宝贵矿藏和唯一源泉。然而，当前部分大学生因缺乏社会经验，相较于工农群众，表现出某些不足，甚至出现了疏离群众、轻视工农的倾向。这些不足和错误观念对大学生个人的成长和成功构成了显著障碍。因此，为了克服这些难题，大学生必须积极参与社会实践活动，深入社会，了解国情，深化与工农群众的情感联系。他们应虚心向工农群众学习，与工农群众共同奋斗，将自身视为工农群众的一分子，摒弃自命不凡、骄傲自大的心态。在实践过程中，应牢固树立全心全意为人民服务的理念，以"俯首甘为孺子牛"的精神服务于人民。

（七）精心组织的原则

在组织实施社会实践活动时，需聚焦三个关键环节。首先，预先开展动员与联络工作，确立社会实践的具体内容、形式、参与人员、接收单位及经费筹措等关键要素，确保活动准备充分；其次，在活动执行阶段，带队教师、干部、学生骨干及地方接收单位人员应提供细致的指导，协助学生解决遇到的各类问题和困难，并预防与排除潜在的消极因素；最后，活动结束后，应全面总结活动成果，提炼有益经验，并进行推广，以优化未来社会实践活动的组织与实施。

（八）坚持受教育、长才干与做贡献相结合的原则

在大学生参与社会实践的活动中，确保教育学习、能力提升与社会服务

的有机结合，此原则不仅符合社会实践活动的初衷，更是实现其深远影响的必要条件。当前，部分学生在实践中过度关注个人成长与收获，而对社会服务的重要性认识不足。为确保社会实践活动的全面性与深度，我们需强调，只有将个人成长与社会贡献并重，方能使实践活动焕发生机，实现长期稳健的发展。

（九）与就业创业相结合的原则

在高等教育中，应以学生为本，致力于帮助学生了解自我、社会和国情，并适应社会发展。学校应在有限资源下追求效益最大化，改进教育方式，更新办学理念，适应新形势的需求。明确教育目标体系，重点解决"培养什么人"的问题，遵循科学发展观，掌握教育和人才培养规律，确保符合高校实际和学生特点。坚持"育人为本，德育为先"，明确科学发展的方向，培养领导型和创新型人才。在教学上，应结合学校教育、学生自我教育和社会教育；在科研上，激发学生积极性，鼓励科研参与，并为创业提供理论支持。在服务社会方面，通过学生的社会实践，加强学校与社会的联系，创造更多就业机会。

（十）坚持体力劳动与脑力劳动相结合的原则

作为人类劳动的两大组成部分，体力劳动与脑力劳动既相互对立又相互统一。体力劳动构成了脑力劳动的前提和基础，而脑力劳动的成果则必须依托体力劳动得以实现和物化。二者的结合，是人类创造社会财富、推动社会历史发展的核心动力。在现代劳动体系中，脑力劳动与体力劳动的交融日趋紧密，尽管脑力劳动在整体劳动结构中的比重持续上升，但体力劳动的重要地位依然不可撼动。即便在高度自动化的生产环境中，体力劳动仍具备不可替代性。

当前，大学生作为未来社会的主要脑力劳动者，部分个体存在着过度重视脑力劳动，轻视体力劳动的倾向，缺乏参与生产劳动的积极性，劳动观念亟待加强。因此，高校和社会应共同努力，通过组织有计划、有目的的社会实践活动，引导大学生体验生产劳动，培养他们对劳动的尊重和热爱，塑造艰苦奋斗、为人民服务的优秀品质。

（十一）坚持学生的主体作用与教师的指导作用相结合

大学生社会实践活动是学校教育的重要延伸，旨在实现学生自我教育与社会教育的有机结合。在这一过程中，学生不仅是活动的直接参与者，更是实践的主体，因此，必须充分激发学生的主动性和积极性，特别是在分散的实践环节，要更加注重学生的主体性。同时，为了保障社会实践活动的质量和效果，教师的指导作用不可或缺。教师应当积极协助学生制订社会实践计划，精选实践课题，提供必要的技术支持，并在学生遇到问题时，给予及时的指导和分析，以提高学生的实践能力和思想认识水平。

第五章　高校学生管理概述

高校是社会主义事业接班人的培养摇篮和关键阵地，必须毫不动摇地坚持社会主义办学方向，把德育工作摆在重中之重的位置，为我国社会主义现代化建设输送优秀人才。本章将深入剖析高校学生管理的内涵、对象与职责，以及高校学生管理的指导思想和基本原则，并全面阐述高校学生管理的特色与效能，以期为高校育人工作提供理论支撑和实践指导。

第一节　高校学生管理的概念

高校学生管理是高等学校领导和管理人员的一项核心职责，旨在全面实现学生的培养目标。为实现这一目标，必须严格遵循国家的教育方针和各项政策法令，科学、有计划地组织、指挥和协调学校内部的人、财、物、时间、信息等资源。同时，还需进行精准的预测、周密的计划、有效的实施、及时的反馈和严格的监督，以确保学生管理工作的科学性和高效性。

高校学生管理，作为学校整体管理体系中的关键环节，承载着极其丰富且深远的意蕴。首先，要深入探究管理对象——广大青年大学生的生理与心理特征，知识与能力构成，以及兴趣爱好和社会环境对他们产生的深远影响。通过系统研究，才能准确把握学生的思想动态变化与教育管理的内在规律。

其次，高校学生管理还需关注管理者自身，即专职学生工作队伍的素质建设。这包括但不限于他们的思想品质、文化素养、理论水平以及业务能力。必须致力于这些素质的培养和提升，以推动学生管理队伍的整体建设与发展。

最后，高校学生管理亦需研究管理机制的构建，以及一般管理原则与方法的运用。这涵盖了学生在学习、生活、课外活动以及思想教育等各个方面的具体管理目标、原则、政策与法规。

高校学生管理是结合教育学和管理学的综合应用学科，旨在研究如何最有效地实现大学生的培养目标。它遵循教育和管理的科学规律，并涉及多个学科领域，如哲学、教育学、社会学、心理学、管理学等。为了寻求最佳的培养方案、计划、决策、管理体制和组织机构，以及操作程序，需要广泛运用各种科学理论进行分析。因此，从事学生管理工作的同志需要用科学的管理指导思想和手段来进行有效的管理。

在加强对大学生的管理时，应平衡以下两种关系：

第一，学生管理与规章制度相辅相成。在高校学生管理的过程中，规章制度不仅是管理工具，更是管理依据。教育部依据党和政府的教育方针，针对青年大学生的成长规律和特点，结合长期的教育实践，制定了《普通高等学校学生管理规定》，为高校学生管理提供了基本的制度保障。各高校则进一步细化、完善这些规定，形成了具有本校特色的规章制度体系。这些规章制度不仅规范了学生的行为，也促进了学生管理的科学化和规范化。

第二，学生管理与思想政治教育是相辅相成、密不可分的两大工作领域。在强化管理工作的重要地位的同时，必须充分认识到思想政治教育对于整体工作的重要保障作用。单纯强调严格管理而忽视思想政治教育，或者只重视思想政治教育而忽视制度管理的做法，都是片面的、不可取的。管理本身就是教育的一种重要形式，而教育则为管理的有效实施提供了坚实的思想基础。因此，只有将严格管理与思想政治教育紧密结合，才能推动学校工作真正迈向规范、有序的发展轨道，实现学生全面发展的目标。

第二节　高校学生管理的对象与任务

一、高校学生管理的对象

管理对象是指"管理活动的承受者"。随着认识和管理复杂化，不同时期和学派有不同见解：一是指管理活动作用的具体对象，如人、财、物等要素，后增加时间、空间、信息和事件。二是指管理活动作用的特定系统，即多种因素组成的有机整体，与外界有信息交流。高校学生管理是高校管理的重要部分，其对象是高校学生，包括专科生、本科生、硕士生、博士生等。高校学生管理涉及多个知识体系，如管理学、教育学等，是一门综合性、政策性强的应用科学，研究对象是学生管理活动的本质联系及其发展规律。

高校学生管理是学校教育管理工作的关键组成部分，与其他管理工作一道，致力于深入探索教育领域特定现象与规律。此项工作同样遵循教育领域的基本规律，并在其指导下开展。然而，相较于其他管理工作，高校学生管理因其特定的工作对象和特性，展现出一定的独立性。唯有深刻理解高校学生管理与其他管理工作的紧密关系及其独特之处，方能准确把握高校学生管理工作的内在规律，进而推动其成为一门独具特色且高效的管理实践课程。

高校学生管理学作为管理工作的重要分支，其学科构建与发展必须以系统的范畴体系为基础。这一范畴体系不仅定义了研究的角度和内容，还揭示了各要素之间的内在联系。因此，为了准确而全面地阐述高校学生管理学的研究内容，我们必须首先明确其框架和范畴体系。高校学生管理工作的研究内容应深入探索以下几个关键领域：

第一，学科理论的研究。该体系系统阐释了高校学生管理科学的本质特征、理论基础、研究对象与领域、核心研究使命，并明确了学科在社会进步与教育体系中的定位及深远影响。同时，该体系深入阐释了高校学生管理的指导思想与核心原则，详尽剖析了如何将历史积淀的智慧进行抽象提炼，并有效整合至现行理论体系之中。此外，该体系还深入探索了如何高效吸纳与融合相关学科的理论精髓，以促进高校学生管理科学的持续深化、优化与创新发展。

第二，方法论的研究。研究高校学生管理既要关注基本的思想方法，也要深入研究各个具体的管理方法。这包括思想政治教育、社区管理、教学与学籍管理、文化管理、奖惩制度、社会实践、社团管理、心理健康与咨询、就业管理、党建管理，以及突发事件应急管理等方面。系统研究和科学应用这些管理方法和手段，可以更好地促进高校学生全面发展和健康成长。

第三，组织学的研究。高校学生管理工作是一项系统性极强的任务，它要求构建一套高效的网络体系，以最大化地实现组织功能。在这一过程中，我们需要深入研讨和不断完善高校的学生管理领导体制，持续优化学生管理队伍的构成与培养机制，以及紧密关注并应对学生管理的现代化发展趋势。这些方面都需要我们以更加深入、全面的视角进行探讨和研究，以确保高校学生管理工作的顺利进行。

第四，学生管理规定的制定与执行，必须严格遵循国家法律法规、教育规律，确保与政治文明建设进程保持高度一致。

第五，深入探究学生成长规律及其心理生理特点与管理工作之间的紧密联系，以及青年群体间的相互影响与高校学生管理工作之间的相互依存关系，为优化学生管理模式提供科学依据。

二、高校学生管理的任务

高校学生管理工作的核心职责，不仅涵盖了对学生管理学理论体系的深入探究，还涵盖了高校学生管理工作的各项知识与系统理论。更为重要的是，这项研究必须致力于揭示学生管理工作内在的特殊矛盾，深入理解和把握其运行规律。这样，我们才能将这些理论成果有效应用于学生管理工作的实践中，以推动高校学生管理工作的持续发展与进步。具体而言，高校学生管理工作的主要任务包括以下几个方面：

第一，深入贯彻马克思主义关于人的全面发展的核心理念，以及党在全面建成小康社会进程中所确立的教育方针，坚定不移地遵循党的基本路线。在此过程中，必须以马克思主义为指导，紧密结合毛泽东思想、邓小平理论以及"三个代表"重要思想和科学发展观，特别是习近平新时代中国特色社会主义思想，以此作为行动的根本遵循。同时，要运用马克思主义哲学原理作为方法论，确保工作始终沿着正确的方向前进。为了切实落实新的《普通高等学校学生管理规定》，必须紧密围绕党的教育方针和学校的培养目标，致力于培养全面发展的高素质人才。

第二，经过系统梳理，我国高校学生管理工作积累了丰富的经验和深刻的教训。学生管理作为一种既古老又充满活力的社会现象，自学校诞生之初便应运而生，不仅承载着悠久的历史传统，更在新时代焕发出崭新的时代内涵。

第三，对于历史上高校学生管理工作的宝贵遗产，必须持批判继承的态度，充分挖掘和利用其中蕴含的智慧与经验。同时，积极借鉴国外学生管理工作的先进经验，为我所用。在这一过程中，教育学、社会学、政治学、青年心理学、系统管理学、文化学等相关学科的知识理论提供了丰富的理论支撑和实践指导。结合我国深厚的文化底蕴和时代精神，应当构建起符合国情、具有中国特色的高校学生管理模式。

第四，为了深入推进高校学生管理工作，必须加强对该领域的科学研究，注重实践探索，不断完善理论体系，确保高校学生管理工作模式的健康运行。尽管学生管理工作积累了丰富的实践经验，但面对中国社会的快速发展和变革，仍需清醒认识到当前管理工作与形势要求之间存在的差距，存在诸多亟待解决的问题，这不仅要求在理论层面进行深入研究，还需在实践层面进行大胆创新。

高校学生管理工作者肩负着重要的使命和责任。要不断提升科学研究的水平，积极探索适合新时期学生管理的新方法、新思路和新手段。紧密把握学生管理面临的新问题、新内容和新特点，确保学生管理的理论与方式与时俱进，不断适应新的形势和需求。

第五，以理论创新为先导，推动实践创新，促进学生管理工作的科学化、法治化和人本化。为了实现这一目标，必须深入研究管理制度的科学化、法治化和人本化问题，这不仅涉及法律与青年学相关理论的探索，还需深入探究管理学领域的知识。更重要的是，必须将管理学、法律学、青年学有机结合起来，形成具有创新性的理论体系，以此推动实践创新。

大学生的管理并非简单的常规管理，而是针对青年群体的特殊管理。这种管理的核心在于培养具备丰富知识的青年成为德、智、体、美全面发展的优秀人才。因此，学生管理工作不仅涉及一系列的理论研究，也需要在实践中不断探索和创新。这是赋予学生管理工作者的光荣使命，也是一项艰巨的任务。

第三节 高校学生管理的指导思想与基本原则

一、高校学生管理的指导思想

（一）坚持马克思主义关于人的全面发展的理论

高校教育的根本任务是培养全面发展的高级专门人才，即有理想、有道德、有文化、有纪律的人才。社会主义大学的性质要求毕业生具备扎实的科学文化知识和健康的体魄，同时要有高度的社会主义觉悟。为实现这一目标，必须遵循马克思主义关于人的全面发展的教育思想办学。马克思主义教育思想的核心是人的全面发展学说，其具体应用是培养德、智、体全面发展的建设者和接班人的教育方针。

（二）运用马克思主义关于辩证唯物主义的理论

运用马克思主义辩证唯物主义理论，以对立统一观点指导高校学生管理，坚持整体观。马克思主义哲学是社会科学和自然科学的基础，其认识论和方法论渗透于高校学生管理科学中。在纵向上，坚持整体观意味着局部与整体的统一，学生管理系统由多个支系统组成，每个支系统都应服从整体的目的和功能。在横向上，坚持整体观要求各部门分工合作，共同实现培养全面发展的人才的目标。

（三）运用高等教育和现代管理科学理论

1.必须坚持科学的教育观，严格遵循教育的外部规律和内部规律。以高等教育为例，其规模和发展受到经济基础的制约，同时也对经济基础产生深远影响。作为高等教育的主要承担者和推动者，高等院校在人才、资源、市场等方面面临着日趋激烈的竞争，需要不断创新和改革其教育理念、体制和结构。高校应紧密关注社会变革，主动适应市场需求，深化教育改革。同时，大学生管理也应深入研究新情况，解决新问题，努力培养适应 21 世纪发展需要的高素质复合型人才，为国家的繁荣和发展做出积极贡献。

2.在现代管理科学的理论与方法指导下，必须构建作风严谨的学生管理队伍，确保管理制度的科学性、人员分工的合理性、职责范围的明确性，同时奖惩制度必须严明，各部门之间动作协调，实现高效运作。指导学生管理工作的核心在于运用现代管理科学的基本原理，包括系统整体性原理、要素有用性原理、动态相关性原理、人的能动性原理、规律效应性原理、时空变化性原理、信息传递性原理和控制反馈性原理等。在实践过程中，应致力于实现管理组织的系统化、管理决策的科学化、管理方法的规范化以及管理手段的现代化，以不断提升学生管理工作的质量与效率。

（四）继承和发扬我国高校学生管理的成功经验

中华人民共和国成立后的高校学生管理经验是宝贵财富。

1.社会主义大学必须坚持中国共产党的领导和社会主义方向，这是我国多年来的基本经验。党的领导是社会主义大学管理的指导思想，确保大学方向正确，调动全校师生积极性，培养全面发展的人才。

2.管理工作应规范化、制度化，将成熟的民主管理和科学管理体制、程序、办法用制度形式固定下来，形成规范，使责、权、利相结合，实现制度的思想性和科学性统一。

3.坚持理论联系实际，面向社会实践，实行教育与生产劳动相结合。社会主义大学培养的人才必须适应市场经济需求，具备高度的社会主义觉悟和共产主义精神，同时拥有理论知识和实践能力，以及独立工作能力。

二、高校学生管理的基本原则

（一）高校学生管理基本原则的概述与依据

1.高校学生管理基本原则的概述

原则，作为对客观规律的深刻反映，是观察和处理问题的根本依据。对于高校学生管理而言，其基本原则是在全面、全程管理学生的过程中，必须遵循的基本准则，它指导学生如何正确认识和应对各种矛盾和问题。这一原则不仅是对学校各级、各方面管理人员提出的科学化管理要求，更是学生管理工作规范、有序进行的重要保障。

高校学生管理的基本原则，以社会主义高等学校人才培养目标为管理目标，以教育科学和管理科学理论为坚实支撑。它是在长期的管理实践中，不断总结学生管理活动的经验教训，经过深入归纳和提炼而形成的。这一原则是学生管理活动发展到一定阶段的必然产物，其内涵丰富、层次多样，构成了一个相互关联、相互作用的完整体系。

高校学生管理的基本原则，是学校管理工作的基石，它集中体现了学校的教育理念和管理智慧。这些原则贯穿于学生管理的每一个环节，指导着管理人员的工作实践，确保学生管理工作有序、有效进行。在学校内部，无论是行政部门还是教育人员，都需要以这些原则为行动指南，确保学生管理工作符合教育规律，符合学生成长成才的需求。高校学生管理涉及的内容十分广泛，从学术指导到生活关怀，从思想政治教育到校园文化活动组织，无一不体现出学校对学生全面发展的关注和投入。为了确保这些工作能够科学、规范、系统地开展，必须深入理解和坚决执行学生管理的基本原则。

随着我国高等教育事业的蓬勃发展和持续扩大，高校学生管理工作正面临着一系列新的矛盾和挑战。在高等教育由精英化向大众化转型的过程中，随着教育改革的持续深化，高校学生管理工作必须紧密围绕培养社会主义现代化建设者和接班人的根本任务，准确把握时代脉搏，明确工作方向和目标。

高校学生管理工作者要始终坚持学生管理的基本原则，勇于探索实践，紧密结合实际，深入研究学生管理的内在规律，确保学生管理各项工作符合客观规律，实现各部门之间的协调配合。同时，要不断完善学生管理制度，创新学生管理模式，提高管理效率，为学生创造良好的学习和生活环境，促进学生全面发展和健康成长。

2.高校学生管理基本原则的依据

（1）理论依据是人的全面发展理论和教育方针

大学的本质属性要求我们必须坚定不移地保障所培养的大学生成为具备高素质的人才。他们不仅要具备扎实的科学文化知识和强健的体魄，更要拥有坚定的社会主义理想信念、高尚的道德情操、深厚的文化素养以及严明的纪律观念。"四有人才"，即有理想、有道德、有文化、有纪律，是培养人才的核心要求，也是推动学生全面发展的根本所在。

高校作为社会主义大学的重要组成部分，其工作目标就是要培养出全面发展的社会主义建设者和创造者。这一目标的实现，既是我国办社会主义大学的根本出发点，也是其最终归宿。为此，社会主义学校在制定学生管理的基本原则时，必须坚持以"以人为本"的思想和教育方针作为根本的理论支撑和指导原则，确保每一名学生都能在全面发展的道路上稳步前行。

（2）科学依据是高等教育科学和现代管理科学

高等教育存在客观的规律性，遵循这些规律才能有效实现教育目标。高校学生管理作为高等教育的重要一环，同样需要遵循这些规律。高等教育规律包括外部和内部两个方面。外部规律主要揭示教育与经济之间的外部关系，体现教育在国家和社会建设中的重要作用，以及教育投资的经济效益和社会效益。尽管教育、经济和社会文化之间相互影响，但总体上是经济和社会文化决定教育的发展方向。因此，随着经济和社会文化的发展，教育也需要相应调整以适应和服务于这些变化。高校学生管理也应随之调整，这是高校学生管理者需要明确认识的。

教育的内在规律深刻揭示了其与社会发展的紧密联系。这种联系主要体现在教育的培养目标，各类专业人才的培育标准、培养路径和方法等多个方面。随着科学技术的不断进步，教育手段和方法的优化成为必然趋势。同时，社会变革对人才培养提出了新的要求，这也促使教育的培养目标相应调整。

在高校学生管理工作中，必须严格遵守教育规律，紧密结合我国高等教育的发展实际，深刻认识高级专门人才培养对于推动社会主义市场经济发展的重要作用，应当确保高校培养的人才能够主动适应社会的需求。为此，必须端正办学指导思想，妥善处理德育、智育和体育之间的关系，积极探索更加高效、系统、科学和现代化的管理路径和方法。

在当今时代，运用现代管理科学的理论与方法来管理高校学生已成为一种必然趋势。现代管理科学不仅是高校学生管理原则的重要支撑，而且在制定学生管理基本原则时，发挥着至关重要的作用。它确保了学生管理队伍的组织机构严密、管理制度科学、人员分工合理、职责范围明确、奖惩分明、动作协调以及工作高效。

高校学生管理人员应熟练掌握并灵活运用现代管理科学的各项原理，包括系统整体性原理、要素有用性原理、动态相关性原理、人的能动性原理、规律效应性原理、时空变化性原理、信息传递性原理以及控制反馈性原理等。这些原理的应用，有助于学生管理组织更加系统化，管理决策更加科学化，管理方法更加规范化，以及管理手段更加现代化。

（3）实践依据是五十多年来我国高校学生管理的经验与教训

社会主义大学作为高等教育的重要阵地，必须坚守社会主义办学方向，坚定不移地贯彻党的教育方针。确保社会主义大学的办学方向，是社会主义大学管理的核心指导思想，其目的在于充分激发全校师生员工的积极性和创造力，为培养德智体美劳全面发展的社会主义建设者和接班人而不懈努力。

在社会主义大学的管理工作中，必须严格遵循党的路线、方针、政策，确保各项工作的组织和实施都符合社会主义大学的发展要求。规章制度的制定，应充分体现对师生员工积极参与社会主义建设的引导和激励，为培养合格的社会主义建设者和接班人提供有力保障。

同时，要明确高校学生管理的基本原则，即服务于社会主义市场经济的建设和发展，服务于社会经济的协调持续发展和全面建成小康社会的伟大目标。这是社会主义大学管理工作的出发点和落脚点，也是我们不断深化改革、提升办学水平的重要支撑。

高校学生管理工作需要规范化和制度化，以确保工作的科学性和思想性相结合，实现责、权、利的平衡。管理工作的核心是实行教育与生产劳动相结合，培养符合经济和社会发展需要的人才，具备高度的社会主义觉悟、诚信敬业、具有奉献精神以及分析问题和解决问题的能力。尽管取得了一些成功经验，但高校学生管理仍需要与时俱进，不断创新，以应对不断出现的新问题和挑战。

（4）法律依据是依法管理

①依法管理学生工作是社会发展的必然要求。具体内容如下：

第一，加强学生工作的法治化管理，是推进社会主义法治国家建设的必然要求。构建社会主义法治国家，不仅要求建立完善的法律体系，更要求全体公民树立牢固的法治观念，提升法律素养，确保国家和社会治理的各个领域都能依法行事，对违法行为进行严肃追责。大学生群体作为社会知识分子的重要组成部分，其行为举止对社会具有显著的引领和示范效应。因此，加强学生工作的法治化管理，对于落实新时代全面依法治国战略，具有深远的意义。

第二，依法管理学生工作，是社会主义市场经济的客观需求。市场经济的本质是法治经济，市场的运作、秩序的维护、宏观调控、对外开放、经济制度的巩固和完善、分配方式的有效运作，以及市场对资源配置的发挥，都需要法律的规范、引导、制约和保障。完备的市场经济体系要求社会生活步入依法管理的轨道，高校作为市场经济主体，其学生管理工作也需依法进行，以符合市场经济要求，融入市场经济并实现接轨。

第三，加强学生工作的依法治理，是推动高校内部改革深化的必然要求。

随着改革的持续推进，高校后勤社会化进程不断加快，这既为高校聚焦人才培养、科学研究和社会服务等工作提供了有力支撑，同时也为社会第三产业的发展和就业机会的拓展创造了有利条件。然而，在实施开放式管理的过程中，既要确保大学生能够适应后勤服务社会化的新形势，又必须实现高校教育培养目标的全面落实。为此，我们必须依法加强学生管理工作，确保学校管理与社会管理的有效衔接，以维护学校的正常秩序和促进学生的全面发展。

第四，加强学生法治教育，依法规范学生工作，是高等教育不可或缺的一环。改革开放以来，我国社会主义法治建设取得显著成就，法律体系日臻完善，法治精神深入人心。在此背景下，高校学生工作亦应顺应法治化趋势，确保各项工作在法治轨道上运行。

在高等教育领域，学生与学生、学生与教师、学生与学校之间的关系均受到法律的保护。作为具备完全民事行为能力的普通高校大学生，他们应当了解并遵守相关法律法规，明确自身权利和义务。

因此，依法开展学生工作，既是高校教育管理工作应遵循的原则，也是培养合格公民和优秀人才的必然要求。通过加强法治教育，引导学生养成遵法、学法、守法、用法的良好习惯，有助于提升整个社会的法治意识和法治水平，为推动国家治理体系和治理能力现代化做出积极贡献。

②高校学生管理工作迫切需要依法管理。具体内容如下：

第一，长期以来，高校学生管理工作中，思想政治教育工作始终扮演着至关重要的角色，其积极影响不可忽视。然而，随着社会发展和时代进步，大学生的行为日益呈现出社会化的趋势。在这一背景下，单纯依赖思想政治教育工作已难以满足现实需求。因此，必须逐步推进依法开展学生管理工作，确保学生教育管理工作能够走出当前的困境，迈向更加规范化、法治化的轨道。

第二，在高校的学生管理工作中，不时出现个别学生违纪后离校出走的情况，这些问题给学校的学生管理工作带来了挑战。然而，令人遗憾的是，部分家长在面对这些问题时，选择将责任归咎于学校，甚至对学校的正常教学和管理工作造成干扰，这无疑增加了学生管理工作的难度和复杂性。因此，实施依法管理，明确个人行为的法律责任，对于解决这些问题具有重要的现实意义，也是推进学生管理工作法治化、规范化的必由之路。

第三，在新时代的背景下，我国高等教育正面临多重挑战，社会各界对教育思想和教育理念的变革需求日益增强。为应对这些挑战，素质教育已成为教育改革的重要目标。在这一大背景下，通过法律法规来规范高校学生管理，不仅能有效提升高工作效率和质量，还能减轻教育工作者的负担，为全面实施素质教育提供制度支持。

③如何依法开展高校学生管理工作。具体内容如下：

第一，针对高校这一特殊群体，需制定专门的法律法规以规范其行为。从当前高校的实际状况来看，对于学生违纪、违规行为的处理，各院校间存在尺度不一的问题，这严重影响了处置的公正性。因此，建立明确的法律法规作为统一且公平的标准至关重要，这将有助于提升处理的客观性和效果。

第二，为深入实施依法治国方略，必须高度重视并切实加强大学生普法教育。目前，我国高校的法律课程设置存在局限性，主要集中在特定年级，并且教育形式相对单一，课时安排也相对较少。这种现状导致大学生难以全面、深入地学习和理解法律知识，更难以形成坚定的法律信仰和意识。

因此，必须采取有力措施，将普法教育贯穿大学生的整个学习阶段。这不仅是为了更好地配合学生管理工作，维护校园秩序，更是为了引导大学生树立正确的法治观念，养成遵守法律、维护法律的良好习惯。通过这样的教育，大学生在毕业后将成为社会法治建设的积极推动者，为我国法治化进程的深入贡献力量。同时，加强大学生的法律意识教育也是提升国家法治水平、推动社会文明进步的重要途径。

第三，要逐步构建依法开展高校学生管理工作的育人环境，确保法治精神贯穿于学生管理工作的全过程。依法管理高校学生工作，不仅针对学生群体，更应要求全校各部门、各岗位人员严格依法履职，特别是管理干部和教师队伍，必须强化法治意识，提升依法办事能力。在处理教师之间、师生之间的各类问题时，必须遵循法治原则，确保公平正义。在制定和执行学生管理相关规定时，必须保持与法律法规的一致性，维护法律的严肃性和权威性。在实施依法管理的过程中，要坚持人人平等、一视同仁的原则，确保各项管理措施的公正性和有效性，从而真正实现依法开展高校学生工作的目标。

第四，为有效推进高校学生管理工作的法治化进程，必须构建一支具备法律素养和专业能力的管理干部队伍。这支队伍不仅要有高度的思想政治觉悟，还要热爱学生工作，并具备扎实的法学理论基础。因此，应从现有队伍中选拔一批优秀人员，进行系统的法学理论培训，以提升他们的法律素养和专业技能。同时，还应鼓励他们攻读法学专业研究生，考取律师资格证等，以进一步提升其法律实践能力。

在此基础上，还需外聘一些具有丰富经验的专职司法工作者，与学生管理干部队伍共同组成学生法律援助组织和仲裁机构。这些机构将与司法部门建立紧密的合作关系，共同受理和处理学生的各类申诉和案件，确保学生管理工作的法治化、规范化和高效化。

依法管理是高校学生管理工作的基石，但在实际执行中，必须保持理性，既不夸大依法管理的作用，也不摒弃传统的思想政治教育模式。只有将依法管理与思想政治教育有机结合，才能切实提升管理效果，推动高校学生行为与社会行为管理的有效对接。这样，高校学生将能够自觉遵循法律法规，成长为有理想、有道德、有纪律、有文化、身心健康、成熟坚强的社会主义现代化建设者和接班人。

（二）高校学生管理基本原则的内容

1.工作方向性的原则

管理活动均带有明确的目的性，因此管理工作总是沿着特定的方向进行。我国学生管理工作的一个显著特点，就是坚持以社会主义方向为指引。社会的性质直接决定了学校的性质，进而对学校的管理工作产生深远影响。因此，高校学生管理工作应当是一项有目的、有计划的自觉行动，旨在为社会主义现代化建设培养合格的人才。

2.理论与实践相结合的原则

理论与实践相结合，是马克思主义的核心原则，亦应成为高校学生管理工作的根本遵循。坚持实践作为检验真理的唯一标准，对于提升管理水平、确保管理效果具有至关重要的意义。对于高校学生管理工作而言，深刻理解和熟练掌握马克思主义及相关管理科学原理，把握其精神实质和核心要义，是提升工作成效的前提。

然而，在实际应用中，这些管理原理的应用价值和适用范围受到学校特点、管理对象差异以及管理者水平等多重因素的制约。因此，在实施学生管理时，必须充分考虑本校、本专业、本年级学生的具体情况，紧密结合学生的素质、兴趣、爱好及青年阶段的生理、心理特点，制定具体的管理方法和措施。

3.行政管理与思想教育相结合的原则

培养学生的共产主义思想品德需要耐心细致的说理教育和坚持不懈的行为训练，使学校的教育要求变为学生的行为习惯，否则教育效果不会巩固。良好的行为习惯训练离不开科学的管理，没有合理的规章制度和行为规范，思想政治教育将失去力量。行政管理在培养社会主义合格人才中扮演重要角色，提供规范、准则和纪律保证，但大学生管理需通过规章制度和行为纪律科学指导和制约学生思想行为。这些制度和纪律体现社会与学校对大学生的要求，是外在限制。单纯依赖管理制度解决学生精神世界问题是违背教育规律的。高校管理措施的制定与实施应以提高学生认识能力、培养自觉遵守规章制度为前提。自觉纪律源于正确认识，需通过科学有效的思想教育提高执行纪律的自觉性，实现管理效能。

4.民主管理的原则

高校学生管理要培养学生自控、自管能力，激励学生主动参与管理，激发内在积极性。因此，社会主义学校学生管理应坚持民主管理原则，符合整体管理目标。大学生处于心理自我发现期，有强烈的自我认识和支配环境意识，希望受到更多尊重。他们会对学校规章制度进行思考，要求参与管理。根据培养目标和心理特点，管理工作中应发扬民主，把学生视为管理对象和管理主体。实行民主管理时，应发挥党团员学生的作用，重视学生干部的选拔与培养，这是实现学生民主管理的重要任务之一。

第四节　高校学生管理的特征与作用

高校学生管理是学校教育管理的重要组成部分，是理论与实践相结合的关键环节。经过半个多世纪的实践探索，我国高校学生管理工作积累了丰富的经验。这些经验表明，成功的大学生管理工作必须遵循高等教育的基本规律，紧密结合高校实际，充分把握高校学生的特点。只有这样，才能确保高校学生管理工作的科学性、有效性和针对性，进而推动学生全面发展和成才。

一、高校学生管理的特征

（一）政治性特征

管理是一项具有明确目标导向的活动，其方向性不容忽视。在当前时期，高校学生管理工作必须紧密围绕全面建成小康社会的宏伟目标，致力于为中国特色社会主义事业培养合格的人才。这一核心使命构成了当前我国高校学生管理工作的鲜明特征。

学生管理工作作为一种重要的教育手段，服务于教育方针的实现。教育方针作为一定历史阶段政治、经济和文化等社会现实的集中体现，在教育领域占据着至关重要的地位。从中外教育史的视角来看，德育始终是教育的重要组成部分，但在不同的时代和社会背景下，德育的内涵和要求则呈现出显著的差异。

鉴于学生管理工作的政治性特点，从事这项工作的教育者必须具备高度的政治素质，敏锐把握政治局势，不断提升自身的政治敏锐性。同时，他们应始终保持与党中央的高度一致，坚定政治立场，确保学生管理工作的正确方向。

（二）针对性特征

学生管理作为管理工作的重要组成部分，必然体现出管理学科的核心特点，这就决定了它必须广泛吸纳国内外先进的管理科学理论体系和实践经验。然而，大学生管理因其特定的对象群体，呈现出与一般管理不同的鲜明特性。这些特性主要体现在以下三个方面：

首先，大学生管理的对象是大学生这一特殊的社会群体。他们不仅掌握了一定的基础知识和专业知识，更是国家的未来和希望，是潜在的人才储备。

其次，大学生管理涉及的群体是青年人群。这一群体在生理和心理上均处于蓬勃发展的阶段，充满朝气和活力，但同时也容易受到感情冲动的影响。

最后，大学生管理还应关注青年群体在接受知识教育和思想道德教育过程中的成长。他们正处于追求独立但经济尚未独立的半独立状态，这一阶段对于他们的成长和发展至关重要。

高校学生管理的特点决定了其需涉及青年学、生理学、心理学、教育学、人才学和管理学等多方面知识。

青年学角度：大学生管理面对朝气蓬勃的青年人，其观念和价值观受时代环境影响，与早期一代人有所区别。管理他们需把握时代特征，理解政治、经济、文化和科技发展的大方向。

教育学角度：高校学生管理应有利于青年大学生的成长，符合教育规律。如德育、智育、体育的融合，知识获得与能力培养的协调，尊重学生个性与统一管理的平衡，课堂教学与社会实践的结合等，都是需要探索的问题。

管理学角度：科学管理本质是法治化、人性化的。有效管理依赖于规章制度建设，而法律与规章的制定受法律理论和政治及哲学理论的指导。因为针对的是人，所以都离不开对人的理性化认识。

（三）科学性特征

对于大学而言，构建一套涵盖德育、智育、体育以及日常生活管理的综合性系统管理制度，实质上是一种对学生思想、情感、行为和意志的引导和规范，旨在将其引导至国家所倡导的培养目标之上。为实现这一目标，这一制度必须具备科学性，其内涵至少包含以下几个方面：

首先，必须符合国家法律法规的要求，确保学生管理制度的合法性和合规性。

其次，要紧密结合学校的实际情况，包括学校的层次类型以及所在地域的人文风情，确保制度与学校特色和发展需求相符合。

再次，必须充分考虑大学生的生理和心理特点，要求高校学生管理制度的制定者深入了解学生，既要掌握大学生的实际情况，又要明确培养目标与要求，以确保制度的人性化和有效性。

最后，制度必须具备可操作性，既要有理论指导，又要区别于纯粹的理论，能够真正付诸实践，达到管理的目的。没有可操作性的制度，即使理论上再完善，也无法有效执行。现实中，部分高校确实存在规章制度难以执行的情况，这需要对规章制度进一步改进和完善。

二、高校学生管理的作用

为达成全面小康的宏伟目标，我们必须汇聚千百万致力于社会主义建设的专业人才。高校，作为现代社会的"人才摇篮"，肩负着培养这些专业人才的重大使命。高校学生管理工作作为高校教育管理工作的重要组成部分，其职责与高校的根本任务紧密相连，这种职责赋予了高校学生管理工作不可替代的重要性。这种重要性主要体现在以下几个方面：

（一）育人的作用

高校学生管理是高等教育管理的重要环节，高校作为人才培养的摇篮，其管理工作必须紧紧围绕人才培养这一核心任务展开。高校学生管理，作为直接面向大学生的管理工作，其特殊性在于它不仅仅是一种单纯的管理行为，更是一种兼具教育属性的服务举措。这种管理不仅致力于促进高校整体运行的高效有序，更通过细致入微的服务，实现教育目标，助力学生成长为符合社会需求的合格人才。

换言之，高校学生管理实质上是一种"管理育人"的理念与实践，它要求与高校的教学工作、思想政治工作以及心理健康教育等多方面的教育活动紧密配合，形成协同育人的强大合力。高校通过这种全面、系统、有机的管理方式，使教育方针得以全面贯彻与落实，确保学生在优质的教育环境中茁壮成长。

（二）稳定的作用

高校学生作为青年群体的代表，在朝气蓬勃、充满活力的同时，也展现出对真理的追求和对时事的关注。然而，青年阶段亦伴随着一定的成长不足。在法律层面，他们已具备完全民事行为能力，但从心理层面来看，他们仍处于准成年人阶段。相较于同龄人，他们在知识积累上有优势，但与真正的知识分子相比，其知识结构尚存缺陷，知识储备亦显不足。

在全面建设社会主义现代化国家的过程中，政治、经济、社会和文化等多方面的矛盾不可避免地会在大学生中有所体现。若管理不善，高校中的群体事件可能演化为政治性群体事件，进而威胁社会稳定。因此，依法依规进行学生管理，预防为先，制定并实施符合学校实际的规章制度，引导大学生树立正确的学习态度、目的和方法，养成优良的生活习惯，培育良好的心理素质和稳定的情绪，对于维护学校稳定和社会和谐具有重要意义。

（三）增强能力的作用

高校作为培育人才的摇篮，其学生管理工作理应具备培养学生全面发展的功能，积极发挥增强学生综合素质的作用。例如，社会实践的组织与管理，能够锤炼大学生的社会实践能力，提升他们参与社会活动的能力；实验室的规范运作，则有助于培养学生的实验操作能力，增强他们的实践技能；心理咨询服务的开展，能够帮助学生提升自我认知，增强自我调节能力；而学生党团活动的深入开展，则能够加深学生对党团的认识，提升他们的思想政治水平。综上所述，高校的学生管理工作应全面、系统地推进，以更好地服务于学生的成长成才。

第六章　高校学生管理机构与队伍建设

在高校教育管理体系中，众多要素均对管理效能产生深远影响。要确保这些要素得到有效整合与协调，管理机构和管理人员的作用不容忽视。本章将重点聚焦于高校学生管理机构的建构、高校学生管理工作队伍的培养，以及高校学生管理工作者素质的研究，以期提升整体管理水平，促进高校教育事业的健康发展。

第一节　高校学生管理机构的设置

一、高校学生管理机构应遵循的原则

（一）系统整体的原则

大学生管理工作作为学校教育体系的重要组成部分，其管理目标与学校的整体培养目标紧密相连，旨在维护学校正常的教学秩序、生活秩序和工作秩序，确保学生的身心健康，并促进学生的全面发展，特别是在道德、智力、体育等多方面的素质提升。具体而言，这涵盖了对学生思想政治素质、专业学业表现、体育锻炼情况、劳动实践能力、课余活动组织、行为规范养成、生活起居管理以及就业指导等全方位的管理。

大学生管理系统是一个复杂的组织体系，由多个因素、层次、系列和功能构成。在这个体系中，各要素、各系统、各层次之间存在着紧密的内在联系，构成了一个不可分割的整体。因此，在构建大学生管理系统的组织结构时，必须高度重视各部门、各管理层次、各管理序列之间的功能联系，以及它们与整体管理效能的关联。否则，将可能导致整个系统管理效能的下降和管理秩序的混乱。

在设置大学生管理机构时，应遵循系统整体原则，深入分析和理解各学生管理机构及其构成因素在整个学生管理工作中的地位和作用。同时，要分析它们之间的相互依存、相互制约、相互促进的关系，以寻求最佳的学生管理机构组合。通过协调各级、各类、各环节的学生管理活动，确保它们与整个学生管理系统的整体行为相协调，从而推动大学生管理工作向更加优化的机构体系发展。

目前，我国绝大多数高等学校实行的是党委领导下的校长分工负责制。为了确保学生管理工作的有序进行，必须依据系统整体原则，设立与校内领导体制相适应的管理机构。这样做的目的是防止因多头领导而导致指挥系统混乱。同时，必须警惕机构重叠和工作重复的问题，以确保管理效率。职能分散是某些机构在履行相同职能时可能出现的问题，这也是系统整体原则所不能容忍的。另外，某些职能被遗漏或被排除在已设立的机构之外，同样是违反系统整体原则的。只有遵循系统整体原则，明确各机构的职能范围和责任，保证各机构功能独立且互补，才能构建一个从上至下的高效工作系统。这样，才能有效避免学生管理工作中的混乱状态，实现对学生成才全过程的有序管理。

（二）层次制与职能制结合的原则

层次性是构成一切事物的普遍法则。在高等学校的大学生管理体系中，校、系、年级、班、组等层级构成了其组织架构，这种纵向的划分方式即为层次制。职能则体现了管理机构中各系统的潜在活动范畴，它涵盖了性质各异的工作集合，这些工作的有序开展为达成系统的终极目标提供了坚实保障。

从学校层面观察，学工委办公室（学生处）、教务处、总务处、宣传部、团委等部门均为学生管理的重要职能部门，它们在学生管理体系中各自承担着不同的职责，共同构成了学校学生管理的完整框架。在审视学生管理机构的合理性时，首要考虑的是职能分工的明确性与合理性，同时也不能忽视管理层次的设置。在设置学生管理机构时，必须清醒认识到，在同等条件下，管理层次的增加会导致信息处理量的剧增，进而加重领导者的负担，加大系统内各部门间协调配合的难度。此外，随着管理层次的增加和管理内容的扩充，管理过程的复杂性也可能随之提升，进而影响管理效能的发挥。

在我国，大学生管理机构的设置呈现出一定的规律：机构层级越高，所包含的职能制单位数量越多；而层级越低，职能制单位数量则相应减少，但直接管理的对象数量却有所增多。为了提升管理效能，必须秉持全局观念，综合考虑上下级以及各部门之间的沟通与联系。在此基础上，优化机构设置，精简冗余，确保低层级能够建立起与之相适应的管理机构。通过有效结合职能制与层次制，实现二者的互补优势，从而达到最佳的管理效果。

（三）职、责、权相一致的原则

机构设置与人员配置必须严格遵循职权一致的原则，这是确保各部门充分发挥职能作用、实现协调高效运行的核心所在。其中，"职"代表着职务和职能，"责"则指责任担当，"权"则是职能和任务所赋予的相应权力。各级各部门必须确保职责明确、规定清晰，并与其所拥有的权力相匹配。

要明确各机构的职责，确保工作人员能够充分发挥其技能和能力。应严谨地划分和分配各项职能，使各机构对其所承担的任务负起全责，并实现机构的高效精简。在设立机构和配置职务时，应遵循任人唯贤、人岗相适的原则，根据工作需求选择适当人员，并合理分配任务，确保职责明确，权力与责任对等。各级机构与部门应明确分工，建立健全的岗位责任制，确保从上至下形成清晰的责任体系。要明确各管理层级和职能的权责范围，确保每名工作人员能够恪尽职守，充分发挥个人潜能。同时，要完善岗位责任的考核机制，以纠正历史上存在的职责不明、赏罚不公等问题，构建一个有序、高效的学生管理体系。

关于职责与工作人员的任务分配，有几点需要高度重视。当职责过于具体，或者工作人员的任务过于狭窄时，可能限制他们主观能动性的发挥，甚至在突发事件发生时，可能导致无法有效应对和管理。因此，对于每一个机构和每一名工作人员来说，在权责一致的过程中，确立他们所履行职能的适宜性和特殊性至关重要。这不仅关乎个人职责的履行，更是确保整个管理机构能够遵循责权一致原则的前提和基础。

（四）集中管理与民主管理相结合的原则

集中管理与民主管理，乃当代大学生管理体系之不可或缺的双翼，二者相辅相成，互为支撑。唯有实行高度集中管理，方能确保学生管理工作的高效运转；同时，充分发扬民主精神，方能更好地保障管理过程的高度集中。因此，大学生管理的集中化与民主化之关系，在管理机构实际履行职能过程中得以充分体现，其在很大程度上预先决定着系统目标能否顺利实现。集中管理之核心任务，系依据学生管理工作之特性，制定统一且具前瞻性的管理战略决策。

在垂直管理体系之下，学校领导层的职责范围须明确界定。当前存在高层领导职责不当扩张的现象，他们既要负责战略规划与决策，又深度参与日常管理工作，导致处理重大事务的时间受限。随着学生管理系统的复杂性和信息量不断增长，较低层级，特别是系级管理活动的灵活性和重要性越发凸显。

因此，落实集中管理与民主管理相结合的原则，其核心意义在于对学生管理机构进行科学合理的设置与调整，确保机构内部权力和责任的重新分配，以实现战略性职能和协调性职能与管理活动的有效分离。在构建或完善管理机构的过程中，注重优化不同层级机构在学生管理工作中的决策参与和管理实施作用。此外，为确保整个管理机构的高效运行，不仅要建立健全决策和执行系统，还需设立监督、咨询和反馈系统，以全面提升管理组织的控制能力。

集中管理与民主管理相结合，对于大学生管理机构的设置具有深远意义。必须建立起一套既符合民主原则，又能够有效运作的管理机构和管理制度。在这一过程中，必须充分发挥大学生作为管理对象的积极作用，确保他们在管理中发挥应有的作用。

过去，部分学校在学生管理工作中出现效果不佳的情况，这主要是因为未能遵循民主管理原则，错误地将学生视为消极被动的管理对象，并单纯采取限制、压制和惩办的手段。这种管理方式不仅不利于学生的成长和发展，也无法实现有效的管理目标。

为了确保民主管理的实现，必须通过多种形式吸收学生参与管理，使学生会和学生代表大会等学生自己的组织真正成为学生管理工作的有效监督系统和反馈系统。同时，在一些学生管理机构中也可吸收学生代表参加，以增强学生的参与感和归属感。

通过这种方式，可以形成大学生管理机构系统在集中领导下的民主气氛，使学生管理工作达到最佳效果。

（五）因校制宜的原则

关于大学生管理机构的设置，各学校因所处的社会环境、历史发展脉络、学校类别、任务使命、规模大小、办学条件、学生来源、领导力量、管理人员素质，以及校风学风等多重因素之差异，难以实现统一的管理效果。即便在同一所学校、同一机构内部，由于管理者的个人素质和工作作风的不同，亦可能呈现出各具特色、多样化的管理效果。因此，各校在设置学生管理机构时，必须坚持因地制宜、因校制宜的原则，在遵循统一要求的基础上，紧密结合自身实际，从实际出发，实事求是地研究和设置管理机构。

通常来看，中等规模学校相较于小规模学校，可能更需要一种相对完善的学生管理机构；而大规模学校在设置机构时，则应从上至下进行全面周密的考虑。在组织机构设置过程中，各校应依据教育部所划定的大原则、大框架，结合本校的独特性，进行审慎而周密的试验。同时，要不断总结经验，积极探索，逐步摸索出适合本校实际、能够实现最优化管理的学生管理机构设置方案。

二、大学生管理机构结构的形式与机构的设置

经过理论分析和归纳，学校组织结构主要可划分为"直线型""职能型""直线—参谋型""直线—附属型""矩阵结构"等多种类型。目前，我国多数学校倾向于采用"直线—参谋型"或"矩阵结构"这两种形式进行组织管理。

"直线—参谋型"组织结构模式对大学生管理人员进行了明确分类。其中，直线指挥人员，诸如校、系负责人，他们掌握着对下级学生管理部门的直接指挥与命令权，并需全面承担该组织的工作责任。而另一类职能管理人员，则扮演直线指挥人员的参谋角色，作为他们的辅助与智囊团，主要负责对下一级管理机构进行业务指导，但并无权直接进行指挥与命令。

"直线—参谋型"组织结构的突出优势在于其明确的上下级关系。在此结构中，各职能机构根据特定的职能分工，承担着包括学生思想引领、教学管理、行政事务以及生活服务等多方面的管理职责。这些职能机构通过各自负责的学生管理工作，对整体的管理工作提供业务指导和坚强保障。

具体来说，职能机构的主要职责包括：向领导层提供详尽的情况汇报和建议方案，为领导决策提供坚实依据；确保下级机构严格执行上级领导的指示、命令及相关计划，并对其执行情况进行监督和检查，以保障领导意图的贯彻落实；协助各级领导，具体承办学生管理相关业务，为下级管理机构提供完成任务所需的必要条件，并在业务层面上给予下级组织指导和支持。

"直线—参谋型"结构的领导关系简洁明了，确保了集中统一指挥和管

理的顺畅进行，有效避免了机构系统中多头指挥和无人负责的问题。因此，一旦在学生管理方面出现问题，可以迅速找到问题所在并逐级解决。此外，各级领导人员均配备了相应的职能机构作为参谋，充分发挥了其在职能管理方面的专业作用。

也应认识到，事物间的联系除了纵向的层级关系外，还包括横向的协作与沟通。"直线—参谋型"结构在实际执行过程中，也可能会出现一些明显的矛盾。

鉴于该结构体系的客观需求，不得不将管理职能分散于各个组成单位之中。这样一来，当管理工作以明确独立的工作形式和职能分配为基础时，每位参与者都能清晰地了解自身的目标。尽管所有单位均遵循学校的统一计划和部署进行工作，但由于各自负责的业务领域不同，观察和处理问题的方法和角度自然有所侧重，这难免导致单位间出现矛盾。此外，在此结构体系中，垂直联系至关重要。解决与战略任务并存的众多具体管理问题的任务与权力主要集中在上层，例如伙食、寝室等具体问题常常优先于一系列长远任务，这在一定程度上对系统发展过程中新任务的解决构成了挑战。

鉴于此，需构建一批高效管理机构，这些机构应能精准适应学生管理体系，并在特殊情况下，有效协调各方职能。而"矩阵结构"管理系统正符合这一需求。在此架构下，应摒弃传统的等级观念，转而聚焦于整体化管理活动的整合与优化，确保各项管理动作协调一致。唯有如此，才能为管理目标的实现创造有利条件。以加强学生思想政治教育和全面管理为例，党委和校长领导下的学生工作委员会、奖学金评定委员会、毕业生分配委员会、群众体育运动委员会等，均是根据专项任务分工，横向联系各职能部门，形成全校学生管理工作的矩阵组织框架。

矩阵组织结构的鲜明特点体现在其纵横交错的架构之上。纵向层面，它遵循"直线—参谋型"的组织原则，任务按照层级下达，各级职能部门则严格依据自身职责范围，层层落实学校的学生工作计划。而在横向层面，该结构则通过从各职能部门抽调人员，组建专项任务分工明确的组织。这些横向组织的人员在执行任务时，同时接受来自职能部门和专项主管的双重领导。纵向与横向的矩阵结构相互融合，协同配合，共同构筑对学生工作的全面、高效管理体系。

此种组织架构的调整，依然保持原有的管理框架的完整性。但在实质上，管理框架的权力分配与各部门职责已有所变革。具体来说，决策权以及对执行效果的监督权已由专项工作组织承担，而职能部门则侧重于提供系统所需的信息、实施管理工作以及其他方面的保障，以确保系统能够达成预设的管理目标。通过这样的调整，学校领导得以从烦琐的非原则性日常事务中解脱出来，同时也有助于提升管理结构中中层及基层的灵活性和解决问题的质量意识。

在组织机构设置上，我国各大学的学生管理工作机构布局呈现出多元化的特点。长期以来，形成了党委领导与行政管理并行的传统模式。部分高校在党委的统筹下，专门设立了学生工作部，旨在将学生的管理工作整合集中，形成统一的管理体系。学生工作部主要负责思想教育相关的事务，并不涉及具体的行政管理工作，诸如招生、学籍管理以及毕业分配等关键工作仍需由行政系统中的教务处、人事处等部门承担。因此，在学生管理的整个流程中，教务处首先负责学生的招生工作，随后学生工作部跟进开展思想政治教育工作，最后由人事处负责大学生毕业的相关工作。

在我国高等教育体系中，部分学校设立了学生工作处，作为分管校长领导下的专门机构，全面负责学生从入学至毕业分配的管理工作。这一做法体现了对学生工作的重视与系统性规划。然而，在当前的高校管理体制下，尽管学生工作处的设置有助于整合管理资源，但仍存在思想政治教育与管理工作相互脱节的问题。有时，过于强调管理可能导致教育功能的弱化，不利于学生的全面发展。

为应对这一挑战，部分学校采取了更为灵活的机构设置方式，如学生工作部与学生处并存，也有的将两者合并为一个部门。这种合并设置方式有助于实现学生工作的集中统一，将思想教育与管理紧密结合，提高工作效能。

但从另一方面来看，党政合一的机构设置也存在一定的合理性问题。作为一个综合协调部门，它试图将原本分散、多头的学生管理工作整合起来，但在实际操作中仍面临诸多困难。

近年来，部分高校积极响应党的号召，创新学生管理机制，成立了由党委和校行政共同委派的学生工作委员会。该委员会作为一个综合性的学生管理机构，肩负着协调各方资源、决策学生管理工作、总结推广经验的重要职责。通过下设办公室（或学生工作处）作为日常办事机构，确保了学生工作委员会的稳定运行，有效整合了各职能部门的学生管理工作，构建了一个紧密高效、封闭有序的管理体系。

根据党的教育方针和学校的工作部署，各系部应成立专门的学生工作领导小组，全面负责并协调本系部内的学生管理工作。同时，每个年级也应组建学生工作小组，该小组由辅导员、班主任及经验丰富的专任教师组成，确保年级内的学生管理工作得以有序开展。通过校级、系级和年级学生工作委员会及领导小组的协同作用，将传统的纵向直线管理体系进行横向联系，构建一个多层次、矩阵式的学生管理机构体系。经过部分高校的实践验证，这种学生管理机构设置具有显著优势：一是符合简政放权的工作原则，有利于提升管理效率；二是形成了有力的统一指挥机构，使得学生管理工作的计划、实施、检查、总结形成闭环，更加符合科学管理的要求；三是有效减少了管理中的不良现象，促进了高效管理；四是信息反馈更为迅速且稳定，有利于及时应对各种情况。

大学生管理机构的设置，融合了学生管理工作委员会与职能部门的固定机构，这种结合在实践中凸显了其显著优势，预示着它可能成为我国大学生管理机构设置的重要发展趋势。然而，如何在新时期的大学生管理工作中充分发挥这一机构的作用，仍需在管理实践中不断探索和完善。

第二节　高校学生管理工作队伍的建设

大学管理之要，非止于构建高效有序的管理机构与周密严谨的规章制度，更在于汇聚一批精明强干的管理干部。这些干部需充分发挥其积极性与创造性，方能确保管理工作取得理想效果。事实上，管理干部乃大学生管理工作的基石，其重要性不言而喻。

为深化大学生管理工作，必须充分调动和发挥广大学生管理干部的能动性，形成目标一致、步调协同的管理工作集体。此集体应以人才培养为核心，开展协调、高效、有序的管理活动。而此活动的核心，则在于打造一支素质一流、结构合理、战斗力强的大学生管理队伍，以此推动大学生管理工作不断迈上新台阶。

一、高校学生管理队伍建设的意义

1.在管理的本质和职能的体现上，大学生管理队伍起着决定性作用

大学生管理是高等学校管理工作的重中之重，是确保高校培养社会主义现代化建设所需合格人才的重要保障。它对于维护学校的稳定和谐、构建良好的教育环境、引导学生树立正确的价值观念具有不可替代的作用。通过科学有效的大学生管理，能够确保学校秩序井然，有效抵制各种错误思潮和不良风气的侵蚀，从而营造出积极向上的校园氛围，为学生的全面发展和健康成长提供坚实支撑。

高校学子必须坚定拥护社会主义方向，积极投身于社会主义现代化建设，坚决拥护中国共产党的领导核心地位。同时，要深入参与社会实践，紧密联系工农群众，切实将理论与实践相结合。此外，还应树立为国家繁荣富强和

人民共同富裕而不懈奋斗的崇高信念，将个人命运与国家和人民的福祉紧密相连。在法治校园建设中，学子们应严格遵守国家法律法规、校园规章制度，培育良好的道德品质，树立文明风尚。同时，勤奋学习，刻苦钻研，不断提升自身科学文化素养，以适应社会主义政治、经济对大学生管理工作的严格要求。

然而，坚持学生管理的社会主义方向以及实现管理目标，其核心要素在于管理干部队伍的建设。大学生管理作为一个以人为核心的系统工程，其管理工作深深地烙印着教育的特质。因此，管理干部在学生从入学至毕业的整个学习、生活、行为过程中，发挥着无可替代的组织引领、督导检查、控制协调、指导帮助、激励奖惩等重要作用。

在学校这一专门的人才培养体系中，无论是从诸因素的相互关联分析，还是从各个环节的工作推进来看，以教育者身份为主体的管理干部始终占据主导地位。所有涉及学生成长的工作都是通过他们来实施的，学校工作的最终成果，以及培养人才的质量高低，归根结底也依赖于他们。

当前，随着我国改革开放的不断深化，各种文化思想和新旧观念的冲突导致部分学生思想出现波动，这使得加强科学管理显得尤为重要。在这一背景下，管理干部，特别是领导干部在体现大学生管理的本质和职能上发挥着决定性的作用。

2.在学校人才培养目标的实现和各种教育要素的构成上，管理队伍起着骨干作用

学校工作应始终以培养人才为核心，以促进青年学生的全面健康成长为己任。对于大学生的管理，其根本目的在于全面落实和推进高等教育的发展目标，简而言之，就是要提升管理效能，推动学生素质的整体提升，确保大学毕业生能够积极适应并满足社会主义现代化建设的迫切需求。

大学生管理工作的核心要素涵盖以下四方面：其一，管理对象，作为管理活动的核心载体；其二，管理队伍，作为推动管理活动深入开展的中坚力量；其三，管理内容，需要管理者精心策划与组织；其四，管理手段，虽能

提升管理效率，但仅为辅助工具，不能替代管理队伍的核心作用。在这四个要素中，管理队伍不仅是管理活动的执行者，更是管理对象的教育培养者、管理内容的制定者，以及管理手段的运用和改革者。

换言之，学校所开展的全部工作，诸如维护正常的教学与生活秩序、培养学生良好的行为习惯、塑造严谨科学的优良作风，以及推动德智体全面发展，均离不开管理队伍的精准决策、周密计划、有序组织、科学指挥与有效控制。随着国家建设的深入推进，高校肩负的人才培养任务日趋繁重，其重要性可谓前所未有。然而，改革过程中新旧体制交替所引发的社会利益矛盾日益凸显，甚至部分问题已浮于表面，形成了舆论关注的难点与热点。这些改革进程中的问题和挑战，在大学生这一社会晴雨表上均有所体现，同时，国内外各种势力亦对大学生寄予厚望。这些因素共同增加了大学生管理工作的复杂性和挑战性。因此，时代对大学生管理队伍的要求越加严格，其在实现学校人才培养目标过程中的作用亦越发关键。

3.在大学生管理规律的掌握和管理原则的贯彻上，管理队伍发挥着主导作用

管理队伍在大学生管理工作中，不仅发挥着对管理本质和职能的决定性作用，还担任着完成管理任务的骨干角色，这些都是管理队伍主导作用的集中体现。同时，为了有效培养人才，必须充分发挥管理队伍的主导作用，这也是管理过程中深入掌握管理规律、坚决贯彻管理原则的重要需求。

管理过程是在管理工作者的指导下，学生深入认识客观世界的一种特殊过程。此过程涉及多层次、多方面的关系、矛盾和规律。其中，管理队伍与学生的互动是管理过程的核心活动，凸显了管理工作者的主导作用和激发学生自我管理的主动性和积极性。尽管管理过程中还涉及思想、行为、智育、体育、美育等多方面的管理关系，以及管物与管人、学生管理与教师管理、管理者素养与管理效果、管理效果与学生心理及思想特点的认识程度，以及学校教育和学生管理与外部世界的关系等，但这些均受管理过程总规律的统辖。

为精准反映和掌握这些规律，实现既定的管理目标，管理工作者经过长期实践，总结出一系列管理原则。这些原则包括：为社会主义现代化培养合格人才的原则、实事求是且一切从学生实际出发的原则、系统综合管理的原则、管理与教育相结合的原则，以及民主管理的原则等。

在这些指导原则中，管理工作者的领导作用与学生的主动意识的培养应当相辅相成，共同构成核心要素。尤其在管理工作者与学生这对主要矛盾中，管理工作者占据主导地位，因为最终这些原则的落实与实施，仍需依赖于管理工作者的主导和全面运用。管理工作者需发挥创造性，引导学生配合管理，积极向德智体全面发展的优秀人才标准努力迈进。

4.在改革开放时期，大学生管理队伍发挥着特殊作用

高等教育旨在培养的人才与普通教育存在显著差异。大学生的生理和心理特征与中学生相比，有着明显的不同。这些特征的形成，深受其所处的社会环境变迁、社会地位和学习活动的演变，以及生理发展等多方面因素的共同影响。因此，社会政治环境、经济状况、社会舆论以及生活方式等因素，对大学生的成长和发展具有直接且深远的影响。

在社会主义新时代背景下，大学生管理工作的重要性越发凸显。它不仅仅局限于培养良好的思想道德和行为习惯，更承载着系统地向学生传授马克思主义理论，特别是辩证唯物主义和历史唯物主义的重任。必须坚定正确的政治方向，不断提高学生的政治觉悟和免疫力，为他们营造一个和谐、健康的学习成长环境。

在加强思想教育的同时，必须严格规范大学生管理工作，引导学生深刻认识自身的历史使命和责任。当前，大学生管理工作者不仅在教育质量提升方面发挥着关键作用，更在引导学生成才方面展现出独特的价值和作用。建设一支高素质、高战斗力的学生管理队伍，已成为办好社会主义大学的关键举措。

二、高校学生管理队伍组织建设

目前，我国高等教育机构中，直接承担大学生管理职责的队伍主要由年级辅导员和班主任构成。年级辅导员的构成主体为青年教师，同时辅以部分高年级学生及研究生，其中还包含一批专注于思想政治工作的青年干部。而班主任一职，则完全由教师队伍承担。此外，在校级和系级层面，还分别设有专职干部，他们负责大学生的学籍管理、行政人事管理以及思想政治工作。这些干部在大学生管理机构中担任重要职务，或作为具体工作执行者，共同致力于大学生的全面培养和管理。

整体来看，从事大学生管理工作的队伍具备丰富的业务经验，对学校环境及大学生管理工作的规律有深入的了解，能够准确把握学生的生理和心理特点。他们充满干劲和热情，积极开展学生管理工作的研究，推动学校管理工作向科学化、规范化和现代化方向迈进，取得了显著成果。然而，面对当前学生管理的新形势和新时期国家对大学生管理工作的新要求，这支队伍在某些方面仍显得不够适应，需要进一步提升自身的能力和素质。

在高校的学生管理工作中，除了专职的学生管理工作者，广大业务课教师以及学校行政、教辅人员同样肩负着重要的责任。无论教师、教辅或行政人员是否意识到，他们的"教书"以及学校的其他管理工作，都在潜移默化地发挥着"育人"的作用。这些工作对学生的思想品德、言行情操具有规范和导向作用，这是客观规律，不以人的主观意志为转移。

然而，由于各种原因，能够经常、自觉地参与学生管理工作的专业课教师仍属少数。大部分教师往往仅限于授课，而将其他管理和教育工作推给了学生管理干部。鉴于目前高校学生管理工作队伍的力量分布，不难理解为何高校学生管理工作会出现宏观失控、微观紊乱的局面，以及大学生管理工作为何多年来一直是牵动全局的重大问题。

加强专职学生管理队伍的建设，并非单纯追求数量增长，应坚持在确保一定数量的基础上，实现质量上的精益求精，推动学生管理干部向专业化方向发展。因此，必须摒弃过去那种错误观念，即认为学生管理干部仅需负责组织学生劳动、打扫卫生等事务。同时，也要纠正将学生管理干部视为"万金油"的错误倾向。

为此，有必要对高校现有的专职管理队伍进行合理调整与充实。对于政治上、思想上不合格，以及部分能力偏低、难以胜任工作的人员，应重新安排岗位。同时，应将那些具备事业心、组织能力强、政治觉悟高、业务能力出色的人，充实到学生管理工作岗位上，以确保学生管理工作的专业化、高效化。

同时，必须积极从高校学生管理专业及第二学士学位班中发掘和培养专职学生管理干部，并从优秀毕业生或研究生中选拔有志于学生管理工作的同志，以充实管理队伍。为了进一步加强专职学生管理队伍的建设，必须建立独立于专业教师之外的专业技术职务晋升体系，对其中的优秀分子进行大胆、果断的破格提拔，将他们置于工作第一线的重要岗位进行锻炼。

为了保障大学生管理工作的连续性和稳定性，必须建立一支专业、专职的学生管理队伍。然而，学生管理工作涉及众多因素、序列和层次，其内容和形式相较于过去已发生显著变化。可以说，只要有学生存在，管理工作就不可或缺。无论是从时间维度还是空间范围来看，学生管理工作都无处不在、无时不有。显然，仅凭少数专职管理人员难以全面完成学生管理任务，因此，亟待构建一支庞大的兼职学生管理工作队伍，以共同应对这一复杂而重要的工作。

关于兼职学生管理工作队伍的建设，其核心构成主要有专业教师或其他在职人员兼任的年级辅导员、班主任以及学生导师。在选拔与聘任上，既可以从本校的专任教师中挑选，也可考虑从研究生或本科高年级学生中，乃至学校其他的政工干部或管理干部中吸纳人才。

教师兼任学生管理工作，不仅因为他们与学生之间建立了深厚的师生情谊，从而拥有较大的影响力，更因为他们在日常与学生的交流中，能够及时、准确地把握学生的思想动态、情感变化以及个性特点。这种了解使得他们能够从管理的角度为学生提供必要的指导和帮助。

因此，将学生的教育管理工作与业务教学紧密结合，实现两者之间的有机融合，是完全可行且有益的。这既能够提升教育的全面性和深入性，也有助于促进学生管理工作的专业化与规范化。

高校教职员工，特别是那些与学生部门直接接触的职工，在某种意义上均扮演着大学生管理者的角色。这些教职员工若能紧密围绕学校的管理目标，结合各自的工作实际，积极参与和协助学生管理工作，必将促使管理队伍在更广泛的领域实现拓展，进而成为推动学生管理工作的新"动力源"。

目前，高校面临的核心挑战在于如何有效激发广大专业教师和其他职工参与学生管理工作的热情与积极性，推动他们全身心投入到教书育人、管理育人的崇高事业中。鉴于此，高校在具体工作实践中，必须坚决贯彻和执行将兼职从事学生管理工作以及教书育人、管理育人的成效作为职务聘用和工作评估的硬性标准。这一标准不仅要涵盖定性的评估，还需进行量化的考核，以确保全面、客观地评价教职工在学生管理工作中的表现。这样的机制，可以充分激发广大教职工的工作热情，引导他们积极投身于学生管理工作的实践中。

优化大学生管理团队的组织架构，意味着进一步强化具备深厚学术底蕴的学生管理、咨询与研究团队的建设。这些团队不仅需应对学生在政治、历史、人生观、价值观、精神卫生及行为规范等方面的问题，还需为学校领导层提供深入的调研支持，发挥智囊团的关键作用。这要求他们积极运用党的方针政策、教育理论和教育科学原理来评估和优化学生管理工作，推动其向科学化方向发展。同时，他们需深入研究学生管理工作的周期性和规律性，促进管理流程的规范化，以实现最佳的管理效果，并不断改进和优化管理过程。这些力量主要应依托具备扎实理论基础和丰富学生管理经验的专业教师和专职干部。

三、高校学生管理队伍制度建设

高校学生管理队伍的制度化建设，为大学生管理工作的高效、高质开展奠定了坚实的人员和组织基础，这标志着大学生管理队伍建设在"硬件"层面取得了显著成果。然而，要打造一支真正优质的大学生管理队伍，还需持续提出新的要求，明确工作规划，加强组织培养，从而不断提升管理队伍的思想政治觉悟、管理实务能力和学术理论水平。因此，必须进一步强化大学生管理队伍建设在"软件"层面的制度化建设，确保管理队伍的专业素养和综合能力能够与时俱进，满足大学生成长成才的新需求和新挑战。

长期以来，我国多地教育机构及高校对大学生管理队伍的制度化建设尚未给予应有的重视，存在"无制度亦可行"的片面认识。因此，这些高校中普遍存在大学生管理干部队伍编制紧张、补充困难、晋升缓慢、待遇偏低等问题。同时，大学生管理工作缺乏清晰明确的工作目标和职责划分，导致与学生相关的工作往往被随意推诿给管理干部，进而引发工作任务分配的不均衡。这种现状使得管理干部难以专注于研究如何改进和提升学生管理工作，而不得不疲于应对各种琐碎任务。

为响应新时代对大学生管理工作的新要求，必须明确界定大学生管理队伍的职责边界，并建立健全相关规章制度，以此推动大学生管理队伍建设的规范化与科学化，确保大学生管理工作能在高效、可靠、优质的状态下有序开展。

大学生管理队伍的制度架构涉及多个关键方面，具体如下：确立大学生管理干部的岗位责任制度，以确保职责明确、分工合理；制定大学生管理干部的工作评价监督制度，以便对其工作表现进行全面、客观的评估与监督；完善大学生管理干部的晋升考核制度，为他们提供明确的晋升通道和公正的考核标准；实施大学生管理干部的培养进修制度，以提升其专业能力和管理水平；建立大学生管理干部的淘汰制度，以确保队伍的整体素质和效率。

（一）高校学生管理队伍的岗位责任制度

大学生管理队伍的岗位责任制度，系将学生管理工作之相关规定、要求及注意事项等细则，明确分配给每一位管理者的制度。此制度旨在确保每位管理工作者均拥有清晰明确的职责分工，并为其评估工作成效提供可靠依据。

各层次的大学生管理队伍的工作岗位责任可大致划分为以下几类，具体内容如下：

学校学生工作管理委员会（以下简称"学工委"）主任担任着引领和协调全校学生工作的重要角色。他需紧密围绕学校党委和行政的工作规划，精心制订学期学生工作计划。在实施过程中，要充分考虑各年级的差异性，有序组织、精准安排、切实执行阶段性的学生管理工作。此外，还需定期剖析学生思想动态，为党委和校长提供决策支持。同时，他还需负责规划和实施全校学生管理干部的培训工作，并配合人事处完成学生管理干部的职务评定工作。总之，他需全面协调全校各部门，确保学生思想教育、后勤服务、学籍管理等工作的高效运行。

校学生工作委员会办公室（或学生处）主任在学工委领导下负责全校学生行政管理和思想教育工作。他需协调有关管理机构的学生管理工作，积极配合、组织和检查基层学生管理工作。同时，负责奖学金、贷学金的管理、评定、调整和发放，主管招生和分配工作，并协助教务处进行学籍管理，办理退学、休学、复学和转学手续。此外，还需检查和维护教学、生活秩序和纪律，统一处理学生来信及来访工作，并掌握全校的学生统计工作。

系学生工作组组长在党总支和系主任领导下，负责学生学习活动和管理，组织政治学习和形势教育，推动学生中党团的思想和组织建设，指导和支持辅导员和班主任工作，协助班主任评定学生操行、"三好"评比和毕业生分配，探索学生管理经验，掌握学生思想特点和发展规律。

年级辅导员统筹本年级或本专业学生的思想政治教育和学生管理工作，组织好政治形势教育、新生入学教育、劳动、实习、军训、毕业分配中的思想政治教育工作；协调安排学生的社会实践和课外公益等活动；根据年级情况，制订学期工作计划，指导、检查班级计划实施情况；对学生的升留级、休学、复学、退学、奖惩、品德评定、综合测评、毕业分配等提出具体意见；开展科学研究工作。

班主任是学校派到班级的教师，指导学生学习，负责学生管理，并协同党团组织和年级辅导员开展学生思想教育和管理。班主任要坚持四项基本原则，用爱国主义和共产主义思想教育学生，引导学生开展学习活动，提高学习效率，并作为教与学的桥梁；全面了解学生情况，评定品德、综合测评，评定奖学金、贷学金、困难补助等，选拔、培养班干部；指导学生课余生活，加强集体观念，培养团结向上的班风。

导师是忠于教育事业、品德高尚、教学经验丰富的讲师以上教师。他们的工作重点是指导学生专业学习和培养学术思想，同时兼顾思想政治教育工作。导师需要在学生专业学习中进行思想政治上的疏导，发现和推荐优秀学生，提出破格培养建议，并每年对学生进行考核和写评语。

在构建岗位责任制度时，应详尽阐述大学生管理干部在任期内应履行的职责范围，并明确每项职责应达到的具体标准。这些规定不仅需具备实践基础，还需紧密贴合实际工作需求，以确保制度的有效性和可操作性。

（二）高校学生管理干部的评价监督制度

加强大学生管理干部的评价监督，具有深远的意义。首先，这是为了确立大学生管理工作的明确标准，构建一套科学、合理的评价指标体系，确保管理工作的规范化、系统化。其次，评价监督制度的实施，有助于管理干部自我审视、自我完善，发挥个人专长，提升管理效能，促进大学生管理工作的持续优化。再次，这一制度能激发管理干部的工作热情，形成职能部门间的良性竞争，全面调动管理干部的积极性和创造力。最后，实施评价监督制度，为决策层在职务晋升、薪酬调整、人事调动等方面提供了科学、客观的参考依据，避免了主观臆断和论资排辈的陈旧做法，极大地提升了管理干部的工作动力。因此，无论是从加强管理队伍建设，还是提升管理工作者的综合素质、能力和责任感来看，积极开展评价监督工作都显得尤为重要。

开展大学生管理干部的评价监督工作，必须建立起具备量化与质化双重概念的管理工作评价监督体系。具体而言，构建此体系应遵循如下若干基本原则：

1.方向性原则

评价干部的核心目的在于推动大学生管理工作的规范化、科学化进程，引导大学生管理干部坚守岗位，立足当前，放眼未来，紧紧围绕培养社会主义建设所需的专门人才的总体目标，以高度的责任感和使命感，高速、高效、高质量地开展工作，努力追求大学生管理工作的最优化。

2.可比性原则

在进行评价工作时，必须确保评价对象及其评价项目具有可比性。这就要求评价项目具备基本相同的基础和条件，以便参与者能够按照这些项目进行量和质的比较。同时，评价指标的制定应尽可能量化，以在更细致的层面上实现同质性和可比性。对于难以量化的指标，应采取定性评价的方式，使定量评价与定性评价相互结合，从而更全面地反映个人的工作状况。

3.科学性原则

在构建评价指标体系时，必须确保其能够客观、真实、精确地体现各级管理干部的工作现状、成效和水平。鉴于各级管理干部的工作具有一定的独立性和复杂性，例如年级辅导员，其工作职责覆盖广泛，因此在构建指标项目时，难以做到面面俱到。为此，应当聚焦辅导员职责范围内的核心工作，并重点关注那些能够集中体现其工作成效和水平的关键环节，从而确保评价体系的科学性。

4.可行性原则

在构建大学生管理干部工作评价指标体系时，应确保在不损害评价结果的精确度和可行性的基础上，力求体系设计简洁明了、操作简便，以方便评价人员轻松掌握和运用。

　　基于前述的几项指导原则，应构建一套与大学生管理干部岗位责任制相契合的、定性与定量相结合，并侧重于定量的评价指标体系。这一体系旨在确保各级干部能够依据自身职责和评价目标，切实履行工作职责，尽心尽责地完成各项任务。这不仅是开展评价活动的初始出发点，更是其最终的归宿和目标。

第三节 高校学生管理工作者的素质研究

学校能否将学生培育成充满朝气、具备开拓创新精神，且在德、智、体三方面全面发展的新时代人才，这在很大程度上依赖于各级学生管理工作者的素质。为此，高校急需能够严格遵守教育规律、坚决贯彻党的方针政策、深入了解大学教育教学活动和学生思想动态的管理工作者。他们不仅需要具备扎实的马列主义理论素养，还要掌握丰富的专业知识、管理知识以及教育管理知识。在品质上，应作风正派，处事公正民主，具有强烈的事业心和责任感，大公无私，充满创造精神和科学精神，勇于自我牺牲。因此，必须高度重视并切实加强对学生管理队伍素质的培养，努力打造一支思想坚定、作风务实、科学高效的学生管理队伍，为新时代的人才培养提供坚实保障。

一、大学生管理工作者素质修养的重要性

社会政治经济环境的深刻变革，不仅推动了人们经济生活的巨大转变，更对人们的生活方式、思维方式和精神状态产生了深远影响。这些变革使得高校学生管理系统中的两大核心要素——管理干部和青年学生，变得空前活跃，成为管理活动中最具活力但也相对不稳定的因素。

在现代科技文化日新月异、社会传播媒介作用日益增强的背景下，高校学生管理工作面临着前所未有的挑战。面对这种新形势，如果仍然沿用传统的管理思想、方法和手段进行经验式管理，将难以应对日益复杂的局面。因此，高校学生管理工作者必须不断提高自身素质，完善知识结构，更新工作理念，改进工作方法，以更好地适应时代发展的需要，提高管理效果，确保学生工作的顺利进行。

1.大学生管理工作是培育人的工作，必然要求管理工作者首先具有较高的素质修养

大学的首要任务就是培养德、智、体全面发展的人才，为社会主义建设做贡献。毕业生将成为社会主义建设的主力军，他们的政治素质和精神状态将影响国家和民族的未来。大学和中学的管理者和教师一样，都有重要的责任。管理者要善于研究学生的思想和行为规律，既要了解所有学生的共同思想规律，也要注意每个学生独特的思想活动规律；既要明白学生普遍的心理活动，还要掌握每个学生复杂多样的心理活动，并根据学生的思想和心理特点，有针对性地进行管理和教育工作。

显然，大学生管理工作相较于一般管理工作，其复杂性与挑战性更胜一筹，这必然要求从事学生管理工作的干部具备更高层次的素质修养。如若其素质水平未能达到实际工作需求，其在学生中的权威性和影响力自然难以树立，工作也将难以有效推进。任何管理工作都需要特定的专业能力，有些人虽然能够胜任领导职务，却未必适合担任管理工作。担任管理工作者必须内行，要深入了解生产流程、掌握现代高新技术，并具备相应的科学素养。优秀的业务教师未必能成为出色的管理干部，但优秀的管理干部却必须具备良好的教学能力。因此，管理工作者既要深化对管理工作的认识，积极选拔和培养品学兼优的毕业生和业务教师，以充实管理队伍；又必须不断提升自身素质，深入学习和掌握与本职工作相关的科学知识和业务知识，逐步掌握并精通其客观规律。

2.学生管理是一个涉及言传身教和以身作则的过程，这要求管理工作者必须全面提升自身的素质修养

在学生管理工作领域，言传的作用至关重要。缺乏对马克思主义基本理论、党的教育方针以及大学生管理制度和规定的深入宣传与教育，就无法有效引导学生自己的规范行为。

然而，大学生管理系统作为一种特殊的管理形式，其显著区别于"人一机"系统之处在于，其工作重心落在富有思想、独具个性的青年学子之上。

这些朝气蓬勃的青年人怀揣着对知识的渴望与成长的向往，他们更倾向于通过亲身体验与感知来接受教育与启迪。在这种情境下，"身教"的重要性远超过"言教"。若管理者未能以身作则，身体力行，那么单纯的"言教"恐怕只会沦为空洞的说教，难以产生实质性的效果。学生管理工作者不仅应具备扎实的思想理论素养，更应展现出优秀的作风和高尚的品德修养。在这些综合素养的熏陶下，形成自身独特的人格魅力，以此吸引并教育广大学子。唯有如此，他们才能真正肩负起教育者和实践者的双重使命，实现管理目标，达到良好的管理效果。

综上所述，一个高度重视自我思想意识与道德品质锤炼、致力于理论学习和新知识汲取、持续自我主观世界改造、不断完善知识结构和优化管理工作方法的人，必然能够成为广大学生所拥戴的管理工作者。

3.新形势、新环境下的学生管理工作，必然要求管理工作者的素质修养具有时代精神

在全面深化改革的新时代背景下，众多新兴的管理内容、形式和手段尚待掌握。而现实生活的快速发展，又不断催生出一系列新的理论和实践问题，亟待去探索和解决。同时，管理者所面对的管理对象也在发生深刻变化。现代大学生相较于以往，其政治觉悟、文化素养和专业知识水平均有了显著提升，他们参与社会生活的广度和深度也在不断拓展。大学生的思想动态、价值观念及创新成果，与国家的发展进步、民族的兴衰存亡息息相关。这种新形势对大学生管理工作提出了更高的要求。必须加强管理的预见性、警觉性、原则性和示范性，不断提升管理者的综合素质和能力水平。要紧跟时代步伐，更新管理理念，丰富管理手段，提高管理效率。同时，还需加强学习，不断拓宽知识面，提升解决实际问题的能力，以更好地适应和满足大学生管理工作的新需求。

目前，根据党和国家的指导方针，大学生管理工作需紧密结合实际，深入渗透到专业教学中，以促进学生行为的规范化，使之成为自觉行动。同时，大学生管理工作必须与思想教育工作紧密相连，共同营造一个和谐、健康、

积极向上的育人环境。此外，大学生管理工作者还需具备应对突发事件的能力。这些要求均凸显了大学生管理工作的开拓性和创新性，对大学生管理工作者的素质修养提出了更高的要求。

应当指出，绝大多数从事学生管理工作的同志均具备较高的素质修养。然而，即便是那些对马克思主义理论有深入理解、无产阶级立场坚定的同志，仍需持续学习，积极接纳新事物，深入研究新问题。素质修养的提升是一个永不停歇的过程，大学生管理工作者应以不断发展的现代世界为参照，审视并提升个人素质修养。他们需要及时调整工作方式和知识结构，科学吸纳人类文明的精神成果，增强自我调节和变革能力，不断优化自身素质结构，展现出鲜明的时代精神。在提高学生思想、政治、文化素质方面，这些同志应积极发挥自身的潜能和作用。

二、大学生管理工作者提高素质的基本途径

学生管理工作者的基本素质培养是关乎整个队伍管理效能与形象的重要课题。将学生管理工作者的素质提升作为高等学校的一项长期战略任务，对加强学生管理工作、深入实施"四有"人才培养具有重大的现实意义和紧迫性。

为了全面提升学生管理工作的科学性和实效性，必须高度重视学生管理工作者的素质培养。这既需要学生管理工作者本身勤奋学习，勇于实践，善于反思，持续自我提升，也需要各学校站在战略的高度，深刻理解提高学生管理工作者素质修养的重要性，并积极探索实施有效的培养路径。

（一）开展全员培训

学生管理工作是一项涉及多方面因素的复杂系统工程，具有鲜明的科学性和探索性。为确保这项任务的高效完成，学生管理工作者不仅需要具备扎实的文化知识和常规管理经验，更应当拥有深厚的管理科学、教育科学以及

相关专业学科的理论素养。同时，他们还应通过科学研究的实践锻炼，不断提升自身的调查研究、系统分析、理论研究能力。只有如此，学生管理工作者才能全面适应新时代学生工作的要求，为培养社会主义的合格建设者和可靠接班人贡献力量。

（二）应用理论学习与研究实践相结合的方法

理论学习与研究实践相结合的方法对学生管理工作的探索与研究提出了新要求。一方面，学校需积极提出学生管理工作中亟待探索研究的课题，并鼓励广大管理工作者积极选题、立项研究。为确保研究的深入开展，学校将提供必要的理论书籍与文献资料，为管理工作者提供有力的学习支持。另一方面，学校制定了完善的学生管理改革研究立项与成果评审、奖励制度。在评选优秀成果时，将严格审查其立论的理论依据及理论创新的科学性，以此激发管理工作者深入学习科学理论的热情。此外，学校还定期组织理论咨询、讨论等多元化活动，促进管理工作者深入分析学生管理实践中的具体问题，总结实践经验，进行理性思考。不断提升学生管理工作者的理论素养与综合素质，为培养更多优秀人才奠定坚实基础。

（三）加强考核制度，实施奖励政策

针对学生管理干部，应定期开展对其管理知识与专业知识的考核，同时评估其在管理实践与技能方面的表现，以此形成促使其不断提升个人素质和管理水平的外部动力。对于在学生管理岗位深入研究、取得显著成果，并在实践中展现卓越成效的同志，应授予相应的技术职务。在干部晋升时，既要考量其过往的工作成绩，也要参考其综合素质修养，以此评估其是否具备承担更高职责的能力。对于在学生管理研究领域取得杰出成就和优秀成果的管理工作者，应给予与其他科研工作者同等的认可和奖励，确保他们的努力和贡献得到应有的表彰。

三、大学生管理工作者的素质要求

（一）具备思想政治素质

1.立场问题

立场，即个体在观察和处理问题时所处的地位和所持的态度。对于学生管理工作者而言，大学生管理工作，是培养国家栋梁之材的重要任务，具有鲜明的政治属性。因此，学生管理工作者必须毫不动摇地坚守无产阶级的立场，忠诚于党的教育事业，全心全意地投入到为人民服务的伟大实践中。同时，必须在思想和政治上同党中央保持高度一致，切实履行好学生的教育和管理职责，确保党和国家的教育方针得以全面贯彻实施。

2.思想观点

立场与观点是高度一致的，立场的坚定性直接决定了观点的明确性。为了确保能够深入、系统地观察、研究和解决问题，必须坚定立场，毫不动摇。确立正确的思想观点，将全心全意为人民服务作为根本宗旨，并深入贯彻党的群众路线。

3.政治品质

始终坚守对党和人民的忠诚，无论面对何种情况，都坚决维护革命原则，处理人际关系时不带任何个人偏见，不受个人好恶影响，展现出坦荡的胸怀和高尚的品格。对于学生管理工作者而言，是否具备高尚的政治品质，不仅关乎其个人在组织修养方面的表现，更直接关系到其能否依照党的政策指引，将广大学生好学多思的积极性引导到正确的道路上，以及能否将广大学生紧密团结在党的周围。

4.政策水平

主要指的是深入理解和掌握党的政策理论，能够准确理解和坚决执行党的决策部署的能力，能够紧密结合学生的实际情况，科学区分并妥善处理各类矛盾问题，特别是要清晰界定政治问题、思想意识问题、认识问题和一般学术问题的边界，从而有效推进学生管理工作的规范化、科学化和高效化。

（二）具备知识素质

学生管理工作兼具理论性与实践性，其管理对象系具备较高文化素质和丰富知识储备的青年学生群体。故而，大学生管理工作者须在总体上展现出相当高的知识水平。学生管理工作者的知识素质涵盖以下四个方面：

1.马克思主义的理论基础

高校作为各种政治思想和学术观点的汇聚地，对青年学生的思想活跃性和求知欲有着深刻影响。当代大学生普遍展现出积极思维、勤于探索的特点，他们追求真理，崇尚理性，对压制和强制力持怀疑态度。他们知识涉猎广泛，但由于社会经验不足，在政策理解、理论修养和判断能力上仍有待提高。因此，学生管理工作者必须深入学习和掌握马克思主义基本理论，不仅要理解其文字表述，更要领悟其精神实质。只有以马克思主义的立场、观点和方法为指导，才能在实际工作中保持敏锐的洞察力，正确区分是非曲直，坚定自己的立场。同时，引导学生坚持四项基本原则，坚定社会主义改革方向。

2.学生管理方面的知识

要深入掌握管理的科学原理与艺术精髓，熟练运用各种管理技术和方法；同时要广泛涉猎教育学、心理学、社会学等多学科知识，全面提升自身的决策、计划、组织、指挥等实际管理能力；强调对管理领域专业知识的深入理解和掌握，以"行家里手"的标准要求自己。学生管理工作者应当不懈努力，持续提升自己在管理专业知识方面的基本素质和管理才能，逐步成长为一名合格的管理者。

3.尽可能了解与学生专业有关的基础知识，掌握教学规律

在满足条件的前提下，可兼任一些教学任务，包括"两课"和专业课的教学，这有助于学生管理与业务学习的有机结合，同时也有助于树立威信。

4.与学生兴趣、爱好有关的知识，如文学、史学、艺术、体育等学科知识

当代大学生倾向于从人物传记、格言以及文学艺术作品中寻找自我映射

与榜样力量。学生管理干部通过巧妙运用这些素材，不仅能够帮助学生深化对问题的认识和理解，还能与学生建立更加紧密的思想交流，从而更有效地推进学生管理工作。

（三）具备能力素质

能力素质是指以马克思主义为指导思想，充分运用各类知识，独立承担管理工作，不断开拓创新，有效解决实际问题的能力。对于大学生管理工作者而言，其能力素质的核心体现就在于这种管理能力。在错综复杂的现实环境中，这种管理能力在以下两个方面表现得尤为突出：

1.综合能力

管理工作者所管理的大学生群体数量庞大且各具特色。这些大学生因家庭背景、个人经历、政治立场、个性特点、兴趣爱好以及年龄层次的不同，他们对于社会、学校、家庭等各种问题的看法和反应亦存在显著差异。这种多样性在他们的思想表现中尤为突出，并在学习、生活等多个方面得到体现。因此，管理工作者需要深入了解每个学生的具体情况，因材施教，因人施策，以确保各项工作的顺利开展。

2.分析研究能力

分析研究能力涵盖调研分析能力和理论研讨能力两个方面。调研分析能力，主要指的是深入学生群体，亲自获取原始数据，经过系统性的分析整理，全面把握大学生实际情况的能力。而理论研讨能力，则主要是指结合具体工作实践，独立开展深入研究，并将研究成果抽象升华为理论的能力。

（四）具备道德素质和性格修养

大学生管理工作者需具备崇高的道德品质和优秀的性格修养，这对于管理工作的有效执行至关重要，同时更能对青年学生产生深远的教育影响。作为学生管理工作的承担者，必须以身作则，展现良好的师德师风。在工作中，他们应保持谦虚谨慎的态度，勤奋好学，坚持实事求是，维持正派的作风，公正无私地处理事务。需具备吃苦耐劳的精神，将个人的享受置于工作之后，待人热诚，举止得体。通过这样的言行举止，广大青年学生将能够从中汲取宝贵的道德力量，形成良好的道德品质。

高校学生普遍具有较高的理论素养和认识能力，他们对于管理者的工作能够给予恰当的评价。从这一角度来看，学生管理工作者往往处于接受深入剖析和严格监督的境地，时常会接收到来自学生的严肃批评。尽管有时会遇到不公正的评价，但管理工作者仍需保持胸怀坦荡、宽容虚心的态度，勇于接受批评，以此提升管理工作能力。通过不断学习和努力，管理工作者可以更好地适应学生工作发展的需要，为学生提供更加优质的服务。

第七章　高校学生管理工作的基础性探究

随着我国高等教育事业的蓬勃发展，高校招生规模不断扩大，学生群体日益壮大，其思想观念亦日趋多元化。这些新变化为高校学生管理工作带来了新的挑战与任务。在当前社会快速发展的背景下，如何科学调整和优化传统的高校学生管理方法，以适应新形势下的管理需求，成为摆在高校管理工作者面前的重大课题。

第一节　高校学生组织与干部管理

一、高校学生组织

（一）高校学生组织的意义

组织是指按照一定的宗旨和内部机制构建起来的团体，亦即将各项任务或职能有序关联的整体。它旨在通过系统的规划与布局，包括权力的合理分配、责任的明确界定、人员的妥善安排与协同配合，达成既定的共同目标。

无论是正式组织还是非正式组织，尽管它们在结构形式、活动内容等方面存在差异，但二者都具备一种共性，即明确的职责（或权力）等级和任务分工。这种共性使得它们成为开放且适应性强的系统。

高校学生组织，是指为培养德智体全面发展的社会主义建设者和接班人，由专业、年级、班级等不同系统共同组成的领导团体，诸如学生党支部、团总支、学生会、班委会等。这些组织在共同目标的引领下，发挥着不可替代的作用。与其他社会组织相比，学生组织既具备共性，又独具特色。

第一，权力边界明晰。在学生组织中，职责划分与任务分工同样重要，但其权力范围相较于一般组织更为有限，不直接涉及社会生产及其他经济活动。学生干部虽然在一定程度上参与政治和行政管理活动，但并未被授予直接制定政策的法定职责和权力，其主要职责在于执行既定任务。

第二，关于成员变动问题。学生组织成员更迭较为频繁，这主要是受到高校学制期限的制约。最长任期者亦不过三至四年，通常而言，任期多为一至两年。

第三，系统性特点显著。除校级学生组织跨系统运作外，其他各类学生组织均严格依据系、专业、年级和班级的系统框架进行构建，确保与高校党政组织的系统设置保持高度一致。

第四，服务意识浓厚。学生组织的核心职责在于坚决贯彻执行高校党政领导部门所布置的各项任务，致力于服务学生的政治思想活动、业务学习活动、文娱体育活动等方面。此外，学生组织的服务性还体现在其成员无私奉献的精神上，他们义务地为学生群体服务，不图任何物质回报。

第五，民主性强。学生组织通常经由民主选举产生，直接体现民意，无任命制之弊，仅在个别或少数情况下采取聘任制。

（二）高校学生组织的设置

高校学生组织的建立应严格遵循以下两大原则：

第一，要贯彻精简高效的原则。对于高校学生组织的设置，必须坚持这一原则，以确保组织运行的效率和效益。若忽视此原则，可能会导致人力资源的冗余和浪费，影响工作效率，甚至造成人力、物力和财力的不必要损耗。然而，精简高效并不意味着人员越少越好，以免因人手不足而无法完成工作任务。因此，需要全面理解精简高效原则的内涵，它涵盖了质量和效果两个方面。在设置学生组织时，既要确保数量上满足工作需求，又要保证质量上符合工作要求。这里的数量和质量各有两层含义：数量指的是工作任务量和干部成员的数量，而质量则是指干部成员的素质和工作完成的质量。这两者必须相互协调，有机结合。

第二，必须坚持统一的原则。确保组织结构的完整性与严谨性，实现职责的科学划分，明确内部的工作分工，以及保障协调配合的高效性，是统一原则的核心要义。为实现这一目标，提出以下具体要求：首先，要将同类的工作任务统一交由某一学生组织或部门负责管理；其次，每个岗位需有专人负责，确保职责与能力相匹配；再次，指挥系统应灵活高效，信息沟通渠道必须畅通无阻；最后，各部门之间应建立定期的信息交流机制，强化协同配合。

综上所述，高校学生组织的设置必须遵循科学原则，构建合理的组织结构，确保上下级之间的顺畅沟通，以及信息的及时灵敏反应。唯有如此，才能有效提升工作效率，实现既定的目标。

高校学生组织的具体设置如下：

1.学生党支部

高校按照专业划分系（部），再根据招生规定划分不同的年级，并在年级下设立学生班级。为了充分发挥学生党支部的作用，应与学生行政组织相对应，将党支部建立在系或年级或班级层面上。这种与学生行政建制相对应的学生党支部设置，有利于党支部成员深入了解本班、本年级同学的情况，更好地发挥政治核心作用，推动学校各项中心工作的顺利开展。同时，这也为党支部与广大同学之间建立了密切联系的桥梁和纽带，便于党支部及时了解同学的思想动态，反映同学的意见和要求，做好思想政治工作，进一步密切党群关系。此外，学生党支部还能具体指导和帮助团支部、班委会开展工作，提高工作效率。

2.团总支

按照常规做法，团总支的设置通常以系（部）或年级为单位，而团支部则以学生班级为单位进行设置。在校团委的组织架构中，主要领导职务由专职干部承担，而多数委员则由学生担任。团总支书记一职由青年专干担任，副书记和其他委员的职务则由学生担任。团支部书记、委员以及团小组长同样由学生担任。各级团组织的成员数量，应根据高校的实际情况进行合理配置。团总支在接受校团委的领导外，还需接受系党总支的领导。

3.学生会

学生会组织以各系（部）为单位设立分会，所有学生分会及其下属组织的成员均由学生组成。校级学生会不仅要接受校学生工作处（部）的业务指导，还需接受校团委的政治引领和具体帮助。各系（部）学生分会和班级委员会则分别要接受相应团总支和团支部的政治引领和日常工作指导。

（三）高校学生组织的作用

高校学生干部是经过严格选拔和培养的政治骨干力量。在坚持共同目标的前提下，依据明确的原则，经过学校党委和各级党组织的深入考察和系统培养，最终由广大同学或其代表民主推选产生。这些学生干部不仅是贯彻执行党的教育方针和学校党委决议意见的中坚力量，更在推动高校思想政治教育工作中发挥着举足轻重的作用。

高校学生党支部，作为基层党组织，在贯彻执行党的路线、方针和政策方面，承担着重要职责。它不仅是党在社会基层组织中的战斗堡垒，更是党员发挥先锋模范作用的前沿阵地。党支部与学生之间关系密切，能够及时了解并倾听学生对学校党组织工作的批评和建议，尊重并采纳学生的合理化建议。同时，党支部还关心、爱护学生，助力他们提升思想觉悟，引导他们勤奋学习。在引导和支持其他学生组织积极工作、全心全意为同学服务以及维护校规校纪等方面，高校学生党支部都发挥着不可替代的作用。

高校共青团组织，作为中国共产党直接领导下的群众组织，汇聚了众多先进青年力量。它是青年学习共产主义理论、锤炼意志品质的重要阵地，也是党在高校工作中的得力助手和坚强后盾。高校共青团的一切工作都紧密围绕党的中心任务展开，致力于推动党的教育方针的贯彻落实，努力将高校打造成为社会主义精神文明的坚强堡垒。在培养社会主义事业接班人的伟大事业中，高校共青团组织扮演着举足轻重的角色，为党组织输送着源源不断的合格后备力量，其地位和作用无可替代。

高校学生会是在中国共产党领导下，党与广大学生群体之间的重要桥梁和纽带。它在凝聚学生力量、推动学生全面发展、维护校园和谐稳定、促进校园民主建设、丰富学生文化生活、保障学生合法权益等方面，发挥着重要的作用。同时，高校学生会也是规范学生行为、培养学生组织纪律性的重要阵地，是高校思想政治教育工作的重要组成部分。

高校学生干部植根于同学之中，与广大同学保持着紧密且广泛的联系，因此最为了解、熟知并掌握同学们的思想动态。基于此，学生干部在同学群体中拥有无可替代的发言权。然而，了解同学并不等同于就能胜任学校党的工作助手角色。为了充分发挥学生干部作为学校领导与广大同学之间的桥梁和纽带作用，必须做到：积极关心同学的学习、工作和生活，细心聆听他们的声音，并及时向学校各级组织反馈。对于同学们合理的需求，应竭尽全力予以满足；对于不合理或暂时无法满足的需求，则需耐心细致地给予解释和引导，以推动思想政治教育工作的深入开展。

二、高校学生干部管理

（一）高校学生干部与高校学生干部工作

加强学生干部的角色认知，明确其职责与特点，是发挥其在学生群体中的引领作用、骨干支撑作用以及桥梁纽带作用的关键所在。这不仅能够有效地凝聚同学力量，形成团结奋进的良好氛围，更能引导广大学生勤奋学习、刻苦钻研、锐意进取，为社会主义建设事业培养出更多合格人才。

1.高校学生干部

（1）学生干部的含义

高校学生干部，尽管与一般领导干部在角色定位上存在显著差异，但在职责与使命上都承载着一般领导干部的核心属性。因此，高校学生干部应被视为引导学生发挥积极性和创造性，为实现培养德、智、体全面发展的社会主义建设者和接班人的伟大目标而努力的集体成员或个人力量。

（2）学生干部的特点

一是规模庞大。根据高校学生组织的配置标准，所需学生干部数量众多，通常要占学生总人数的三分之一以上。这一特性源于高校学生活动内容的广泛性和丰富性。

二是人才济济。高校学生干部均经过严格的高考选拔，汇聚了来自全国各地的优秀学子，涵盖了艺术、体育等多方面才能。这一人才储备为高校学生干部开展各项工作提供了有力保障，使得他们能够充分发挥自身优势。

三是热情饱满，积极向前。高校的学生干部群体，正值青春年华，他们充满活力和朝气，体力和精力都处于旺盛阶段。在思想上对未来抱有十分美好的期待和憧憬，勇于思考，敢于表达，敢于实践。

四是紧密联系学生实际。在客观环境的熏陶下，高校学生干部始终与学生保持密切的生活联系，共同学习、生活，形成了一种特殊的亲近关系。学生干部作为学生中的一员，对学生的需求和思想动态有着深刻的理解和把握，这为开展学生工作提供了便利条件。学生干部可以及时了解学生的利益诉求和思想动态，从而制订出更加贴近学生实际的工作计划，并采取切实有效的工作措施。同时，学生干部的工作也直接受到学生的监督和检验，能够及时发现并纠正工作中存在的问题和不足，确保工作的高效和高质量。

2.高校学生干部工作

（1）高校学生干部工作的含义

高校学生干部及其工作是两个紧密联系但有所区别的概念，不能混淆。高校学生干部工作特指学生干部运用科学的工作方法和技巧，在明确的职责权限内，积极调动本校或系或班级或小组学生的积极性和创造力，以实现培养德智体全面发展的社会主义建设者和接班人的宏伟目标。这一过程涵盖了目标设定、决策预测、计划制订、执行指挥、组织协调、激励指导、信息沟通、反馈监测、过程调控和工作评估等多个环节。

（2）高校学生干部工作的特点

一是执行性。高校学生干部作为在校学生，其身份本质与其他学生无异，同样处于接受教育的阶段。在法律法规层面，他们尚未承担起高校管理决策的社会责任，同时亦缺乏必要的高校管理决策能力。因此，虽然他们应当积极投身学校的管理活动，但不能擅自做出最终决策。由此可见，高校学生干部的重要职责在于坚决执行和落实学校党政领导布置的各项工作任务。当然，在执行过程中，学生干部应展现出积极的思考能力和创新精神，采取切实有效的方式和方法，确保任务的高效完成。

二是广泛性。高校学生干部工作必须紧密围绕学生展开，并通过学生干部这一关键环节落到实处。因此，高校学生干部工作不可避免地涉及高校工作的多个方面，内容既丰富又广泛。从宏观层面来看，高校学生干部工作主要包括思想政治教育工作和日常事务管理两个方面。在思想政治教育方面，应定期组织丰富的党团政治活动，如政治学习、讨论，发展党员和团员，举办各类寓教育于活动的竞赛，并深入开展日常的个别思想教育工作。在日常事务管理方面，则需注重校风校纪的建设，促进业务学习，组织文体活动，以及确保生活卫生等方面的有序进行。

三是具体性。高校学生干部在开展工作时，必须注重具体性。例如，在落实学校领导关于开展"学雷锋户外活动"的指示时，学生干部需精心制定详细的活动计划和安排，确保每项任务都具体到人，并全程参与活动的组织与实施。

四是复杂性。学生干部的核心任务在于引导同学遵循学校的各项规定与标准，而人的行为总是受到其思想的影响。因此，为了保障同学们能够按照学校的要求行事，必须深入细致地做好思想工作。人的思想活动具有高度的隐蔽性，打开学生的内心世界并非易事。特别是年轻的大学生，包括学生干部自身，他们的世界观尚待成熟，对于周围事物的观察和分析方法仍有待提高。在这种背景下，复杂多变的社会现象会在学生心中产生各种正面的和负面的思想认知。为了帮助学生消除不正确的思想观念，必须深入探究其产生的根源。然而，由于思想活动的隐蔽性，这一任务往往极具挑战性，这也使得高校学生干部的工作呈现出复杂性的特点。

五是周期性。高校学制的制定与学期的划分，决定了高校学生干部工作呈现出显著的周期性特征，周期相对较短，通常以一个学期或学年度为周期。在探讨学生干部工作的周期性时，必须明确这种周期性的活动并非简单的循环往复。因此，每当新的工作周期来临之际，应在深入总结前期工作经验的基础上，持续分析新出现的情况，研究新问题，并不断创新工作方式和方法，以确保新周期工作的有效推进。

3.高校学生干部工作是教学与管理工作的重要组成部分

（1）高校教学工作中不可缺少的部分

教学质量与人才培养质量息息相关，是高校工作的重中之重。为了不断提升教学质量，必须加强教学管理，确保各项教学措施得到有效实施。在这个过程中，高校学生干部发挥着不可或缺的作用，是具体实施教学管理措施的有力保证。

第一，坚决维护教学秩序。教学活动的实施既具体又频繁，仅仅依靠学生干事、辅导员及任课教师的力量是远远不够的。为了保障教学活动的有序性和教学质量的稳步提升，必须充分发挥学生干部的重要作用。学生干部在大量的具体细致的管理工作中扮演着举足轻重的角色，他们的辛勤付出是确保教学工作顺利进行不可或缺的力量。

第二，要加强教学沟通。在教学与学习的过程中，学生不可避免地会遇到各种疑难问题需要解答，而教师为了提升教学质量，也需要深入了解学生对于教学工作的意见和建议。因此，客观上要求及时建立教与学之间的有效沟通机制。在此过程中，学生干部发挥着至关重要的作用，他们能够及时沟通教与学的结合点，确保教与学双方的有效交流，从而迅速解决学生在学习过程中遇到的疑难问题，促进教师教学水平的提升，确保教学质量的持续优化。

第三，积极推动优良学风的构建。学生干部应积极引领广大学生投身于学术研究活动之中，激发他们的学术研究热情，提升他们的学术研究能力。同时，应精心策划与组织一系列有益于教学工作的活动，如百科知识竞赛、学习竞赛、学习经验交流会以及师生恳谈会等。这些丰富多彩的活动，对于塑造积极向上的学风具有不可忽视的重要作用。

（2）高校管理工作中不可缺少的部分

①强化学生干部作用，助力学校管理。优良校风与有序校园环境的构建，离不开严谨的管理体系，二者相互依存、互为促进。广大学生群体作为校风和校园环境的重要展现者，涵盖了不同的民族、风俗与性别，如何引导他们养成良好习惯，自觉维护秩序，是摆在学校面前的重要任务。仅靠专职行政人员和教师显然无法全面覆盖，这要求充分调动学生干部的力量。学生干部在规章制度实施、自我管理等工作中发挥关键作用，其庞大的队伍占据了学生总数的百分之三十以上，有效弥补了学校管理人员的不足。

②加强学校微观管理，弥补制度漏洞。鉴于学校在教育管理过程中面临的多重挑战，特别是对学生学习、生活等方面规章制度的制定难以做到尽善尽美，故学校需从宏观层面出发，制定出相对全面的管理规定。然而，微观层面的管理仍需依赖学生干部的积极参与和有效补充。具体而言，这种补充主要体现在以下两个方面：

第一，要创造性地贯彻落实学校的各项规章制度。具体而言，就是要紧密结合学生实际，充分考虑不同专业、年级、性别以及生活习惯、特长、兴趣等因素，科学制定符合学生特点的实施细则，确保学校规章制度得到有效执行，真正落到实处。

第二，宏观管理应及时调控。学生干部相对于学校行政干部，更为了解学生的实际状况，这是宏观管理的重要依据。因为学校宏观管理的最终目的是服务于广大学生。因此，学生干部应及时向学校反馈学生的情况变化，以便学校能够全面准确地掌握信息。

（二）加强高校学生干部管理的途径

高校学生干部提升自身素质，不仅是履行自身职责、完成学校赋予的各项任务的关键所在，更是培育成为社会主义事业合格接班人的内在要求。接受学校系统、计划性、目标明确的组织教育与考核，对于学生干部提升基本素质具有至关重要的作用。如何有效地组织教育并全面考核学生干部，进而加强学生干部的管理，已成为高校思想政治工作者必须深入研究和解决的重大课题。

1.加强组织教育

高校学生干部具有双重身份，既是学生群体中的骨干力量，也是学校组织的重要成员。他们的成长与发展，离不开学校组织的精心教育与热忱帮助。因此，对于高校学生干部必须实行系统化、计划化、目标化的组织培养。同时，学校各相关部门在发挥学生干部作用的同时，绝不能忽视对他们的教育引导。应将提高学生干部的基本素质纳入学校工作计划，并作为培养社会主义合格建设者和接班人的关键环节。在政治思想、理论素养、工作知识、基本技能等方面，对学生干部进行全面而系统的培训。

（1）马列主义理论教育

高校学生干部是党在高校推动学生思想政治工作深入开展的重要力量，因此，学生干部自身必须首先具备坚实的马列主义理论根基。学校方面应积极采取措施，如举办学生干部理论学习班等，对学生干部进行有效的理论培训和辅导。同时，对于积极申请加入党组织的学生干部，应及时组织相关学习活动，使他们能够接受更为系统、深入的马列主义理论教育。

在深入学习和掌握马列主义理论的过程中，学生干部应紧密结合大学生的思想实际，切实防止形式主义倾向，确保理论学习与实际工作紧密结合。学生干部需以实际运用为导向，有针对性地、创造性地研读马列主义、毛泽东思想、邓小平理论、"三个代表"重要思想、科学发展观以及习近平新时代中国特色社会主义思想。通过运用这些理论，学生干部应能够准确分析和处理工作中遇到的实际问题，并善于运用实践的观点、理论联系实际的方法、矛盾分析的方法以及一分为二的辩证思维来指导实践工作，从而提升工作的科学性和艺术性。

（2）世界观、人生观和价值观教育

高校学生干部要切实履行自身职责，除了具备坚定的政治方向、扎实的马列主义理论功底外，还需确立正确的世界观、人生观和价值观。学生干部应通过日常学习、生活及工作的自觉锻炼与提升，不断塑造和完善这些思想观念。同时，积极参与学校组织的有目的、有系统的教育与引导活动，能够更快速、更有效地树立并巩固正确的世界观、人生观和价值观，从而对社会现象、人生观念乃至整个世界持有科学、正确的观点和态度。在实施这一教育与引导过程中，既可以采取讲座、报告会等集中统一的理论疏导方式，也可以通过观看电影电视、阅读文学作品、参观访问等多样化手段进行情感熏陶。唯有将思想观念教育与情感熏陶相结合，才能取得更为显著的教育效果。

思想观念的教育和引导务必讲求精准性。通过深入实施人生观、价值观教育，各级学生干部应深刻领会自身职责的神圣使命，切实增强工作责任心，妥善平衡奉献与索取的关系，坚决摒弃怕苦怕累的错误思想。一旦树立了正确的人生观和价值观，学生干部就能从艰巨繁重的工作中感悟到无穷的成就感和快乐，从为广大同学服务的过程中体验到助人为乐、无私奉献的幸福。

学生干部作为青年中的佼佼者，必须树立远大共产主义理想，坚定共产主义信念，培养高尚共产主义情操。这是由他们肩负的历史重任所决定的，他们在大学期间是党在高校各项工作的得力助手，未来更将成为社会主义事业各条战线上的政治骨干与业务骨干，成为党的干部队伍建设中不可或缺的后备力量。

学生干部必须深刻认识到，树立远大共产主义理想，坚定共产主义信念，培养高尚共产主义情操，是社会主义向前发展对青年一代提出的必然要求，也是高校教育和培训学生干部的核心目标。

在成长发展过程中，学生干部同其他青年人一样，易受外界因素的干扰，其理想、信念和情操也可能会出现波动和反复。因此，学生干部要自觉克服自身弱点，增强抵御外界干扰的能力。同时，学校也应积极采取措施，帮助学生干部及时排除外界的干扰，特别是要引导他们正确认识风云变幻的国际形势。

（3）常识教育与技巧训练

学生干部的工作成效与其所具备的工作知识与所熟练运用的工作技巧和方法紧密相连。学生干部为确保能够高效履行职责，接受学校系统全面的工作知识教育和基本工作技巧与方法的训练显得尤为重要。

第一，对于党支部工作的基础理论和实践技能，学生党支部干部需有深刻的理解和掌握。党章作为党的根本大法，应为学生党支部干部所熟知，他们对于党的基本理论、基本路线、基本方略要全面而深刻地了解。为更好地承担党务工作，应积极参与学校党组织组织的专题培训。学生党支部干部需提升思想政治工作能力，善于做深入细致的思想政治工作，关心群众，及时发现并解决问题。只有如此，才能充分发挥学生党支部的战斗堡垒作用，紧密团结广大学生党员和群众，确保党的各项任务在学生群体中得到有效落实。例如，发展大学生入党是一项严肃而重要的工作，这就要求学生党支部干部对入党积极分子的培养与考察工作认真负责，熟练掌握党员发展工作的基本知识和流程。若缺乏这些基本知识，就无法稳妥推进党的组织发展工作，更无法准确把握入党积极分子的思想动态和入党动机，从而影响组织发展工作的质量和效果。因此，学生党支部干部应在学校党组织的指导下，通过专门培训，全面提升党支部工作的理论水平和实践能力，确保学生党支部的各项工作能够顺利开展。

第二，共青团系统的学生干部必须深入掌握共青团工作的基本知识与方法。他们应全面熟悉团章及团的基本知识，精准把握青年工作的特点，积极团结广大青年。学校团组织需主动承担职责，通过创办业余团校、组织团干部培训班、开展团干部经验交流活动等多元途径，全面提升学生团干部的基本素质。特别是，学校团组织应当着重为学生团干部创造团内实践活动的优良环境。学生团干部应在学校团组织的指导下，努力成为青年大学生的知心朋友，精准把握青年人的思想动态，善于进行深入细致的帮教工作。同时，他们应及时向党组织反馈青年人的思想、意见和要求，确保党在高校各项工作中的决策部署能够贴近学生实际，从而更好地服务青年学生，使自身真正成为党在高校工作中的得力助手。

第三，深入学习并掌握管理工作的基本原理和实践方法。学生会、班委会以及其他学生社团的干部培训，应紧密结合其各自承担的职责和工作对象的特性进行精准施策。其核心目标在于提升学生干部的管理能力，强化其组织、指挥与协调的实战技能，以便他们在学校管理、校园文化建设以及体育活动组织等方面，能够充分发挥模范带头作用。

2.加强组织考核

对学生干部进行组织考核，是提升其基本素质的关键环节。通过考核，学生干部能够及时发现并纠正自身存在的不足，客观评价所取得的进步，从而更加精准地发挥个人优势，实现全面发展。在对学生干部进行素质考核时，存在多种途径，主要包括学校组织考评、学生干部自评以及学生考评等。在这些途径中，学校考评应占据主导地位，以确保考核的公正性和权威性。同时，考评内容应涵盖多个方面，但应以思想品德和心理素质为核心，以全面评价学生干部的综合素质和潜力。

（1）思想政治素质的考核

在对学生干部的思想政治素质进行考核时，必须采取严谨、科学的方法。经过实践验证，最为有效的途径是对学生干部的实际工作进行深入细致的观察和分析。通过这种方式，能够透视其表面现象，准确把握其政治立场、观点、态度，以及其世界观、人生观和价值观等深层次的思想内涵。对于那些具备较高马列主义理论水平，并能在工作中灵活运用马列主义立场、观点和方法来分析和解决问题的学生干部，应充分肯定他们的成绩和表现。同时，还要积极帮助他们进一步提升理论素养和实践能力。然而，对于部分马列主义理论基础相对薄弱，尚不能在工作中熟练运用马列主义立场、观点和方法来分析问题的学生干部，必须指出他们的不足，并及时给予指导和帮助。

针对在政治立场、观点、态度等方面与党的要求存在偏差的个别或少数学生干部，必须采取果断措施，将其从学生干部岗位上撤换，并严肃批评教育其错误言行。对于学生干部中存在的其他不良现象和不正确的思想言论，要深入分析，及时教育引导，帮助他们澄清思想，端正认识。同时，必须实事求是地考核学生干部的基本思想政治素质，这不仅有利于学校更有针对性地开展学生干部培训工作，准确选拔和使用学生干部，而且有助于学生干部正确认识自我，提升自我，从而提高他们的思想政治素质。

（2）品德素质的考核

学生干部必须切实履行其职责，坚定正确的政治立场是基本要求，同时优良的品德素质亦不可或缺。高校党的组织、领导及教师应定期对学生干部的品德素质进行全面考核，精准识别其存在的短板，并采取有效措施协助其改进，确保他们真正成为名副其实的骨干力量。

为全面、客观、准确地评估学生干部的品德素质，应坚持以工作作风、生活作风，以及是否敢于开展批评与自我批评等多维度为考核依据。在实践中，要特别注重对学生干部品德素质的考核。具体而言，衡量学生干部品德素质的标准主要包括以下三个方面：一是工作态度。这是衡量学生干部品德素质的首要标准。要看他们在工作中是否表现出肯干、积极、认真和负责的态度。二是服务意识。要看他们是否乐于把自己的长处与能力最大限度地用于工作，是否乐于奉献，是否乐于为全体学生服务。三是自律意识。要看他们在学习、工作和生活中是否能够做到自律，是否能够勇于抵制不良倾向，为其他同学树立良好的榜样。

在对学生干部的品德素质进行全面、客观、公正的考评后，必须将考评结果以合适的方式和途径及时反馈给学生干部。这样做的目的是让他们清晰地认识到自己在品德素质方面存在的不足和与优秀标准之间的差距。同时，也应积极引导他们在工作中不断总结经验，吸取教训，努力提升自身品德素质。

（3）心理素质的考核

针对学生干部的心理素质状况，实施及时、有效的考核机制至关重要。学生干部在工作中时常面临多重矛盾，需要处理各种复杂关系，诸如学习与工作之间的平衡等。若无充分的情感储备与坚定的意志品质，将难以勇敢开拓，迎难而上，实现创新突破。同时，学生干部若无较强的指挥与协调能力，便难以有效地组织同学，亦难以游刃有余地处理各类工作关系与矛盾。因此，通过学生干部的具体工作表现，可以深刻洞察其是否具备顽强的意志、丰富的情感、宽厚的胸怀以及熟练的指挥协调能力。

鉴于此，各级学校领导与教师务必高度重视并深入实际，从具体的工作实践中对学生干部的心理能力与素质进行全方位考核与评估，确保对学生干部素质拥有全面而客观的认知。在此基础上，有针对性地辅导学生干部，助其在实践中不断锤炼自我，逐步塑造出坚韧不拔的心理能力与素质。

第二节　高校学生制度与体制管理

在高校学生工作中，专职教师肩负着开展思想政治教育和管理的重要职责。为确保工作的规范化、系统化和高效化，必须建立一套科学严谨、全面覆盖的制度体系。这一制度，作为指导和规范全体师生行为的准则，必须体现党的教育方针和政策法规，反映学校的管理理念和育人目标。

制度的制定，必须遵循教育规律，结合学校实际，广泛听取师生意见，确保制度的合理性和可操作性。同时，需要建立健全的体制机制，明确责任主体，加强监督检查，确保制度的有效执行。

一、高校学生制度

在我国古代，制度乃法令与礼俗之总称，涵盖了社会的各个方面。时至现代，制度一词则多指规范整个社会组织或特定事项的全面行为准则。

管理作为一种职能活动，其诞生与人类社会的有组织活动紧密相连。在人类社会的任何组织活动中，为了维护秩序、提升效率，都需要制定和调整人们相互关系的行为规范和行动准则。这不仅是管理的内在需求，更是管理职能的具体展现。在高等教育领域，学生思想政治教育和管理制度便是规范学生行为的重要准则。因此，构建一套系统、完整的高校学生思想政治教育和管理制度，对于维护校园秩序、促进学生全面发展具有极为重要的作用。

（一）高校学生教育和管理制度的意义

我国高校的规章制度，充分体现了党的优良传统和社会主义道德观念、行为观念、行为规范（即国家法规）以及明辨是非的标准，这些规章制度在高校学生日常的学习、工作和生活等方面均得到了具体的展现。它是全体在校学生必须严格遵守的行为规范；是培育学生自觉纪律性、塑造共产主义道德品质、营造优良校风的关键环节；更是实现科学管理、办好社会主义大学的重要保障。因此，构建高校学生思想政治教育和管理制度，对于办好社会主义大学具有深远的意义，具体表现在以下几个方面：

1.有利于充分调动和发挥学生的主观能动性

大学作为培养社会主义建设者和接班人的重要阵地，肩负着神圣的历史使命。为实现这一崇高目标，高校必须构建一套科学、合理的学生思想政治教育和管理体系，该体系既要符合大学教育工作的内在规律，又要体现现代管理理论的核心要义，更要充分彰显党的优良传统和社会主义道德风尚及行为准则。这样的制度安排，可以充分激发全校学生的热情和创造力，汇聚成远超过个人力量总和的集体力量，从而推动社会主义大学建设事业不断向前发展。

2.促进正常的学习、工作和生活秩序的建立

现代大学，人数众多，结构复杂，是一个多层次、多学科、多系统、多结构的综合性实体。为了充分发挥每个学生的智慧和力量，高校学生工作专职人员必须在强化思想政治工作的同时，构建一套完整的规章制度体系。这样才能确保学生在学习、工作和生活等方面有明确的规范可循，实现事务的井然有序。

3.对于塑造学生崇高的道德品格、营造优良的学风具有积极的推动作用

社会主义精神文明，作为社会主义制度的鲜明特征，充分展现了社会主义制度的独特优势。思想建设在塑造精神文明中占据核心地位，因此，培育学生树立马克思主义的世界观，坚定共产主义的理想信念与道德情操，激发其为人民服务的奉献精神，以及以共产主义劳动态度构建科学、与时俱进的高校学生管理体系，对于培养学生高尚的道德品格和优良的学习、工作以及生活习惯具有不可替代的重要意义。

（二）高校学生教育和管理制度的基本要求

构建高校学生思想政治教育和管理制度，必须遵循以下几项基本要求：

1.政策性

高校学生思想政治教育和管理制度的制定，必须严格遵循党的路线、方针、政策，以及体现这些政策的国家法律法规等，特别是要紧密围绕党和国家的教育方针。这些政策与法规，作为国家的行为准则，具有全局性和指导性，为高校学生思想政治教育和管理制度的制定提供了根本遵循。高校学生思想政治教育和管理制度，是党的路线、方针、政策和国家法律在高校日常教育、管理和服务中的具体体现。因此，必须坚决维护其政策导向性，确保各项制度与党的政策和国家法律保持高度一致，不得有任何偏离。否则，将会导致迷失工作方向。

2.系统性

系统性系指基于现代管理学的观点，国家被视为一个庞大的系统，而教育则是国家这一系统中的重要子系统。学校则隶属于教育系统之下，成为教育子系统的组成部分，而学校的各个部门则是学校系统的各个分支。这一系统呈现出有序的组织结构和层次分明的特点，其各个组成部分均围绕一个共同的目标形成有机整体。因此，高校学生工作的专职人员必须树立全局观念，妥善处理局部与整体之间的关系，确保学生的学习与课外活动之间、团组织与学生会工作之间能够和谐共生。在处理各类关系时，须确保整个系统保持协调状态，从而充分发挥系统的整体效能，实现教育管理的最优化效果。

3.民主性

在高校学生思想政治教育和管理工作中，必须坚持民主性原则，确保各项制度符合广大学生的根本利益，并赢得学生的积极拥护与支持。作为社会主义国家，我国的一切政策和法令都以是否符合人民群众的根本利益为最高标准，任何违背这一原则的行为都将失去其立足之地。学生是管理的重要参与者，既是管理对象，也是管理主体。因此，在制定学校规章制度时，必须深入学生群体，广泛听取学生意见，充分发挥学生的智慧和力量，确保教育和管理工作的顺利推进。

4.科学性

高校学生思想政治教育和管理制度的科学性，体现在其必须遵循高等教育的客观规律。任何领域都有其独特的规律，高校学生思想政治教育和管理制度亦不例外。例如，教育和管理须与学生的年龄阶段相适应，思想政治教育中的知识传授、情感培养、意志锻炼和行为实践等过程也须遵循一定的规律。要深刻理解和严格遵循这些客观规律，实施科学管理，以充分激发各方面的积极性。同时，应积极借鉴现代科学管理理论，不断总结并丰富高校思想政治教育和管理的实践经验，将传统管理智慧与现代管理理论有机结合，持续提升科学管理水平，优化管理效率。

5.教育性

高校学生思想政治教育和管理制度，其核心在于发挥其教育职能，旨在培养学生树立社会主义道德观念，恪守行为规范，塑造积极向上的思想品质，并形成严谨、务实、开拓、进取的工作作风。制度的设立，既为学生提供行为准则，又为其设定了进取的目标，以此充分发挥规章制度在教育和激励方面的作用。在制定与实施规章制度的过程中，必须始终坚持思想政治工作的主导地位，将启迪与疏导贯穿于规章制度的各个环节，确保制度的教育性得到充分体现和发挥。

6.严肃性

高校学生思想政治教育和管理制度的严肃性，体现在其必须严格执行、不容妥协的原则上。制度的实施必须做到公正无私，奖惩分明，无论是谁，都必须遵守制度规定，确保学生的行为得到规范和引导。在构建这些制度时，必须全面考虑、周密部署，确保各项规定都能得到充分执行。各级学生组织和个人必须坚决执行制度。在执行过程中，要保持制度的连续性和稳定性，不得时紧时松、时宽时严，坚决维护制度的严肃性和权威性。同时，对于目前尚无法规范或需要创造条件才能规范的方面，应耐心等待时机成熟或条件具备后再进行规范。只有这样，才能确保制度具有相对稳定的持续性和可操作性。

7.可操作性

高校学生思想政治教育和管理制度的制定，应注重量化评估，科学设置符合教育与管理实际需求的指标体系，并以分值形式加以体现。这一举措旨在使广大学生在执行过程中能够清晰把握要求，自觉进行自我约束。同时，在检查处理环节，也能有效减少主观臆断，确保工作的客观公正。

上述各项基本要求，各自独立，又相互紧密关联。唯有严格按照这些基本要求制定的规章制度，才能经受住实践的考验，并展现出强大的约束力和深远的教育意义。

二、高校学生体制管理

（一）高校学生行政体制管理

建立健全大学生行政管理工作体制，是确保大学生管理工作有序开展的关键所在。高校行政管理工作是一项系统工程，而学生行政管理工作则是这一系统中的关键一环，亦是不可或缺的子系统。为顺应时代潮流，满足实际工作需求，必须对学生行政管理工作体制进行深入剖析，不断加强体制建设，稳步提升大学生行政管理工作的质量和水平。

1.行政体制管理的历史与现状

（1）关于高校学生行政管理体系的核心要义

为了全面把握学生行政管理工作的发展脉络与现实状况，首要任务是深入理解学生行政管理体系的核心要义。简而言之，这一体系主要包括机构构建与职权配置两大层面。具体而言，学生行政管理体系主要体现在学生行政管理工作的机构构建与职权配置两个方面。

在高校中，学生行政管理工作占据了学生工作的重要地位，涵盖教学管理、学籍管理、生活后勤管理、治安管理、课外生活和校园秩序管理等多个方面。因此，在构建学生行政管理工作体制时，必须明确这些工作职能的权限划分，并科学设置相应的机构，以确保各项职能得到有效履行。这一体制的核心在于围绕学生的入学至毕业在校期间的管理，以及针对大学生学习、生活、行为规范的机构设置与职能权限的合理安排。依靠科学严谨的管理体制，能够更好地服务学生，促进学生全面发展，维护校园和谐稳定。

（2）中国高校学生行政管理体系的历史演进

自中华人民共和国诞生之初，我国的高等教育机构主要采纳了"一长制"的管理模式，其管理体系，尤其是学生行政管理架构，大体上与企业所采用的"三级一长"管理体系保持一致。具体而言，学校的管理层级分为校级、系级和年级（班级）三级，各级的管理职责分别由校长、系主任和年级主任（班主任）承担。尽管后续的管理体系经历了数次变革，但在组织结构的设置上并未出现根本性的变动。总体而言，这些组织结构主要采纳了"直线职能参谋组织形式"的基本框架。

当时校级行政管理机构中，并未设立独立的学生行政管理部门。各行政处室均承担了管理教职工与学生的双重行政职能。具体职责划分如下：学生的教学管理工作由教务处全权负责；学生的日常生活管理则由后勤系统下的总务处承担；至于学校招生及毕业生就业工作，各校在实际操作中存在差异，部分学校指定招生办公室为招生工作责任单位，而部分学校则将该职责划归教务处；针对学生毕业就业事宜，有的学校由教务处主导，有的学校则由人事处负责；学生的学籍管理工作，包括奖励与处分等事务，由教务处下设的学生科负责。

系级层面设立学生行政管理机构，其职责主要由系办公室承担，负责全面履行行政管理职能。在年级（班级）层面，虽未设立专门的行政管理机构，但政治辅导员作为学校最基层行政管理机构的代表，发挥着举足轻重的作用。他们不仅负责学生的教育工作，还肩负着管理职责。部分学校为了加强班级管理，还配备了教务员，专门负责学生的教学行政管理工作。虽然当时高校尚未建立独立的学生行政管理体制，但各级机构已兼管学生行政管理工作，承担着各类职能权限，逐步形成了适应当时发展需求的学生行政管理体制。

2.高校学生行政管理的现行架构

随着我国教育事业的不断进步，学生行政管理工作的体系日益健全。从高校学生行政管理的演变轨迹来看，可以概括为以下四种模式：

（1）行政体制管理机构呈现分散化布局

学生行政管理工作由学校各部门、各处室及相关机构共同承担，履行行政管理的各项职责。在校级、系级、年级（班级）三级组织架构中，延续了历史上的"直线职能参谋组织形式"，通常并未新增独立的行政管理机构。然而，在职能与权限的划分上，分权化的组织管理制度得到了加强，确保了整个行政管理工作能够有序、高效地进行。

（2）行政体制管理工作机构采取专兼结合模式

学校特别设立了学生处，作为主导学生行政管理工作的核心机构。同时，其他相关部门亦肩负学生行政管理职能，形成全校上下一心、齐抓共管的良好局面。校级层面，已构建专门的、独立的学生行政管理机构——学生处。在系级层面，各校情况各异，有的学校设立了专门的学生办公室，专职负责学生行政管理工作，而部分学校则维持原有系部行政机构设置。至于年级（班级）基层组织，依旧由辅导员（或班主任）负责日常管理，少数学校亦在年级层面设立了学生办公室。

当前，全国范围内众多高校均采用该模式，并在校级层面设立了学生处。然而，在学生处的职责权限划分上，各校之间呈现出一定的差异性。总体来看，主要有以下三种情形：其一，学生处不仅全面负责学籍管理的各项行政工作，还担任职能部门角色，负责奖励与处分事务，并配合相关部门负责课外活动、校园秩序的行政管理。同时，该部门还承担每年的招生与毕业生就业工作。其二，学生处主要负责学籍管理中的大部分工作，并承担每年的毕业生就业任务。而招生工作则由专门的招生办公室负责。有关学生的教学管理事务，如成绩考核与记录、升级与留降级等，则由教务处负责。除此之外，其他权限划分与第一种情形相同。其三，学生处除了具备与第二种情形相似的职责外，还负责部分生活后勤工作，如宿舍管理等。

（3）行政体制管理机构呈复合模式

学校在校级层面设立了学生部和学生处，实现了部门与处室的有机统一，推行了"一套班子、两种性质"的工作模式。这一模式在行政管理和思想政治教育方面提供双重保障。同时，根据各大学的实际情况，部分高校在系级层面设立了学生办公室，专门负责学生行政管理和思想政治教育工作的组织与实施。另外，还有部分大学根据年级特点设立了年级办公室，专门负责本年级学生的行政管理和思想政治教育工作。

（4）行政体制管理机构采取各部处模式进行构建

学校特地成立了学生工作指导委员会或学生工作领导小组。该委员会下设有实体性机构——学生工作办公室，该办公室肩负着协调与指挥各部处执行学生行政管理职能以及思想教育职能的重任。在此过程中，各部处需在学生工作办公室的指导下，继续履行原本承担的行政管理工作的职能与权限。值得注意的是，系与年级的组织机构并未发生显著变化。

上述模式呈现出两个鲜明的共性特征。其一，这些模式中的管理机构均采取了"直线职能参谋组织形式"，其二，这些模式中的分权管理形式得到了进一步强化。

3.行政体制管理的模式特点

当前，高校学生行政管理体制存在多样性，各种模式机构设置呈现差异性，权限划分也各不相同。这些不同模式各具特色，具体表现如下：

（1）学生行政体制管理的分散模式

此类高校通常规模适中，学生人数不多，使得校领导能够投入更多精力在学生工作上。同时，各级学生行政管理机构干部配置充实，能力强劲。因此，它们沿袭了我国高校学生行政管理工作体制的传统模式，展现出以下特点：

①实行"直线职能参谋组织形式"

在此模式下，校长拥有全面的行政领导权与指挥权，对学校所有工作承担最终责任。各职能部门须遵循校长的决策与要求，对其下属部门在业务上实施指导和监督。各级组织在行政上保持相对的独立性，以充分发挥其主动性。这种模式既确保了统一领导，又有效激发了各职能部门的积极性与主动性。

②分权管理制度得到进一步强化

面对新形势下的学校管理需求，学校积极调整管理策略，将部分行政管理权限下放至系级部。具体而言，学生行政处分权中的记过及以下处分，将由系级部负责执行；同时，系级部也拥有决定学生奖学金金额、部分单项活动或班级、系级活动奖励及补助的权力。这一举措不仅有助于激发各级组织的积极性，更能推动行政管理工作的高效运转。

③兼容并蓄，协调统一

该模式无须新设机构，许多相关、交叉、渗透的工作仍然在同一部门内完成。例如，学生生活管理隶属于总务处，而学生学籍管理的诸多事务则由教务处负责。这种设置有利于各部门间的协同配合，实现高效、顺畅的工作协调。

（2）学生行政体制管理的专兼模式

该模式源于散在模式的发展，因此两者在权限划分上存在诸多共通之处。校级层面设立了学生处，而在较大的系级则建立了学生办公室，从而构建起学生行政管理体系。在此过程中，明显呈现以下几个特点：

①学生工作的统筹规划与安排，必须全面增强其协调能力

作为专责学生工作的核心部门——学生处，对于学生行政管理工作以及相关的学生工作情况，应负有全面关注、通盘考虑、及时汇总、向上级报告并提出建议的职责。同时，在校长的领导下，学生处应能迅速介入并协调各行政部门在工作中出现的矛盾和问题。

②对于提升队伍素质和增强稳定性具有积极意义

随着专管学生行政管理工作体系的建立，学生行政管理工作机构和人员的稳定性得到了显著增强。这一变革不仅加强了方针、政策、规定的连续性，

还推动了工作方法的创新、理论研究的深入、工作经验的积累，以及管理人员业务素质的稳步提升。

③加强学生行政管理工作的应变能力

面对新形势，学生行政管理工作不仅要确保正确性和规范性，更要注重时效性。通过构建专门负责学生行政管理的工作体系，培养了一批长期从事学生管理工作的专业人才，他们熟悉党的方针政策，深入了解学生动态，能在关键时刻及时向领导提供全面准确的信息和可行的解决方案，为领导决策提供有力支持。

（3）学生行政体制管理的复合模式，是专兼模式深化发展的成果

通过整合学生处与学生工作部，实现了组织结构的优化与效能提升，显著特点是将学生思想政治教育与学生行政管理紧密结合。这一创新举措消除了长期以来行政管理与思想教育之间的隔阂，确保学生言行一致、思想与实践相统一的教育目标得以在同一个部门内实现。在此基础上，学生学籍管理、课外活动组织、校园秩序维护、奖惩制度执行等学生管理核心职能得以有效整合，由学生处与学生工作部作为统一的职能部门来承担。

（4）学生行政体制管理的部处模式

此模式兼具散在模式与复合模式的特征，其独特之处在于集指挥与执行于一身。通过设立在学生部、处之上的职能部门——学生办公室，该模式不仅能够指挥行政部、处，还能够协调各方关系与矛盾；既能够负责行政管理事务，又能兼顾思想教育工作。

4.行政体制管理的成效

学生行政管理工作的成效，关键在于两大支柱：一是领导班子和干部队伍的素质与能力，二是科学高效的管理体制。目前，拥有一批长期从事学生工作的优秀同志，他们不仅具备丰富的经验和专业技能，更展现出极高的工作热情和创新能力。尽管当前的管理体制仍有待完善，但正是这批骨干力量的不懈努力和创造性发挥，使得高校学生管理工作取得了显著成绩。然而，随着社会的快速发展和新形势的不断变化，高校学生管理工作面临着新的要

求和挑战。因此，必须持续改进工作方法，完善相关政策，进一步健全管理体制。

行政体制管理的成效，是多重因素共同作用的结果，这些因素包括但不限于学校的历史积淀与当前发展状况、领导班子与干部队伍的素质构成与结构优化、教师与职工队伍的思想境界与道德觉悟，以及学校所承担的任务与所拥有的资源条件等。唯有当某一具体的管理模式与学校实际情况高度契合，且能够推动学校工作取得卓越成绩时，该模式方可被视为最佳的选择。

根据对学校学生管理体制发展的整体趋势进行深入剖析，在选定具体管理模式时，应着重思考以下两大核心问题。其一，关于是否应构建独立的学生行政管理体制；其二，是否应推行学生行政管理工作与学生思想政治工作相辅相成的管理体制。对于上述两大原则性问题，答案是肯定的。这不仅是对当前学生行政管理体制的加强，更是对未来学生管理体制发展的明确方向。

第一，人的思想与行动是紧密相连、不可分割的。人的行动往往受到其思想的指导与驱动，而思想的正确性又需要通过实践来进行检验与修正。因此，为了规范人的言行举止，必须首先重视并加强思想教育。深入了解一个人的思想状况，往往需要通过观察和分析其行动表现来实现。对于学生的思想、言论和行动，必须采取组织上和思想上相结合的方式进行全面的教育和管理。只有这样，才能有效改变当前存在的思想与行动相割裂的现象，确保工作的顺利开展，并取得最佳的工作效果。

第二，学生行政管理工作是培养德智体全面发展的社会主义建设者和接班人的重要环节，对于规范在校学生的学习、生活、行为具有不可替代的作用。为确保学生管理工作的有序开展，必须建立一支具备较高理论素养和实践经验的专业干部队伍，同时逐步完善学生行政管理体制，以适应新时代学生工作的新要求。

第三，高校作为培养青年学生成长成才的重要阵地，肩负着神圣的使命。为确保青年学生全面发展，必须将学生行政管理工作与学生思想政治工作紧密结合，形成协同育人的强大合力。同时，要着力构建专业化的学生管理工作队伍，并建立健全学生行政管理工作体制，确保各项管理工作有序、高效运行。只有这样，才能培养出理想信念坚定、德才兼备的优秀人才。

（二）高校学生思想品德教育体制管理

各高校因历史背景、师资力量、文化传统及办学特色等因素的差异，在思想品德教育方面呈现出不同的面貌。自中华人民共和国成立以来，尽管各高校在思想品德教育方面经历了不同程度的变革与发展，但总体而言，我国高校学生思想品德教育实施的是一套综合管理体制。这一体制主要由以下几项制度构成：

1.专职干部责任制

高校专职党团干部是党的教育方针与政策的坚定执行者，在各单位中全面贯彻落实党的决策部署，是塑造学生思想品德、推动学生德育发展的核心力量。同时，还是组织全体教师实施教书育人的重要协调者。因此，专职干部在学生思想品德教育管理中具有不可替代的重要作用。学生专职干部主要指的是那些担任党团职务，专门负责学生教育管理工作的干部，这包括但不限于学生工作部（处）或宣传部、校团委的干部，以及各系负责学生工作的党总支（分党委）副书记、团总支（分团委）干部等。根据规定，专职干部的配置一般按照与学生人数 1∶150 比例进行，对于不足150 名学生的单位，应根据实际工作情况灵活安排。专职干部的管理工作在学校党委的统一领导下进行，具体由学生主管部门和各系党总支共同负责。在职务晋升方面，专职干部不仅可以根据实际表现和工作需要进行职务晋升，同时，作为学生思想品德课教师，他们在晋升专业职务方面也应享受与其他业务教师同等的待遇。

（1）专职干部的职责

①深入开展学生思想动态和学生工作的调查研究，紧密结合全局发展

形势和学校实际，做出科学决策，统一规划本系统学生思想政治教育与管理工作，确保学生思想品德教育管理工作的全局性、系统性和整体性得到有效落实。

②承担党团教育、政治学习及日常思想品德教育管理的组织、协调与实施职责。根据教育部的相关规定，专职干部需承担思想品德课程的讲授或辅导任务，并负责开展形势教育、大学生思想修养、人生观教育、法治教育、职业道德教育、毕业教育与就业教育等思想品德课程的教学工作。同时，需指导年级主任、兼职辅导员（或班主任）、研究生政治导师的工作，包括制订工作计划、提供相关信息和教育材料、检查工作进展，并负责优秀教育工作者的评比工作。此外，还需负责指导学生干部的工作，关心学生干部的培养教育，并具体指导团组织、学生会开展各项教育管理活动。

③紧密依靠年级主任、辅导员（或班主任）、研究生政治导师以及学生干部队伍，严格执行有关学生的各项政策规定，精准指导并认真实施学生的思想品德考核、毕业鉴定与考核工作。同时，负责评定三好学生、奖学金、优秀学生干部、优秀团员、先进班集体等荣誉，以及助学金的评定工作。在此基础上，全面负责学生的就业指导和派遣工作。

（2）担任专职干部应具备的条件

专职干部应主要从优秀毕业生或青年教师中精心选拔。负责学生教育管理工作的干部，必须满足以下条件：

①必须坚定不移地坚持四项基本原则，全心全意拥护党的路线、方针、政策，并在政治上同党中央保持高度一致。这一要求通常适用于中共党员。

②热心于学生的思想引导工作，深入理解和熟悉青年学生的成长需求，积极与群众建立紧密联系，作风端正，恪守原则，公正无私地处理事务，严格要求自己，树立为人师表的良好形象。

③需具备丰富的社会工作实践经验和出色的组织管理能力，能够清晰准确地表达思想，善于开展深入细致的调查研究，具备独立开展工作的能力。

④具备大学本科及以上文化程度，业务表现卓越。

2.教师指导学生责任制

教师在学生教育过程中担任着至关重要的角色。为了有效推进学生教育管理工作，必须充分调动和激发教师教书育人的积极性。除了要求所有教师在教育教学过程中展现出为人师表的典范作用，严格要求学生，并注重培养学生的思想品德素质外，实施教师指导学生责任制是提升教育质量的重要举措。这一制度要求部分教师在完成自身教学、科研任务的同时，兼任一个年级或班级的学生教育管理工作。指导教师包括年级主任、辅导员或班主任，以及研究生政治导师。

指导教师中的兼职辅导员或班主任可采用分段制管理模式，即一、二年级作为一个阶段，三、四年级作为另一个阶段；也可实施四年一贯制，确保教育教学的连贯性。针对人数达到或超过 120 人的年级，应配置年级主任，全面负责组织与协调年级内各项工作。对于人数未满 120 人的年级，则可根据实际情况，按专业或系别配备年级主任。年级主任在任职期间，应以学生教育管理工作为重心，同时也可适量承担教学、科研任务。关于研究生政治导师的配备，应依据与研究生人数 1：40 比例进行安排，并确保其待遇与业务导师相同。

为加强指导教师的管理与考核工作，学校特成立由人事处、宣传部、教师工作部门、学生工作部门和所在院系党总支共同组成的领导小组。领导小组将全面指导并监督指导教师的各项工作。人事处将负责制定并执行相关政策，将指导教师的工作表现与其出国、进修、晋升专业职务等利益挂钩。宣传部将负责指导教师的个人能力提升、评比先进、总结交流工作经验等工作。教师工作部门将负责制定并执行相关政策，将指导教师的工作表现与其教学工作量、课时酬金的发放挂钩。学生工作部门和系党总支将负责指导教师的具体工作指导与考核。

指导教师的选拔工作应由教研室严格负责，进行全面考察和精心挑选。经过系党总支和行政的双重审核，最终报请学校批准，并由学校正式颁发聘书。聘期设定为两年一期，鼓励连续聘任，除非遇到特殊情况并经学校批准，否则不得随意更换指导教师，以维护教学秩序和教学质量的稳定。

（1）指导教师的职责

①坚决贯彻落实党的教育方针，深刻认识加强学生思想品德教育管理的重要性和意义，以高度的自律和良好的师德师风，积极引导学生全面发展德、智、体各方面素质。

②承担指导学生团支部、班委会开展各类积极健康活动的责任，精心组织本年级（或班级）的政治学习活动、组织生活和班务会议。要切实做好日常的思想教育管理工作，确保学校各项教育管理计划、措施和制度在基层得到全面有效的贯彻和落实。

③承担本年级（或班级）学生的思想品德考核工作，负责评选三好学生、奖学金获得者、优秀学生干部，并依据相关政策推荐免试研究生，以及负责毕业生就业指导和服务。同时，对学生党员发展提出合理化建议和意见。

④引导并指导学生积极参与相关业务学习、课外科研实践及学术研讨交流等活动。

（2）担任指导教师应具备的条件

①坚定不移地遵循四项基本原则，全心全意忠诚于党的教育事业，秉持高尚品德，树立正直作风，以身作则，成为学生的楷模和表率。

②具备扎实的社会工作能力和丰富的思想教育管理经验，对待工作充满强烈的责任心和使命感。

③具备较高的学术素养，教学效果显著。在担任指导教师期间，承担本年级（或班级）一门专业课程的教学职责。

建立健全指导教师责任制，是激发教师积极参与学生思想教育管理工作的关键之举。当前多数教师承担着繁重的教学科研任务，且面临业务能力的提升与专业职务的晋升压力，加之学生工作投入大、见效周期长、工作难度大、时间耗费多等因素，导致许多教师对学生工作缺乏热情。这一现象成因复杂，既涉及教师个体认知与价值取向，也与学校相关政策支持不足有关。因此，必须从源头上端正办学方向，深化全体教师对加强德育教育的认识，同时，要制定切实可行的政策措施，为教师提供必要的支持与保障，解除其后顾之忧。只有充分调动和发挥教师的积极性、主动性和创造性，将培养学生良好的思想品德作为全体教师的自觉行动，才能开创高校学生工作的新局面。

3.学生自我教育与管理制度

在学校党委的全面领导下，结合大学生的个性特点以及未来社会对人才的需求，积极构建学生自我教育与管理机制。该机制在学校专职干部和教师的科学指导下，充分发挥学生干部的骨干作用，旨在全面规范并推进学生教育管理活动的制度化、规范化。

学生自我教育与管理制度体系涵盖多个方面，包括学生党团组织制度、学生会组织管理制度、学生社团及刊物管理制度、学生勤工俭学与社会实践管理制度、学生业余文化体育活动管理制度以及学生寝室管理制度等。这一制度体系是在专职干部的指导下，由学生团组织和学生会共同制定，并通过团组织和学生会的系统下达执行。同时，这一体系还注重检查、总结、修改与完善。在执行这一制度过程中，各系团总支（或分团委）和学生会应根据各自单位的实际情况，在不违背学校团组织和学生会制度原则的前提下，进行适当的调整。这种调整旨在完善学校制度体系，确保其更加贴近实际，更好地服务于学生的成长与发展。通过这一方式，学生自我教育与管理制度体系得以不断完善，为学生的全面发展提供有力保障。

（1）学生干部的职责

①学生干部所承担的各项社会工作，不仅是一项服务工作，更是学校重要的教育管理工作。他们应严格遵守党的路线、方针、政策，并在各自的职责范围内认真贯彻落实。

②学生干部在其职责范围内，应勇于担当，积极行使职权，坚决维护良好的校园风气，严厉打击不良行为，并旗帜鲜明地对歪风邪气进行批评，树立正气，引领积极向上的校园文化氛围。

③针对学生思想品德的考核、鉴定、评比三好、奖学金评定、入党、入

团、毕业就业等事项，需向专职干部、指导教师提出具体建议和意见。在此过程中，专职干部、指导教师及学校相关部门应高度重视并充分尊重学生干部的意见和建议。在加强对学生干部的指导与培养的同时，应大胆放手，充分信任并发挥学生干部在教育管理中的主体作用，使其成为推动学校工作的重要力量。

为了深入贯彻落实党的教育方针，全面提升学生的综合素质和社会责任感，应积极发挥学生的主动性和创造性。因此，要求学生干部原则上不得兼职，鼓励有条件的班级和系部实施干部轮换制度，使更多学生有机会参与社会工作实践，增强其实践能力和团队合作精神。

（2）学生干部的具体任职条件

①坚决拥护党的路线、方针、政策，不断提高政治觉悟，积极追求进步，努力推动个人在德、智、体各方面的全面发展。

②积极致力于为学生服务，勤勉务实，作风端正，深得学生信赖与尊重。

③学习态度端正，勤奋刻苦，成绩优良。

④校级和系级的主要学生干部，必须严格从所在班级的优秀学生中选拔产生。

⑤在负责相关工作时，应充分考虑学生的个人爱好与特长。此外，受到学校通报批评或更严厉处分的学生，以及学习成绩较差或存在不及格课程的学生，不宜担任学生干部。

（3）学生干部的产生与调整

①所有团支部、班委会及以上的学生干部，都必须经过全体会议或代表会议的民主选举流程。新生入学后的第一学期，需成立临时团支部和班委会。鉴于新生之间初期相互不熟悉的情况，学生干部的选定将由专职干部根据招生或档案的记载，并与指导教师充分协商后，进行临时指定。第一学期结束前，需按照民主选举的程序，重新进行学生干部的选举工作。此后，根据学生干部的工作表现及实际情况，每学年需进行一次改选工作。同时，允许学生干部连选连任。

②对于参与学校、系所相关单位与部门工作的各类学生工作人员，包括但不限于校刊编辑部、广播台、学生会等部门的成员，应采取规范的选聘机制进行挑选。在获得学生所在系所的专职干部及指导教师的审批与同意后，方可正式担任相应的社会工作职务。

③学生社团组织、社会实践及勤工俭学活动的负责人选任，应遵循民主原则，由学生群体自主选举产生。选举结果需分别上报至学校或系级团组织进行审批。在特殊情况下，经校、系团组织及学生会综合考量后，亦可直接指定相关负责人。

④学生干部的选举、增补、免职及调整等事宜，必须事先征得同级党组织的批准，同时依照管理权限向上级组织作出详细报告。整个过程中，应严格遵循民主集中制的原则，确保程序的公开、公平、公正，严禁擅自更改选举结果或任免干部。

（4）学生干部的培养与教育

①学校相关部门及校团委须在课余时间内，系统规划并开展学生干部培训工作。培训内容需涵盖理论学习、工作指导、经验分享以及形势分析等多方面。此举旨在有针对性地提升学生干部的思想认识和工作能力，强化其自我教育和管理效能。

②在寒暑假期间，各级教育机构务必高度重视并组织安排学生干部赴边远地区、工厂、农村等地进行深入的考察与参观活动。此举旨在让学生干部深入社会基层，全面了解社会实际情况，从而增强其社会责任感，丰富其社会阅历。对于专职干部和指导教师而言，他们在工作中必须对学生干部提出严格要求，并施以严谨、专业的培养方式。在指导学生干部时，既要细致入微，又要敢于放手，让学生干部在实践中锻炼成长，克服过度依赖或包办代替的倾向。只有这样，学生干部才能在实践中逐步成熟、不断进步。

（5）学生干部的考核与奖惩

①学生在社会工作方面的表现，应被详细记录在学生考核与鉴定环节中，对于他们在工作中所取得的成绩和实际能力水平，必须如实体现。这样一来，

在毕业生求职时，用人单位就能据此对学生进行全面评估。对于经过学生选举产生的干部，应在评选三好学生、奖学金等政策措施中给予适当肯定，并在学生入党、入团、毕业就业等关键时刻，作为全面衡量学生综合素质的重要依据之一。

②学校除了进行三好学生的评比之外，还应设立优秀学生干部的评选机制，优秀学生干部也有资格参与三好学生的评选，以体现其在学业和品德上的全面发展。

③对学生干部工作的考核工作，应主要由上级学生组织、学生专职干部以及指导教师共同参与、协同考察与全面评定。

④针对在工作中出现错误或因不负责任导致损失的学生干部，根据学校相关规定，若其不适宜继续履行职责，则必须按照既定程序进行免职或除名处理。

第三节 高校学生自我管理与民主管理

高校学生自我管理与民主管理，作为高校学生管理工作不可或缺的一环，对于提升管理效能、促进学生全面发展具有重要意义。这一管理模式注重激发学生的主体性与参与性，不仅有效补充和完善了传统学生管理体系，还因其独特的优越性受到了广大高校管理工作者的青睐。

一、高校学生自我管理

高校学生自我管理是指学生在学习和生活中自我主导和自我约束的过程，旨在培养他们的主人翁意识和独立自主品格。学生在实践中应根据学校的教育目标和培养要求，运用科学的管理方法，积极调动自身的主观能动性，不断锻炼和提升思维能力，规范个人的言行举止，并有效完善与调节自己的心理活动。在方法上，高校学生自我管理可以分为个体自我管理、集体自我管理和参与性自我管理三种形式。

（一）学生自我管理的特征

1.对象特征

学生自我管理体现了管理与被管理的和谐统一。与其他管理活动相比，学生自我管理具有鲜明的独特性。其他管理活动主要侧重于对他人或他物的管控，而学生自我管理则是一种特殊的活动形式，其中行为的发起者同时扮演着管理者和被管理者的角色。这种双重身份构成了学生自我管理的核心特征。实质上，学生自我管理旨在实现自我调节与控制，这是其本质所在。

2.过程特征

学生自我管理主要体现在自我认识、自我评价、自我控制以及自我完善这四个环节的紧密结合。在学生自我管理的实践过程中，从目标的设定到具体的组织实施，再到过程中的调节与控制，以及后续的不断完善，这四个环节都是相互融合、相互促进的。学生在全面认识社会、他人以及自我的基础上，合理规划自我发展方向，并在管理实践中不断进行自我评价与调整，最终确保目标的实现。这一过程并非简单的重复，而是在社会与个人的动态交互中实现螺旋式的上升与循环。

3.内容特征

学生自我管理的内容在不同时代具有不同的表现。个人的思想、知识和心理素质深受其所生活的特定社会环境的影响，这也反映了学生自我管理目标及其所承载的社会意义具有鲜明的社会、政治、经济和文化特质。在当今社会，学生自我管理的成长环境日益丰富。作为新时代的高校学子，他们应当秉持爱国之情和为民之心，不断追求真理的光芒，勇于面对挑战，发扬艰苦奋斗的精神，并乐于为社会进步贡献自己的力量。这种自我管理的理念不仅是个人成长的关键，也是社会进步的重要推动力量。

（二）学生自我管理的原则

学生自我管理的实施并非仅仅依赖于个人意愿和努力，而是必须在充分体现社会和学校需求的基础上进行。这意味着自我管理行为不仅需要符合社会道德规范，与学校培养目标高度契合，还必须融入社会管理和学校管理体系之中。学生自我管理具有独特的双重属性，既体现了个体的主体性和自主性，同时也受到外部社会环境和学校管理体制的制约和影响。因此，在实施学生自我管理时，除了遵循管理的基本规律外，还须遵循以下几个原则：

1.遵循自主自愿原则

学生自我管理作为学生自主推进的管理方式，涉及管理内容的制定、目标设定与实施，以及反馈和总结等各个环节，都应由学生主体自主策划和推进，确保行为的自觉性和意愿性。然而，自主自愿并不意味着无序放任。为确保自我管理朝着正确的方向发展，学生需要接受学生管理部门的科学指导和合理约束，以便在个人成长的同时，保持社会和学校的秩序与规范。尤其在集体自我管理的实践中，更需要吸纳全体学生参与，充分激发和调动每名学生的智慧和才能，促进共同目标的达成和学校文化的建设。这种全面参与和合作精神不仅能够培养学生的团队意识和领导能力，还能够加强学校社区的凝聚力和向心力，推动整体教育环境的良性发展。

2.深刻理解评价原则

在实施有效的自我管理之前，学生应当全面审视自我及其所处环境，包括班组、学校乃至整个社会的实际情况。参与是获取认知的必由之路，唯有通过积极的参与，学生方能形成更为全面且深入的认识。在自我管理的过程中，学生的政治素养、文化水平、心理素质、体能状况以及社会经验等内在因素构成了管理的基石。同时，班级和学校的现状、目标设定、任务分配、组织架构以及功能发挥等外部因素，以及国家政策导向、经济文化背景和社会行为规范等宏观环境，亦对自我管理产生着重要影响。因此，学生需要深入理解社会现实，客观评估自身条件，从而使自我管理更加贴合实际，达到事半功倍的效果。

3.遵循严密与松散相结合的原则

在集体自我管理的实践中，严密性体现为组织架构的稳固性、宗旨导向的明确性、规划和管理体系的科学性与可行性，以及核心团队的稳定性与高效能。而在个体自我管理的层面，严密性则要求目标设定清晰明确、计划制订周详完备、心态保持稳健平和。

与此同时，松散性作为严密性的有益补充，在保持集体自我管理严密性的基础上，为学生提供了在时间、地点、参与者、活动内容以及形式上的灵活选择空间，实现了辩证统一。

若缺乏明确的目标引领、稳定的组织架构支撑、严格的制度规范以及优秀的管理者引领，集体的共同利益将难以得到有效维护，教育目标亦将难以实现。因此，学生在自我管理的过程中，应当强化集体观念，自觉遵循并维护集体决策，积极履行集体职责，以确保自我管理始终沿着正确的方向稳步前行。

鉴于高校学生群体内部结构的多样性与复杂性特点，在确保集体利益与共同要求得到有效满足的前提下，应充分尊重学生的个性差异，积极促进其个性发展。同学间应相互尊重、相互学习，在团结协作中实现共同进步，共同推动集体自我管理的持续优化与发展。

（三）学生自我管理的作用

1.强化学生的自我管理能力对其健康成长具有积极的推动作用

青年学生正处于心理发展的关键时期，他们内心渴望外界的尊重与认可，对实现自我价值抱有强烈的愿望，并积极参与各类活动以丰富自我成长经历。而学生自我管理作为一种有效的方式，能够积极回应他们的心理需求，对于促进其心理健康的全面发展具有至关重要的作用。

学生心理的健康发展，不仅关乎个体成长，更是维护学校整体稳定与和谐的关键因素。然而，由于青年学生的世界观、人生观尚未成熟，他们在面对复杂多变的社会环境时，容易受到各种错误思想的侵蚀与影响。

为了有效应对这一挑战，除了学校、社会和家庭应提供必要的引导与教育外，学生自身也应积极加强理论学习和思想修养。通过自我管理的实践，不断提升个人的辨别能力和抵制错误思想的能力，从而确保自身在成长过程中能够坚定正确的价值观，实现健康、稳定的成长与发展。

2.强化学生的自我管理能力，对于增强其社会适应能力具有积极意义

我国当前的教育体系尽管取得了显著进步，但教育与实践之间仍存在一定的脱节现象。这导致部分学生在动手实践能力以及创新思维的培养上稍显不足。众所周知，学生终将走向社会，接受社会的全面考验。

随着人才需求的不断变化和升级，社会对学生的综合素质要求也日益提高，包括知识水平、知识结构、专业技能以及社会适应能力等。因此，学生

在校期间应当充分把握各类学习与实践机会，有针对性地提升自我管理能力，努力将所学知识与社会需求相结合。为此，学生应不断加强自我认识，提高自我评价和自我控制能力，通过持续的努力和自我完善，为未来的职业发展和社会融入奠定坚实的基础。

（四）学生自我管理的内容

学生自我管理的内容，源于时代对高校学子的殷切期望和历史所赋予的崇高使命。其核心要素，涵盖思想品质、业务能力和身心健康三个层面，彼此交织，相互影响，共同构成了一个辩证统一的有机整体。现就学生业务能力的自我管理进行简要阐述，具体内容如下：

1.必须树立科学的成才观念

学生的成才，并非仅仅依赖于其知识积累和智力水平，而更多地取决于其是否具备坚定的学习目标和持之以恒的奋斗精神。对于那些极端自私、过分追求个人利益，甚至将个人利益置于集体利益和国家利益之上的人，他们不仅难以真正成才，反而可能成为阻碍社会进步和发展的绊脚石。唯有那些心怀崇高理想和远大抱负的学生，才能够实现知识、智能、个人素质以及思想觉悟的全面发展；同时，只有那些将个人前途与国家命运、民族未来紧密相连的个体，方能在事业道路上取得卓越的成就和贡献。

2.深化对学习规律的理解，优化知识结构体系

学生作为学习的主体，其核心职责在于通过持续而深入的脑力劳动，逐步扩充知识储备，提升各项能力。要深入掌握学习的内在规律，从而不断完善自身的知识体系。课堂是学生学习与成长的主要阵地，其中预习、听讲、复习等环节构成了学生学习生活的核心组成部分，也是培养学生自我管理能力的重要途径。同时，学生应培养自主学习的能力。要获取全面的知识，书本知识与实践知识的结合是必不可少的。对于实践知识的获取，学生需要深入实际，积极参与社会实践，从社会的大课堂中汲取营养，不断积累和完善自己的知识体系。此外，学生还需要注重智能结构的完善与优化。智能，作

为智力和能力的综合体现，涵盖了观察、分析、解决问题等多个方面。观察力、记忆力、思维力、想象力和操作能力构成了智能结构的五大支柱。

（五）学生自我管理的途径

学生的自我管理，是在家庭、社会与学校共同营造的育人环境中，通过深入灌输管理理念、科学诱导行为模式、精心组织实践活动以及细致入微的具体指导，逐步构建起自我规划、自我调节、自我教育与自我提升的综合能力体系。鉴于人与社会环境交互作用的复杂性与动态性，学生在提升自我管理能力的道路上，需不断探索和尝试多样化的方法与策略，这些方法与策略相互关联，互为支撑，并随着时代的进步和社会的发展而不断创新和完善。

1.加强学校民主建设，促进学生的自我管理

学校民主建设的核心在于将广大教师与学生确立为学校的主人和学习的主体，这要求在学校内部倡导科学精神和民主原则，为他们提供参与管理的机会与平台。通过参与管理，师生能够感受到作为学校主人的责任和荣誉，从而激发出稳定且持久的自觉性和主动性。良好的学风和校风的形成不仅仅依赖于行政管理的强制力量，更需要群体的力量和无形之手的引导。因此，民主建设不仅是学校培养人才的重要前提和保障，也是营造良好校园环境的坚实基础。

近年来，我国高等学校的管理制度不断健全和完善，这些制度为学生明确了道德和行为的规范，为学校日常教育和管理提供了明确的指导。在思想教育和制度约束的双重作用下，广大学生积极调整自身思想和行为，逐渐将外部要求转化为内在动力，自觉遵守和维护相关规定，取得了显著成效。同时，高等学校的管理必须坚持民主原则，实现公开和平等。随着学生主体意识和平等意识的提升，学校管理工作必须更加公开透明，确保管理者与学生之间平等相待、真诚合作，以增进相互理解、尊重和信任。公开是提高管理工作透明度的关键，平等则是构建和谐校园的基础。

学校在管理实践中，务必致力于为学生打造一个深入了解政治知识、积

极参与政策研讨以及管理实践的优质平台与环境，以进一步拓宽和完善学生参与学校管理的渠道，从而充分发挥他们在管理工作中的积极效能。学生参与学校管理，不仅有助于增强其归属感与主人翁精神，更能汇聚集体智慧，促使决策更加科学化和合理化。此外，学生参与管理亦是激发学生主动性、培养其综合能力、强化学生与管理部门间联系的有效方式，对于提升学生的综合素养，实现民主管理的目标具有积极的推动作用。

作为管理的核心要素，人的思想、道德和知识素质的提升，对于完善学校民主管理具有举足轻重的地位。鉴于此，学校应当提高对思想政治教育课程的重视程度，充分发挥党团组织的核心引领作用，并积极调动管理者和教师的积极性与主动性。同时，鼓励学生积极参与教育改革，激发他们的自爱、自强精神，通过多样化的形式帮助学生深刻理解民主与集中、自由与纪律之间的辩证关系，从而增强他们的民主意识，树立正确的世界观和人生观。唯此，学生方能成为学校民主管理的坚实基石，为推动学校管理工作的持续健康发展注入源源不断的动力。

2.搞好学生组织的建设

学生组织，涵盖了校级、系级及班级等各个层级的学生会或班委会、团组织以及众多社团组织。这些组织作为实现学生自我教育、自我服务、自我管理的重要载体，在学校管理中发挥着不可或缺的重要作用，是确保学生管理工作高效、有序进行的坚实基石。

加强学生组织建设，务必对学生干部的选拔与培养工作予以高度重视。学生干部作为学生群体的一员，在受教育的同时，亦扮演着参与学校管理的重要角色。他们既是学校管理干部的得力助手，也是学生活动的积极组织者和基层组织的有效管理者。因此，选拔并培养一批素质优良、能力出众的学生干部，对于构建和谐稳定的学生集体、促进学生管理工作的有序进行具有重要的意义。

加强学生组织建设必须充分发挥其教育和管理的核心功能。作为学校系统的重要组成部分，学生组织建设旨在激发学生的内在潜力。在教育职能上，学生组织应组织学生学习理论知识、时事政治和业务知识，通过各种形式如演讲会、座谈会、报告会等，以及参观、访问、调查和劳动等活动，促进学生深入探讨核心关系如理想与现实、自由与纪律、民主与集中、权利与义务等。在正确的价值导向下，引导学生形成追求进步、关心集体、刻苦学习、勇于进取、遵守法律、崇尚道德的正确观念，塑造优良学风和文明环境。在管理职能上，学生组织需依托健全的管理制度，与教师和学校管理干部紧密配合，确保有效实施组织协调工作，提升管理效能。在服务层面，学生组织不仅要为学生提供服务，更要为学校的发展和建设贡献力量。

加强学生组织建设，必须优化管理体系，提升管理效率。管理方法是实现组织目标、完成工作任务的基础和保障。任何组织的成功都离不开科学有效的管理方法，缺乏合理的管理方法往往会导致事倍功半。反之，若管理方法得当，则事半功倍。因此，采用科学、合理的管理方法是提升工作效率的重要途径。在学生组织的自我管理中，亦应遵循这一原则。具体而言，制度管理法、榜样示范法、正面激励法以及民主管理法等，均是学生组织自我管理中不可或缺的重要组成部分。

3.加强社会实践活动，完善学生的自我管理

深化社会实践历练，必须强化教学流程中实践环节的自我监管。高校学子的核心任务是通过系统学习提升自身知识水平和综合素质。教学中的实践活动旨在帮助学生将理论知识转化为实际操作能力。学生只有牢固掌握本专业的基础知识、核心理论和基本技能，才能成为合格的学习者。因此，优化实践环节的管理成为学生自我提升的首要任务。每位学生都应根据专业特性和实践要求，积极参与实验、实习、调研和劳动等活动，勤奋学习，积极实践，深入思考，持续总结，努力提高知识掌握和应用能力。

为了深入推进社会实践活动，必须进一步强化校内外实践活动的自我管理。这些活动不仅是教学环节的重要拓展，也是培养学生兴趣爱好、特长和优势的有效途径。提升校内外实践活动的自我管理水平需要坚持以学生个人兴趣和专长为导向，推动社团活动的积极组织与参与；通过参与各

类竞赛活动培养学生的竞争意识和团队精神；利用假期时间进行深入的社会调查和服务活动，促进学生的全面发展；同时，必须完善管理制度，确保实践活动有序进行，消除管理上的混乱，提高活动的管理效能。

高校学生实现自我管理的路径与方法多样，但其管理成效离不开社会和学校的支持，同时也与个人努力与修养密切相关。有效的自我管理需要学校、家庭和社会共同教育与指导，这有助于学生树立崇高的理想，强化道德修养，积极学习和实践。只有将个人理想与社会需求紧密结合，以及将个人命运与祖国前途紧密相连，学生的自我管理才能取得显著成效。

二、高校学生民主管理

大学生在构建和维护和谐校园秩序中发挥着双重角色。他们既是推动建立良好校园秩序的主导力量，同时也是实现教育培养目标的重要载体。构建良好的校园秩序，其核心目的在于培养全面发展的人才。这一目标的达成，离不开大学生的积极参与和内在响应。只有激发大学生的主动性和创造性，引导他们自觉投身于校园秩序的维护与建设中，才能确保教育培养目标的顺利实现。

在社会主义制度下，公民身份赋予了人们既是社会管理的参与者，又是其受益者的双重角色。鉴于此，我国大学生在高等学府中积极参与民主管理，不仅体现了主客体的高度统一，更彰显了我国高等教育机构坚持社会主义方向的坚定立场。

（一）民主管理的概述

1.大学生民主管理

大学生民主管理，是在社会主义民主原则指导下，运用民主的形式与手段，充分激发和调动大学生的内在积极性与自主创新精神。

在学校行政管理人员的科学引领下，组织大学生积极参与学校的民主管理实践，旨在培养德、智、体全面发展的社会主义现代化建设所需的"四有"新人。在这一过程中，大学生参与民主管理必须坚持社会主义方向，这是管理工作的根本原则。若偏离了社会主义方向，管理便失去了目标和实际意义。因此，大学生民主管理采用的形式，应是民主集中制，这既体现了民主原则，又避免了无政府主义和极端民主化的倾向。

大学生民主管理作为高校管理体系的重要组成部分，是落实学生主体地位、推动学生自我管理和自我服务的重要途径。其基本职能在于参与和监督，旨在通过学校领导和教师的引导，使学生既能有效参与学校的行政管理，又能自主管理个人及集体事务。

2.大学生民主管理的必要性与可行性分析

校园秩序稳定与否，直接关系到大学生的学习与生活环境。为实现校园秩序的优化，学校的科学管理固然重要，但不可忽视大学生的参与和自我管理作用。若将建立良好校园秩序的任务完全交给学校，而忽视大学生的主体性和参与性，则难以达到理想效果。因此，激发大学生参与民主管理的热情，对于维护校园秩序至关重要。此外，引导大学生参与民主管理不仅能提升学校的管理效能，更能在实践中锻炼和提升他们的综合能力。此举不仅符合学校的教育培养目标，也是促进大学生全面发展的重要途径。

当代大学生具有较强的自主意识，对于外部的管理常常持有抵触心理。然而，从实践经验来看，这种所谓的"自主"在很大程度上表现出一定的随意性，缺乏学校的规范管理和科学引导，可能对他们的全面发展造成不利影响。值得一提的是，当代大学生具有强烈的参与意识，他们愿意通过参与管理活动来提升自己的综合素质和实践能力。因此，激发大学生参与民主管理的热情，不仅具有可行性，而且是十分必要的。

3.大学生参与民主管理的重要性

大学生作为新时代的青年力量，其参与民主管理不仅能在实践中深化对社会主义民主理念的理解，更能塑造其坚定的政治立场和正确的民主观念。这对于培养社会主义事业的合格接班人，维护社会的和谐稳定具有深远意义。

大学生参与民主管理，能够加强学校领导与广大学生之间的联系，为构建和谐的师生关系奠定坚实基础。同时，这也为学校领导提供了了解学生动态、改进工作方法的宝贵机会，从而推动学校工作的顺利开展。在此过程中，大学生还能通过实践锻炼提升自身的领导才能、管理能力和奉献精神，为党的建设和社会主义事业的发展储备优秀的后备力量。因此，大学生参与民主管理不仅是个人成长的需要，更是国家和社会发展的必然要求。

（二）民主管理的组织形式

1.学生民主管理的组织架构

在大学生组织中，共青团组织和学生会组织扮演着举足轻重的角色，它们是学生参与民主管理的组织形式。共青团是中国共产党领导的先进青年的群众组织；而学生会则是大学生的核心组织。尽管两者在各自的目标和职责上存在差异，但它们在构建和谐校园秩序、培育社会主义建设者的共同目标上是一致的。共青团组织和学生会组织均需在学校党委和行政管理系统的指导下开展活动。这两个组织并非独立于学校党政领导之外，因此不能单独被界定为自我管理组织。班级组织和团支部组织是学校民主管理的基石，激发这些组织中大学生的民主管理热情，并不断完善民主管理制度，对于维护良好的校园秩序具有重要意义。

2.学生介入学校管理系统参与学生管理的形式

学生参与学校管理系统的形式，是一种积极有效的学生管理方式。具体而言，通过学生代表参与学生管理相关会议，积极反映和传达学生的意见与诉求，以实现学生参与学校管理的目的。例如，部分高校已实施聘请学生代表担任行政领导干部助理的举措，这既是学生参与学校管理的一种具体形式，也是推动学校与学生之间沟通与交流的重要途径。

3.建立专业化的学生民主管理组织

例如，部分学校已经建立了学生宿舍管理委员会、伙食管理委员会、卫生管理委员会、治安保卫管理委员会以及纪律管理委员会等。这些组织在行政管理部门的指导和支持下，充分发挥学生的主体作用，自主处理或协助学校解决相关问题。然而，需要注意的是，这些组织在开展工作时，必须严格遵守学校的规章制度，不得擅自制定与学校制度相抵触的管理规定。

（三）民主管理的原则

大学生参与民主管理，应遵循如下几项基本原则：

1.坚守导向原则

民主管理的核心在于引导其沿着正确的方向前进，即坚定维护四项基本原则，坚决抵制资产阶级自由化，严格遵守国家法律法规以及学校的各项纪律和规章制度，全面贯彻党的教育方针，积极倡导和践行正确的道德观念。唯有如此，方能确保民主管理不偏离正确轨道，同时有效培育学生形成遵纪守法、恪守规矩的良好风尚。

2.坚持自主与尊重相结合的原则

在推进民主管理的过程中，必须充分调动学生的积极性，充分发挥学生的主体作用，培养他们的自主意识，减少对其过度依赖。同时，要充分信任并尊重学生在原则范围内的自主决策，即便出现错误，也应通过启发引导的方式，帮助他们自我纠正，避免伤害其自尊心。作为管理者，应强化领导职责，提供及时有效的指导，并尽可能避免代替学生做出决策，确保学生在民主管理实践中能够站在前台，发挥积极作用。

3.引导性原则

在实际管理工作中，有些看似简单的问题，对于大学生而言可能会引发深入的探讨与争议。这主要是由于他们缺乏实际工作经验，对问题的理解不够全面。因此，管理人员在指导过程中，应当遵循引导性原则，避免直接给出答案或简单下结论。相反，管理人员应当通过适当的启发和引导，让学生自行思考、分析和解决问题，从而培养学生的实践能力和创新思维。

4.坚持充分讨论的原则

民主管理相较于指令性管理而言，其复杂程度显著增加，涉及的问题往往需要经过反复、深入的探讨，这必然会耗费大量的时间。然而，只要能秉持严谨负责的态度，深入讨论，充分交流，这些投入的时间必将转化为宝贵的成果，为民主决策提供坚实的基础。

5.容错原则

民主制度在其实施过程中，不可避免地会伴随着错误的产生，因为多数决策原则往往以多数人的意见为主，而真理有时却掌握在少数人手中。因此，要求学生在民主管理的实践中完全不犯错误是不切实际的。实际上，有时正是通过错误，才能获得更深刻的学习和成长。重要的是，一旦犯了错误，学生和管理干部都应展现出勇于承担责任的勇气，并积极采取措施进行改正。这样，不仅能够纠正错误，还能够培养敢于面对和解决问题的责任感。

6.民主程序原则

在推进民主管理的过程中，必须严格遵循民主管理的程序规范。唯有如此，方能切实激发学生参与民主管理的热情，培养其民主精神，并增强其法治意识。

（四）民主管理的教育和引导

为了充分激发大学生参与民主管理的热情与活力，必须深化对他们的教育与引导工作。具体而言，应着重从以下四个方面着手：

1.必须接受充分的社会主义民主理论教育

大学生通常实践经验不足，存在诸多模糊认识。因此，在参与民主管理的过程中，若未能接受充分的社会主义民主理论教育，可能会导致行动方向出现偏差。

2.必须强化民主管理中的责任意识教育

参与学校民主管理，不仅是大学生的义务，更是其权利。无论是履行义务还是行使权利，都需要正确的责任意识作为指导。履行义务本身就是一种责任，行使权利同样伴随着责任。这种责任的核心，在于实现学校对学生的培养目标。责任意识的强弱，直接关系到民主管理的效能，二者呈现正比关系。

3.必须着重培育学生干部的优良作风

在管理实践中，须着重培育学生干部的优良作风。这包括培养他们密切联系群众的民主作风，积极践行批评与自我批评的作风，保持谦虚谨慎、戒骄戒躁的态度，以及树立勤俭节约、艰苦奋斗的作风。学生干部自身的良好作风，将对学生群体产生深远且积极的教育影响。

4.必须全力支持和积极引导学生参与民主管理工作

针对参与民主管理的学生，应当在坚守为人民服务宗旨的基础上，根据其担负的不同职责，给予相应的物质保障和精神鼓励。必须高度重视对他们的个别化教育和帮助，以诚挚、热情、耐心的态度协助他们解决在生活、学习和工作中遇到的实际问题，帮助他们归纳和汲取工作中的经验教训。同时，还需关注他们在工作中的思想和认识问题，并及时给予指导和帮助。要与学生建立真挚的友谊，保持紧密的联系，培养深厚的感情，将培养爱护学生干部与培养党的积极分子紧密结合，共同推进。

（五）民主管理的应有作用

1.加强学生责任意识、纪律观念和法治精神的培育

众多学校采取发动全体学生参与民主讨论的方式，对管理制度进行修订与完善。修订后的条文将提交全校学生或学生代表大会进行投票表决，最终由校长批准后实施。这一讨论过程不仅是一个集思广益的过程，更是一个深入学习和自我教育的过程。学生在参与讨论的过程中，必然会认真对待，为将来的执行做好充分准备。因此，通过此种方式，学生的责任意识、纪律观念和法治精神得到了有效的培养与提升。

2.加强学生自律精神的培养

通过激发学生的积极主动性，引导他们在日常生活和学习中参与管理，不仅能够提升管理效能，还能有效培养学生的自律意识和自主管理能力。

3.加强学生公平诚信意识的培养

在每个学习阶段结束后，都需要开展诸多重要工作，如评定奖学金、评选优秀学生和学生干部、毕业鉴定等。在此过程中，应积极引导学生参与民主讨论，通过实践锻炼学生的公平诚信品质。

4.加强学生社会主义民主意识和民主精神的培养

在坚决维护四项基本原则的基础上，对学生组织的活动应给予充分的信任与自主权，鼓励学生自主策划与组织各类活动，确保日常工作在民主程序的规范下有序进行。

三、高校学生社团活动的管理

学生社团系本校学生在自愿原则基础上，经学校正式批准组织的群众性质团体。近年来，随着社团组织的蓬勃发展，社团活动已逐渐演变为学生课外活动不可或缺的重要组成部分。因此，对学生社团活动的规范管理，不仅关乎学生个体的自我管理能力提升，更是实现学生民主管理的重要一环。

（一）学生社团的发展和作用

1.学生社团的发展

学生社团在我国的发展历程源远流长。自近代中国新式高等学府诞生以来，学生社团便伴随着时代的步伐不断发展壮大。进入当代，我国的高等学府中，学生社团组织如雨后春笋般迅速崛起，不仅在数量上呈现出快速增长的态势，而且在活动范围和参与人数上也远超以往任何历史时期。如今，社团活动已然成为大学生课外活动不可或缺的重要组成部分。

经过对当前高校学生社团组织的综合分析，可以依据活动性质将其划分为以下几大类：首先是兴趣型社团，这些社团是基于学生的共同兴趣爱好而自发组成的，如桥牌协会、文学社、书法社等。其次是学术型社团，这类社团以专业学习、研究和交流为主要目的，如经济管理协会、科学技术协会等。

再次是服务型社团，这些社团主要以科技、文化服务和劳务服务为主要内容，如各类科技、文化中心。除此之外，还有在学校组织或直接指导下开展活动的文化型社团，如文艺社团、乐团等。最后，还有新闻型社团，如学生通讯社、记者站等。

2.学生社团的作用

学生社团组织，作为学生自我管理、自我教育的关键载体，对于促进学生全面发展具有重要意义。社团组织无论类型如何，都应在学生自我管理和自我教育中发挥作用。社团组织通过精心策划和组织各类活动，将志趣相投的学生紧密联系在一起，不仅充实了学生的课余生活，拓宽了他们的视野，还加强了同学间的情感联结，培养了集体意识和协作精神，进一步提升了学生的实践能力。多样化的社团组织能够吸引具有不同兴趣爱好的学生积极参与，激发各层次学生的学习热情，助力他们在个人成长的道路上不断前进与发展。

此外，社团组织类型各异，各自发挥着独特的作用。例如，学术型社团组织在激发学生学习热情、培养主动探究精神方面起着至关重要的推动作用；兴趣型社团则能丰富学生课余生活，陶冶情操，提升学生文明素质；服务型社团则帮助学生树立正确的劳动和群众观念，增强对国情民情的了解，从而强化社会责任感和历史使命感。而文化型和新闻型社团，因其高度的专业性，在对学生进行专业训练方面发挥着举足轻重的作用。

然而，也必须正视学生社团活动中可能存在的问题。若管理不善，部分学生社团有可能被不良组织利用，进而对学生的健康成长产生负面影响。这也告诉管理者，加强对学生社团活动的引导和管理显得尤为重要。

（二）学生社团的申请、成立和解散

1.学生社团申请的基本条件

学生社团并非一般意义上的社会团体。它特指由本校学生基于共同兴趣和爱好，自愿发起并组织的群众性团体。在申请成立社团时，学生须遵循自愿原则，并满足以下基本条件：

（1）社团章程的存在是社团运营的基石。该章程必须清晰界定社团的宗旨及活动目的，确保所有活动均符合社会主义核心价值观，促进学生全面发展。任何学生社团，均须坚决拥护四项基本原则，严禁开展损害学生身心健康的活动。社团章程的制定，必须经过社团全体成员的深入讨论，确保其内容合法合规，符合社团发展的实际需求。

（2）精确界定社团活动的内容、实施方式及时间安排，同时明确社团成员的吸纳与调整机制。社团活动内容必须紧密围绕社团宗旨及活动目标，侧重于丰富和拓展课堂知识，激发课外生活活力。社团活动的开展应严格遵循课余时间原则，确保不影响社团成员的学业进度。在社团成员的吸纳与调整过程中，应建立明确的规章制度和操作程序，坚决杜绝个人主观臆断和擅作主张的行为。

（3）建立相应的组织领导架构，并明确社团筹备阶段的负责人。学生社团的组织机构与领导架构应以方便组织与实施活动为设立基准，力求精简高效，避免机构设置过于烦琐和庞大。同时，必须坚持民主集中制的组织原则。在社团筹备阶段，必须指定临时负责人，确保筹备工作的顺利进行。社团一经正式批准成立，应通过民主选举或协商的方式产生正式负责人。社团负责人须满足以下基本条件：政治立场坚定，勤奋好学，对本社团业务领域有深入了解，热心参与社会工作，并具备一定的组织领导能力。对于专业性较强的学习社团，还应聘请专业教师进行政治方向和业务指导。

（4）关于活动经费，应确保来源可靠，并制定相应管理办法。在社团成员同意且有能力承担的前提下，学生社团可规定成员一次或定期缴纳适量会费。同时，社团也可采取合法途径筹集部分经费。无论经费来源如何，必须设立专门机制、机构或专人负责经费管理，并定期向社团成员公示收支情况，以确保透明度和规范性。

2.学生社团的成立

（1）申请成立学生社团的流程。在筹建学生社团的过程中，若各项条件均符合前述四项基本要求，则可启动正式申请成立程序。在此过程中，必须提交一份正式的书面申请。

正式提交的书面申请，必须严格遵循以下规范内容：首先，明确阐述申请成立该社团的深层次原因及理由；其次，需给出拟成立社团的正式名称；再次，详细列出社团的章程及核心宗旨；此外，还需清晰说明社团的规模、现有成员数量、计划开展的活动内容及其具体形式、社团筹备负责人的基本情况；最后，务必明确社团的活动经费来源及相应的管理办法。此申请在正式提交之前，必须经过集体深入讨论并通过。随后，由社团筹备负责人按照既定程序，递交至学校的相关职能部门，并需向相关部门详细解释申请内容。若学校在现阶段尚未明确学生社团的审批部门，申请人可将正式书面申请提交至与社团活动内容紧密相关的学校部门。

（2）在对学生社团成立申请进行审批前，必须严格审查其正式提交的书面申请材料，并开展必要的实地调查和深入了解。学校相关部门在做出批准或不批准的决定后，必须及时发出书面通知，并明确告知社团筹备负责人。对于批准成立的社团，学校有关部门应明确指定其主管部门，并在必要时安排辅导教师负责指导。对于未获批准的社团，学校有关部门应做好充分的解释工作，确保相关方面能够理解和接受决定。

经过学校相关职能部门的正式审批，学生社团方可正式成立并开展相关活动。对于未经审批的社团，不得擅自成立或进行任何形式的活动。此外，需要特别强调的是：那些跨学校、跨地区、面向社会的团体，并不属于学校社团的范畴。对于学生申请成立此类社会团体的，必须严格遵循我国民政部公布的《社会团体登记管理条例》的相关规定进行办理，学校对此类申请不具备受理权限。

3.学生社团的解散

（1）学生社团的自主终止活动。鉴于学生群体的流动性较大，社团成员构成经常发生变化，这往往会导致社团活动的停滞，甚至社团组织自主解散。当社团决定自主解散时，必须及时向批准其成立的上级部门提交报告，并严格依规处理剩余经费和物资。对于属于个人的财产，应如数归还给本人；其他剩余部分，须按规定上缴至学校相关部门。

（2）学生社团的强制解散问题。学生社团在组织和开展活动时，必须严格遵循国家法律和相关规定。若社团在运作过程中出现了违反宪法、法律及相关法规的行为，且已产生了严重的社会影响，或对学生身心健康造成了严重损害，或严重干扰了学校的正常教学秩序，再或是社团的活动与其宗旨严重偏离，且经学校有关部门多次劝告仍拒不改正，那么学校有关部门将有权责令该社团立即停止一切活动，并对其进行强制解散。同时，对于社团的负责人及直接责任人，学校将依照相关规定，给予严肃处理。

（三）学生社团的活动和管理

1.学生社团活动的基本原则

（1）学生社团必须坚决服从学校的领导和管理，所有社团活动均须严格遵守国家法律法规和学校的规章制度。学校的相关职能部门以及学生社团的主管部门，将代表学校统一负责学生社团的管理工作，并对学生进行必要的政治引导。学生社团应积极主动争取并自觉接受学校的领导和管理，坚决杜绝任何游离于学校领导和管理之外的学生社团组织和活动。

学生社团的各项活动务必严格遵守我国宪法、法律及学校的规章制度，确保在不影响学生完成规定学习计划的前提下进行。学生社团组织要充分发挥自我管理、自我教育的职能，引导社团成员严格遵循宪法、法律及学校规定，形成良好的纪律观念。此外，学生社团活动必须紧密围绕社团的宗旨展开，坚决杜绝与社团宗旨相悖的活动，确保每项活动都能体现社团的核心价值和目标。

（2）学生社团如需邀请校外人员参与学校的社会政治活动或学术活动，必须事先得到学校的批准。邀请有关专家、学者及知名人士到学校发表演讲、参与座谈以及开展其他形式的社会政治活动，对于提升学生社团成员的素质、丰富社团活动内涵具有积极意义。然而，为了维护学校的正常秩序和管理，学生社团组织或个人必须严格按照规定程序进行邀请，不得擅自邀请校外人员来校参与相关活动。

各学生社团组织及个人，在计划邀请校外人员（含外籍人员）来校举办学术讲座、发表演说、参与座谈及讨论等活动时，必须事先经过学校的正式批准。组织者须在活动前三天内向学校相关部门提交书面申请，详细阐述活动的内容、报告人身份及活动负责人的姓名。学校相关部门应在活动计划举行的四小时前，向组织者明确传达是否批准的决定。所有讲座、报告等社会政治活动和学术活动，必须坚决维护我国宪法所确立的根本制度的尊严，不得有任何损害国家利益的言行，同时也不得干扰学校正常的教学、科研和生活秩序。对于违反上述规定的活动组织者，学校将依据校纪校规，视情节轻重给予相应处理。对于已经开始的违规活动，学校相关部门有权责令其立即停止进行。

（3）学生社团若欲创办校内报刊，必须事先获得学校的正式批准。学生社团根据实际需求，可在校内创办报刊，但报刊的内容必须严格遵循本社团的宗旨和定位。在报刊正式创刊之前，社团须向学校相关部门提交详细的申请，明确阐述办刊宗旨、登载内容、出版周期、经费来源以及编辑团队组成等关键信息。未经学校相关部门的正式批准，学生社团不得擅自印刷、散发或张贴自办报刊。

校内报刊的出版工作，应当由学生社团高度负责，严格筛选稿件内容，力求准确无误，特别是要杜绝任何政治性错误。为确保出版质量，各学生社团应主动争取相关主管部门的指导和支持，对报刊内容进行严格把关。报刊的每期出版，必须注明已经得到学校相关部门的批准，并附上相应的批准号。若报刊决定停刊，应及时向原批准部门报告，并办理相关手续。鉴于学生在校期间的主要任务是学习，不鼓励学生创办面向校外的报刊。若确有需要创办面向校外的报刊，必须严格按照国家有关规定，报经政府相关部门批准，并接受其指导和管理。

2.学生社团活动的管理

学生社团活动作为校园文化的重要组成部分，吸引了广大学生的积极参与，其涉及领域广泛，形式多样。学生社团种类繁多，涵盖了娱乐性、学术性、政治性等多个方面，既有正式合法的社团组织，也存在非正式和非法的社团活动。这种情况无疑增加了学生社团管理的复杂性和难度，同时也对学生社团管理工作提出了更高的要求。

（1）学生社团的管理

首先，学校必须强化对学生社团管理工作的领导，确保此项工作严格按照政策要求进行。针对当前学生社团的实际情况及未来发展态势，学校需根据社团的不同类型，明确相应的归口管理部门，并指派或配置足够的管理人员负责社团组织、讲座及报刊的审核、批准和管理等各项事务。此外，学校党政领导应亲自挂帅，深入研讨并制定关于学生社团管理的重要政策和措施，对涉及面广、影响重大的社团组织或个人问题，要亲自把关处理，确保学生社团健康有序发展。

其次，必须加强对社团发展路径的指引。必须助力学生社团确立并坚持正确的发展路径，特别是教育和引导各类社团坚守正确的政治立场。普遍而言，针对学术型和专业性较为突出的学生社团，应选派相应的教师或管理人员进行业务指导，并同步进行政治立场的引导。对于政治性较强的社团，必须给予特别的关注和扶持。应选派政治立场坚定、政治理论水平较高的领导干部和教师担任这类社团的指导教师，确保其在政治方向、活动内容以及活动形式等方面始终与党的路线方针政策保持一致，不发生任何偏离。

最后，须加大对社团负责人的培养与教育力度。社团负责人作为学生群体的中坚力量，其政治立场与道德品质对社团的健康发展具有至关重要的影响。因此，必须将社团负责人纳入学生积极分子队伍之中，积极组织他们参与业余党校、团校以及党章学习小组等学习活动。通过这些学习平台，引导他们深入学习马克思主义理论，提升政治觉悟和思想理论水平，进而增强他们的组织领导能力。同时，还需与社团负责人保持密切沟通，及时了解社团活动情况，协助他们解决在社团活动中遇到的问题，确保社团能够沿着正确的方向健康发展。

（2）非法组织和非法刊物的管理

非法组织和非法刊物，系指那些公然违反我国宪法和法律，背离四项基本原则的组织和出版物。从广义上讲，任何未经合法程序申报并获批准，或其所进行的活动、发布的内容与国家法律法规相悖的组织和刊物，均应被视作非法组织和非法刊物。针对此类非法组织和非法刊物，必须采取果断措施进行整顿，甚至坚决予以取缔，以维护社会秩序和法律法规的严肃性。

在我国社会主义革命与建设的历史进程中，特别是在改革开放的伟大实践中，社会上和高等学府内曾一度涌现出非法组织与非法刊物的非法活动。这些活动不仅对高校的正常秩序构成严重威胁，更对整个社会的稳定与和谐造成了极大冲击，对正在深入推进的建设与改革事业形成了不小的阻碍。因此，高校管理工作者在负责社团管理工作的同时，必须高度警惕非法组织与非法刊物的存在，坚决不允许其以任何形式开展活动，包括但不限于组织联合、印刷出版等。一旦发现非法组织与非法刊物，必须立即制止其活动，并配合有关部门依法予以取缔。对于涉及其中的成员，应根据具体情况，给予相应的处理。

第八章　高校大学生管理的内涵及外延

随着我国社会主义市场经济体制的不断完善，我国高等教育事业呈现出快速发展的态势，高等教育体制改革也逐步深入。在这一背景下，学生的思想观念逐渐呈现出复杂多变的特点，对高校学生的管理工作提出了新的挑战。

第一节　高校学生管理模式的概念及分类

一、高校学生社区管理

随着我国高等教育改革的持续深化，以寝室为核心的学生社区在学校管理体系中的地位逐渐凸显。学生社区（以下简称为学区）是社区理念在校园管理领域的具体体现。它不仅是大学生在校期间的学习、生活和休息的核心场所，更承载着重要的教育功能。

从社会学的角度来看，社区具有双重属性。首先，它是一个地域性的存在，居民的共同居住是其基本特征。其次，社区的实质是人的聚居与互动，这体现了社区的文化功能。

在高校环境中，学区指的是学校内所有寝室及其周边环境（如学生公寓）的总和。这些环境不仅为学生提供了基本的居住条件，更在潜移默化中发挥着重要的育人作用。

（一）高校学区管理的内涵

高校学区管理，其内涵主要涵盖两大方面。其一，关于区域环境，具体而言，学区不仅是校园内的一个地理分区，构成了校园的区域组成，同时也是学生的居住区。其二，从文化功能的角度来看，学区同样扮演着至关重要的角色。学区作为学校管理的一个重要组成部分，从社会组成结构的角度来看，它是构成学校管理结构的关键要素之一。学校与学区之间存在一定的隶属关系。

在全面推行学分制的背景下，学生群体间的专业、班级乃至年级的界限逐渐淡化，学生居住区作为学生生活的重要场所，其地位日益凸显。这一变化旨在满足学生以居民身份与学校及相关社会机构进行深入交流的需求。学区的文化功能越发显著，与人文环境及居民生活的融合度不断提升，已成为社区居民接受文化教育的重要场所。同时，学区在文化传承方面肩负着更为重要的责任，须确保"文化服务于教育，教育服务于学生"，以更加明确目标和内容导向。

高校学区的核心职责在于将学区塑造成为高校德育工作不可或缺的环节。其核心使命在于为未来社会塑造具备社会责任感和适应能力的合格公民，尤其是那些能与社区和谐共处的居民。社会的进步，最终依赖于人的全面发展，包括人的意识与能力的现代化。作为社会的基本构成单元，社区的现代化进程与其居民，即社区成员意识的现代化紧密相连。因此，培养具备社会意识的现代人已成为现代教育体系的重要职责。学区，作为社区的一种特殊形态，要求其居住者，特别是以学生为主体的群体，能够秉持社区理念，积极参与社区事务。从这一视角出发，学区的任务在于向居住其中的不同年龄、性别、背景和专业的学生灌输现代社区意识，以培养他们成为积极参与社区事务、能够适应并推动未来居住环境发展的合格居民。

由此，可以明确，学区作为一种特殊形态的社区，与学校紧密相连，由定期流动的学生及相关管理人员共同构成。它不仅承载着必要的物质功能，更应发挥独特的育人功能。学区不仅具备明确的区域含义，更是一个动态的空间，需要社区成员尤其是学生的积极参与，依托其创新精神，实现育人目标。学区一词同样承载着深厚的情感色彩，成为学生对物质环境产生归属感的源泉。在同一学区内，学生间的关系建立在相互依存、互惠互利的基础之上，这种关系自愿、理性，并通过自主参与得以实现。

（二）高校学区管理产生的背景

1.我国高等教育现代化和国际化发展趋势需要一种符合高校学生教育管理的新模式

高校扩招导致后勤设施不足，为解决这个问题，我国高校采用国外高校后勤社会化的管理体制，通过引进社会资金、集资联建或贷款与集资结合，大力兴建学生公寓，推行后勤社会化管理，解决了学生住宿、餐饮、娱乐等问题。然而，后勤社会化导致高校管理出现"二元化"，即传统的教学行政管理与大学生的生活社会化管理并存于"两个体系"中。高校学生工作面临的挑战是如何将这两个体系融合，实现对学生人格教育的统一。

2.我国高等教育改革和发展不断深化需要改革传统管理模式

鉴于当前高等教育改革与发展的实际情况，特别是高校学分制改革的不断深化，传统的班级概念正在逐步淡化，原先以班级作为思想政治教育的基本组织形式和主要工作渠道的格局正在发生变化。社区正逐渐演变成为大学生学习、生活的重要场所。同时，高校后勤服务社会化进程的加快，对学区的环境氛围、文化设施以及管理服务的质量等方面提出了更高要求。此外，社区管理模式的选择也成了一个亟待解决的问题。因此，高校社区化管理成为当前讨论的热点议题。

3.适应学生群体特征，加强和深化高校思想政治工作，需要一种更切合实际、富有实效的教育管理新模式

高校学生思想政治工作者，需紧密围绕新形势新任务，灵活调整工作策略，积极应对挑战。面对高等教育现代化、国际化的趋势，特别是教育教学

改革的深入推进，高校改革向纵深发展，必须坚定社会主义办学方向，不断加强党建与思想政治工作，以及日常教育管理工作。要紧跟时代步伐，勇于创新，努力探索符合形势发展和高校实际的学生教育管理新路径。

二、高校学生社区化管理的理性思考

（一）社区化管理面临着机遇和挑战

1.高校内部机构关系和运作方式欠科学和完善

高校内部机构关系和运作方式尚欠科学和完善，因此，要建立健全教育、教学、招生就业三大平台之间的协调机制，确保它们之间形成有机衔接、相互促进的良好关系；同时要深入研究和妥善处理教学管理与教育管理、社会化服务管理及教育教学管理之间的内在联系，促进各项管理工作的协调配合；此外，还需科学分析和合理分配学生教育管理平台内部机构间的权重，确保各项工作的均衡发展和高效运作。

2.学生社区化管理缺乏深入系统的研究

对于实施学生社区化管理的后续问题，尚未给予足够的重视和深入研究，前瞻性理论探索相对较少。例如，随着改革的持续深化，政治、经济、社会、文化、教育等各个领域都将迎来众多新的变革。面对这些变革，学区管理应如何适应，尚缺乏深入系统的研究。

3.学区的价值亟须提升

亟须加强学区的价值提升，确保其在学校组织架构、运作机制、社会效益及育人环节中发挥更加显著的作用与影响力。

4.学区管理标准不统一

在跨地区（市）高等教育园区和同地区（市）多所学校集聚的高等教育园区中，存在学区管理标准不一的现象。这一现象可能引发管理上的漏洞，进而滋生不稳定因素，对整体稳定局面构成潜在威胁。

（二）社区化管理的对策

1.借鉴国内外高校学生教育管理模式，不断加强实践探索和理论创新

传统观念下，学生工作往往未能充分重视寝室在育人工作中的重要作用，将其仅仅视为物质空间而非教育环境。因此，在实际工作中，过于关注寝室生活环境的维护，却未能主动发掘寝室作为学校育人环境的重要组成部分所应发挥的积极功能。工作视野也局限于单个寝室，未能将寝室所组成的学区纳入整体考虑，从而忽视了学区在育人工作中的潜在价值。

在高等学府的教育体系中，学生的专业教育任务主要由各教学单位承担，而学生的思想政治工作则由学校和学院的相关机构负责执行。至于满足学生的物质生活需求，则由后勤部门提供相应的保障措施。然而，目前尚缺乏一个专门的组织来承担对学生进行未来生活训练、培养其遵守社会规范以及树立社区意识的职责，这在一定程度上反映出大学教育在此方面的疏忽与不足。

鉴于此种情况，建立大学生社区并不断完善学区管理，不仅是完善高校育人职能、优化育人环境的必要举措，更是当前高校学生工作中亟待解决的关键问题之一。因此，我们应当自觉地将学区建设纳入学生管理工作的整体框架之中，并赋予其应有的重视和地位，以充分发挥学区在培养具备现代公民素质方面的育人功能，从而为学生的全面发展奠定坚实基础。

因此，必须深入贯彻开放办教育的理念，不断加强理论建设与创新，持续增强学习意识与开放观念。高校学生社区化管理的推进，需要改革者具备开放的观念和博大的胸怀，通过不断的比较，发现自身的不足，自觉主动地探索理论，积极准备改革所需的各项条件。同时，我们还应积极倡导各高校之间的交流与合作，相互学习，共同进步，在实践中不断积累宝贵的经验。更重要的是，我们必须夯实理论基础，不断加强理论建设创新，为高校学生社区化管理的深入发展贡献智慧和力量。

2.完善运行体系、解决机制问题是社区化管理的关键所在

机制是软件的核心，构建良好的学区需要完善三大机制：运行机制、志

愿者参与机制和内部激励机制。

学区的运行机制，作为确保其正常运作的基石，旨在通过有效利用社区公共设施和相关资源，致力于满足多元化的服务需求。在此过程中，学区不仅注重服务质量的持续提升，亦致力于合理控制运营成本，以保障服务的持续再生产能力，从而形成稳定且周期性的运行进程。这一机制深刻体现了学区的非营利性特质，同时也彰显了其自我服务与自我调节的核心功能。确保该机制的健康运转，关键在于不断提升服务质量，这不仅是塑造学区良好形象的根本所在，更是其存在价值与必要性的有力证明。

在塑造社区人文生态环境的过程中，学区志愿者的参与机制具有深远的社会文化意义。通过构建一支数量适当、素质优良的志愿者队伍，不仅展现了管理智慧，也彰显了对社区文化的重视和支持。志愿者不仅是社区精神内核的重要体现，更通过实际行动积极投身于社区事务，成为推动社区发展的关键力量。在学区中，志愿者的行为对于构建以人为本、倡导文明互助、促进全员参与的和谐学区至关重要。他们的参与不仅促进了社区内部的凝聚力和团结意识，还为社区成员提供了实际的服务与支持。志愿者通过志愿服务，不仅帮助社区解决了实际问题，也为学生树立了积极向上的榜样，激励更多人加入社区建设和发展中来。

学区的内部激励机制是其成功的关键。非营利性组织通常追求居民满意和社会认可，这是其动力来源。市场经济下，为社区付出的人会得到尊重。此外，个人通过社区职能解决社区矛盾，也能解决个人问题。一个成熟的学区通过公开透明的方式，让工作者展现自己的努力和成绩，从而推动改进工作，完善自我，这就是内部激励机制。

3.教育管理结构和管、教关系的调整和平衡

学生社区建设作为系统工程，势必要对既有学生社区管理架构进行调整，科学平衡教育与管理的关系。首要之务是依据高校实际，对学生工作进行结构性优化，并确立完备的规章制度体系。解决这些问题的根本在于妥善处理管理载体、教育平台、育人方式等多元化问题，这些任务头绪繁多，且缺乏

成熟经验可供参考，因此面临的挑战与难度均不容忽视。然而，以结构调整作为突破口，是一条切实可行的路径。具体工作中，需妥善处理以下关系：

一是学区与总管理委员会的纵向关系。各社区管理委员会根据三大职能安排负责人。总管理委员会由专职政工人员组成，负责制定政策、处理社区与社会机构关系、领导学区等工作。各分委重点在学院一级，保持独立性并与总委保持一致。各支委是学区管理的基层组织，与楼层和寝室联系，并具备相对独立自主权，可处理学区事务。

二是校学工部门、团委与学区总管理委员会之间存在着密切的工作关系。学区总管理委员会作为校学工部的核心职能部门之一，在学区管理架构中占据着举足轻重的地位，尤其在维护学生权益方面发挥着至关重要的作用。通过总管理委员会这一平台，学区得以与相关部门展开平等而富有成效的对话，共同解决各类实际问题。团委在学区管理中扮演着重要的角色，主要体现在对学区成员的思想引领和严格管理上。各学院学生工作办公室的主要负责人往往兼任学院的团总支书记，这种双重身份使得共青团的工作能够更加深入地渗透到学区管理的各个环节中。团委的介入，有助于迅速组建一支由各院（系）团总支专职干部、各学生辅导员共同参与的宿舍思想教育、纪律管理和寝室内务管理队伍。这一队伍的形成不仅有利于各项活动的协调推进，还能够确保宿舍后勤管理工作的顺利开展。此外，团委在推动学生思想政治工作与校园文化发展方面扮演着重要的角色。团组织通过直接指导各级学生会组织，将寝室文化活动纳入整个校园文化建设的整体框架中，从而引导学生寝室文化向更高层次发展。这种综合性的工作策略有助于提升寝室文化的品质，促进校园文化的繁荣与发展。

三是校学工部门与社区的关系。单一高校组成的学区，其寝室安排可体现专业特色，使宿舍区成为专业区，便于基层工作的组织与解决。学生会可协调与支委的关系，转移基层学生工作重心至寝室，使学区成为活跃的学生活动区域。对于多校组成的大学城，还需增加各学校学工部门与管委会的协调关系，考虑本校特色并与管委会协调，通过管委会与其他高校协调，产生更大的规模效应。

四是根据学区职能，设立相应的管理机构。从人事角度出发，在大学城的管理总委、分委和支委设立相应的管理职位，以有效执行学区的三大职能。具体安排可以包括设立区长、副区长和志愿者队长等职位，根据需要适时增加管理人员，形成以学区区长、志愿者队长、楼长和宿舍长为主的基层管理机构。这种管理方式相对于大幅度调整原有结构更为现实可行。在校院级别，建议在原有基础上增加或加强学区的管理职能。例如，校学工部门、院学工办和院学生会可以介入学区管理工作，将学区工作纳入学生管理的整体轨道，确保工作的连续性，并方便相关部门对学区工作进行帮扶和指导。然而，需要注意的是，这种管理布局并不适用于所有院校。另一种更彻底的方法是将学生会组织设立在各个学区之上，并由校学区管理委员会和校团委直接指导各个学区的工作。这种方式可以更加统一和集中管理，确保各个学区的管理工作有序进行。

五是制度和机构设置要同步。学区工作顺利开展需制定相关制度。当前状态下，保障学区管理委员会具有学区管理权利、学生作为学区居民与学校后勤等部门平等对话权利，以及学生通过民主渠道参与学区乃至学校事务，是保持学区生命力的决定性因素。

六是细化管理规章，解决管理的薄弱环节。大学城管理须重视规章制度的细化和统一，以消除各校在管理上的疏漏。当前，学区建设面临多种问题，如规划、党组织、社团活动与学区管理结合、学区矛盾与纠纷处理等。学区管理符合高校教育规律，体现了思想政治教育与学生具体生活实践相结合的德育原则，有助于提升学生德育水平，促进学生自立、自主、自强意识的培养，培养具有现代人文意识和社会观念的公民。

4.准确把握高校学生社区化管理的发展方向

随着高校社会化改革的逐步推进，高校学生社区化管理的发展方向已成为当前热议的焦点。学区不仅应成为培育德智体全面发展人才的摇篮，更应作为"管理育人、服务育人"的核心阵地，对大学生成长成才产生深远影响，同时展现学校精神文明建设的风貌。因此，高校学生社区化管理在高校改革中占据重要地位。鉴于传统管理模式已无法满足高校发展的需求，推进学生社区化管理成为必然趋势。展望未来，不断完善学区的教育管理机制，创新学区管理思路与方法，构建与传统班级管理模式迥异的新型大学生社区管理模式，将成为我们努力的方向。

（1）智能化管理方向

管理智能化是利用信息技术手段，构建学生生活网络和社区管理服务网络，以实现科学、高效的管理和服务。具体来说，通过将多栋学生宿舍联网管理，使用红外刷卡系统规范学生进出公寓行为，可以减少管理人员数量，并有效防止外来人员的非法进入。同时，智能化管理系统也能够处理社区内部的床位管理、电费、水费等事务。为进一步提升服务水平，增设学区的 BBS 论坛、公寓管理员信箱，以及提供住宿信息、电话号码、火车时刻、住宿费用、超额水电费、卫生考评等的网络查询功能。这些措施旨在紧密结合现实世界、书本世界和虚拟世界，通过网络服务平台，为学生提供更加便捷和高效的生活网络服务。

学生社区的智能化管理，旨在通过构建智能社区，实现管理模式的优化与管理方法的科学化。这一举措特别关注学生公寓的安全管理，将学生进出管理、消防报警系统、用电负载识别等关键领域提升至新的高度。通过充分运用计算机平台的自动化与智能化技术，我们不仅能显著提升管理的效率、准确性和可靠性，还能确保安全性，并解决许多单纯依赖人力无法应对的挑战。通过实施实时微机管理，我们能够及时掌握入住学生的基本信息与日常动态，建立服务方与学生之间的双向沟通机制，确保社区管理信息的畅通无阻，从而推动管理向更加科学、智能的方向发展。

（2）人性化管理趋势

人性化管理，作为企业管理领域的重要理念，其核心在于通过情感引导来提升管理效能。具体而言，它强调对被管理者个体自由和创造潜能的尊重，激发其内在动力，使被管理者在积极、满足的心态下，全身心投入工作，从而提升整体管理效率。这种管理方式并非简单地放任，而是情理法并重，注重规则与情感的平衡。这一管理理念同样适用于高校学生的社区化管理，旨在构建和谐、积极的校园环境，促进学生的全面发展。

人性化管理之精髓在于尊重个体，深信学生具备自我管理之潜能。管理者应尊重并维护学生权益，激发其自主与创新精神，避免将其视为缺乏思考和自主能力的群体。在高校学生社区化管理中，实施人性化管理的关键在于管理者以亲和、细致之态度，洞察每名学生的独特之处与个性特点，深入了解、关心并教育他们，进而实现有效管理。例如，推动高校政工干部进驻学生社区，选派优秀学生工作干部与学生同吃、同住、同生活，深入寝室，掌握学生生活状况及思想动态，切实解决学生实际困难，将解决思想问题与解决实际问题相结合。此举不仅转变了政工干部的观念，也提升了学生对辅导员工作的认识，拉近了师生之间的距离，使思想政治教育工作更加贴近学生学习、生活及心理，确保了思想政治工作的深入开展。

在教育管理工作中，实施人性化管理对管理者提出了更高的要求。管理者必须摒弃传统的权威观念，摆脱固有的偏见，以全新的视角审视师生关系，科学把握制度与人的作用之间的平衡。在此过程中，管理者应避免过度依赖制度和惩罚措施，转而以自身的人格魅力来引导和教育他人，努力构建一种深层次的和谐关系，促进管理者与被管理者之间的相互理解与尊重。

具体而言，学生工作部门和具体执行者须严格自律，确保制度制定的合理性、科学性和可操作性，制度执行的一致性和公平性，并在特定情况下展现出灵活性。在与具体管理对象接触时，应以人性化的关怀和理解作为管理动力，寻求双方之间的良性互动，以达到思想政治工作所期望的效果。

第二节　高校大学生管理模式的发展阶段

一、高校学生社会实践化的管理

（一）社会实践化的重要意义

1.社会实践含义

人才培养在高等学校中是一项至关重要的任务，其途径多元化，其中，引导学生参与社会实践是不可或缺的一环。在早期的大学教育体系中，人才的培养主要依赖于课堂内的理论知识传授。然而，随着社会的不断发展和生产力的提升，对教育和人才培养的要求也在不断更新。单纯的理论知识传授已无法满足现代社会的需求。

现代化的生产过程对人才的要求越发全面，不仅需要他们掌握扎实的理论知识，还需具备出色的动手能力和创新精神，以及科学的社会观、责任感和高尚的道德品质与心理素质。这些能力的培养，仅凭课堂教学是远远不够的。因此，随着现代工业的发展，社会实践作为一种重要的教育方式逐渐融入大学的教学体系，其重要性日益受到广大教育工作者和社会各界的重视。

大学生社会实践是高等教育目标实现的重要途径，是高校学生遵循目的性和计划性，深入社会实际，参与生产劳动和社会生活的教育活动。通过社会实践，学生能够深入了解社会，增长知识和技能，培养正确的社会意识和人生观。社会实践是高等学校教育活动不可或缺的一环，与课堂教学相辅相成，共同推进高校人才培养工作的全面发展，为学生的综合素质提升奠定坚实基础。

2.社会实践的重要意义

（1）大学生树立科学世界观的需要

世界观是人们对世界的整体看法和核心观念。人们在生活中逐渐形成自己的世界观，但由于生活环境和教育经历的不同，每个人的世界观也会有所不同。世界观有正确和错误之分，正确的世界观需要被理论化和系统化，以形成科学的世界观。

确保大学生树立并坚定科学的世界观，需要两个方面的共同努力。首先，大学生必须积极投身社会实践，深入探究事物的内在本质，不断超越表面的现象认识，从而及时纠正和更新原先基于表面现象所形成的片面或错误的认识，确保个人的世界观与事物的本质规律相符合。其次，对大学生进行系统的世界观教育至关重要。通过系统学习前人积累的正确世界观理论，深刻理解人们在世界观上容易走入误区的各种情况，引导大学生经常性地反思自身的世界观，并不断地将新的科学内容融入其中。因此，社会实践对大学生树立科学的世界观具有不可或缺的重要作用。

①大学生参与社会实践活动是确立唯物史观的重要途径

青年时期是大学生世界观、社会历史观形成的关键时期，他们具备很强的可塑性。尽管系统的专业知识学习和思维训练对于形成唯物史观至关重要，但是，当前在校大学生普遍年龄较小，社会接触有限，经验尚浅，这导致部分学生对社会认知过于简化、片面和理想化，严重制约了正确历史观的形成。

为了克服这一不利局面，必须引导大学生走出校门，深入社会生活实践。在社会实践中，大学生可以更加真切地了解社会，从实践中探寻真理，确保他们的历史观与现实生活紧密相连，从而建立科学、全面的历史观。这不仅是大学生个人成长的需要，也是培养社会主义建设者和接班人的必然要求。

社会实践接触的是具体社会事物，不能通过一两次实践就改变对社会历史的看法。然而，大学生的历史观在形成过程中容易变化，接触更多社会事物和正确引导可以促使他们的历史观发生转变。仅仅通过政治理论课学习历史唯物论只能学到知识，要通过社会实践将知识转化为信念，将理论转化为学生的历史观。

②社会实践活动对建立科学价值观至关重要

通过参与，大学生能从中获得多方面益处。首先，活动可助其去除理想中不切实际的部分，正确对待个人与社会关系，培养务实工作态度。其次，活动有助于培养坚强的意志和无私奉献精神。最后，参与活动使大学生更贴近群众，为其与群众结合的道路奠定良好基础。

③参与社会实践活动是树立社会主义信仰的必需

大学生将来会成为国家的支柱，承担起建设全面小康和民族复兴的重任。因此，首要任务是培养大学生的社会主义信仰。而信仰的培养不仅靠读书，更需从社会主义给国家和人民带来的实际变化中体验和感受。

（2）提高大学生能力的需要

当代大学生积极参与社会实践活动，是提升个人综合素质的重要途径。当前，多数大学生在校园环境中成长，其学习路径主要是从小学到中学再到大学，这种成长环境导致他们普遍缺乏社会阅历和实践经验。社会实践活动的参与，能够将理论知识与实际操作相结合，有助于大学生更好地将所学知识运用到实际生活中。历史和实践证明，组织社会调查、科技咨询、信息服务、义务劳动等社会实践活动，不仅能够有效开发学生的智力资源，实现知识与能力的有机结合，还能让不同个性的学生在实践活动中找到适合自己的发展路径，从而全面提升大学生的综合素质，弥补其在实际操作中的不足。因此，鼓励和支持大学生积极参与社会实践活动，对于培养全面发展的高素质人才具有重要意义。

（3）知识分子与工农群众相结合的需要

回顾历史，青年和知识分子在社会发展中扮演了举足轻重的角色。他们之所以能够有所作为、有所创造，无不是通过积极参与社会实践，深入人民群众，才取得了辉煌的成就。政治家、经济学家、教育家、军事家、文学家等杰出人物，都是在社会实践的熔炉中锤炼成长，他们的卓越成就与丰富的实践经验紧密相连。他们以实际行动践行理论，为广大人民群众树立了光辉的典范。因此，对于大学生而言，广泛、深入地参与社会实践活动，与广大工农群众紧密结合，是确保他们健康成长、全面发展的必由之路。只有在实践中不断磨砺、锻炼，才能培养出坚定的理想信念、高尚的道德品质、扎实的专业知识以及卓越的实践能力，为国家和人民做出更大的贡献。

（4）全面建成小康社会、实现社会主义现代化建设的需要

当代大学生，作为 21 世纪我国社会主义现代化建设的重要力量，其参与社会实践具有深远意义。社会实践不仅是大学生锤炼专业技能、提升综合素质的重要途径，更是他们投身社会主义物质文明、精神文明、政治文明建设的重要舞台。通过参与社会实践，大学生能够深入了解国情民情，增强社会责任感，为经济、政治、文化的平衡发展贡献力量。同时，社会实践也是推动全面建成小康社会的重要力量，大学生在其中扮演着积极的角色，为实现中华民族伟大复兴的中国梦贡献力量。

（5）大学生社会化的需要

社会化是个体逐步融入社会、与社会生活相适应的过程，是个体由"自然人"转变为"社会人"的必经之路。对于大学生而言，他们正处于社会化的重要阶段，虽然已在许多方面展现出成熟的风貌，但为了适应日益复杂多变的社会环境，仍需不断学习和进步。在这一过程中，社会实践成为他们不可或缺的学习途径。通过积极参与社会实践，大学生能够更深入地了解社会，更全面地锻炼自身能力，从而更好地适应社会的发展需求，为未来的生活和工作奠定坚实的基础。

①社会实践是锤炼大学生社会责任感的重要途径

众多高校积极组织广大学生深入基层，参与社会实践活动，旨在加深对改革复杂性和艰巨性的认识，切实增强他们的社会责任感。在这一过程中，越来越多的大学生深刻领悟到，社会急需的是那些充满热情、积极投身于伟大建设事业的优秀人才。社会实践不仅帮助大学生摒弃了自视甚高的习气，更引导他们以更加自觉、充满激情的态度，全身心地投入到学习、生活和工作中去。

②社会实践活动对于推动大学生顺利实现社会角色转变具有至关重要的作用

通过参与实践活动，大学生能够深刻认识到自身与社会需求之间的差距，清晰地看到自身在知识储备和综合素质方面存在的不足。这种实践经历将促使学生进行深刻的自我反思和重新定位，促使他们正确评估自己的能力和潜力，从而重新确立自我价值实现的起点。在复杂多变的社会环境中，社会实践活动有助于大学生寻找到个人价值与社会发展的最佳契合点，为实现自我价值和为社会做出贡献奠定坚实基础。

③社会实践是加强大学生与长辈间代际沟通的重要途径

在实践过程中，大学生以普通劳动者的身份，深入参与社会财富的创造，这不仅锤炼了他们的意志品质，更培养了他们对劳动成果的敬畏之心和对父辈辛勤付出的尊重之情。通过与父辈的深入交流，大学生们深受父辈们坚持不懈为家乡建设付出的精神所感动，这种精神成为他们前行的强大动力。同时，父辈们也在与青年大学生的互动中，发现了他们的才华和潜力，增进了相互理解与尊重。总之，社会实践为两代人架起了沟通的桥梁，有助于消除隔阂、增进理解，推动两代人之间的和谐共融。

（二）社会实践化的实施

1.社会实践的形式

（1）参观学习型社会实践活动

此类活动通常组织学生赴风景名胜区、工厂等地进行参观学习、交流座谈，旨在发挥一定的教育引导功能。然而，此类活动在形式上与旅游参观有所重合，其教育意义相对有限，主要侧重于加强学生间的团结和友谊，深化对祖国壮丽河山的认识。鉴于此，学校将此类社会实践活动作为对表现优秀的学生或学生干部的特别奖励，精心选拔部分学生参与，但考虑到其成本较高，实际效益有待提升。

（2）活动型社会实践活动

此类实践主要以文化、科技、卫生三下乡为核心内容，通过学校与地方政府的合作，由学校主导，组织丰富多彩的文艺演出，吸引广大群众积极参与，同时举办科技咨询、文化宣传、医疗服务等大型活动。这种活动形式规模宏大，氛围热烈，社会影响广泛。然而，也需要投入大量的人力物力，组织工作较为复杂，参与的学生数量有限。

当前，活动型社会实践活动已成为学生社会实践活动的主要形式，对于培养学生的社会责任感、实践能力和团队合作精神具有重要意义。然而，我们也应看到，这种活动形式还存在一些不足，需要不断加以改进和完善，以更好地服务于学生的全面发展和社会的进步。

（3）生产型社会实践活动

生产型社会实践活动是一种具有重要意义的社会实践形式，主要面向高年级学生、研究生和博士生等高层次人才。通过参与生产活动的某一环节，他们深入实践，成为生产活动的重要一员。这种社会实践活动不仅能够充分利用学生们已有的知识和技能，促进生产的发展，同时也有助于他们在实践中掌握更多的实际知识和技能，实现理论与实践的有机结合。

这种社会实践活动虽然投入成本不高，但效果却十分显著。它不仅能够为生产活动提供实质性的帮助，避免了添乱的情况，还能够培养学生们的实践能力和创新精神，提高他们的综合素质。因此，这种社会实践活动具有较强的生命力和广阔的发展前景，值得广泛推广和应用。

（4）课题化社会实践活动

在学校老师的引领下，各相关年级学生积极参与，形成课题小组，以全面细致的调查宣传为手段，深入钻研课题。此类社会实践活动充分激发了学生的参与热情，同时也获得了社会各界的资金支持，为活动的持续深入开展提供了有力保障。

（5）挂职型社会实践活动

该活动主要通过组织方式，让参与者到机关、社区、乡村担任助理职务，参与社会工作。这种实践受到相关单位的欢迎，但参与者数量较少。

（6）学生自发组织的社会实践活动

在假期期间，学生主动通过参与社会招聘、自荐等形式，深入各类社会生产活动中。这不仅让学生亲身体验社会的多元与复杂，同时也让学生发挥了自己的专长，为社会贡献力量的同时获得合理报酬，以支持其学习和生活所需。此类社会实践活动不仅吸引了众多学生的积极参与，也减轻了学校的经济负担。

此类活动汇聚了来自不同背景的人群，包括高等院校的学生以及城乡基层的广大市民和农民。在活动中，他们相互启发、共同进步，不仅推动了个人层面的成长与发展，也为社会主义物质文明、精神文明和政治文明建设注入了新的活力。这种形式的社会实践，彰显了我国社会主义制度的强大生命力，对于促进社会和谐、推动国家发展具有重要意义。

2.社会实践的活动内容

（1）社会调查活动

深入城乡各地，积极开展社会调研与实地考察活动；涉及城镇、乡村、部队、科研院所和企事业单位等多个领域，全面深入地了解社会的实际情况和国情。这样的调研和考察，旨在引导学生更加深入地认识社会现象的本质，把握社会发展的客观规律，为推进社会进步和企业发展贡献智慧和力量。社会调研与考察是搜集和处理社会信息的重要途径，对于现代社会治理和发展具有不可替代的作用。当前，大学生的社会调研工作正朝着专题化、注重效益和应用的方向不断发展，以适应新时代的社会需求和挑战。

（2）科技服务活动

科技服务活动的核心在于紧密围绕经济建设大局，深入到城镇社区、县乡中小型企业以及乡镇企业中。这些活动依托于教师的引领，在专业知识和技能的基础上，充分发挥技术优势，主要包括科技攻关、工程设计、科技成果转化、科技咨询以及技术服务等实践活动。这些活动不仅仅是理论上的研究和开发，更注重将科技成果转化为实际生产力，为企业和社区提供创新解决方案和技术支持。在教师的指导下，学生能够在实践中运用所学知识，促进科技进步与经济发展的有机结合，从而达到服务社会、造福人民的目的。

（3）文化服务活动

深入城镇社区与贫困乡村，积极组织文化培训、科普讲座、法律宣传及咨询活动，以推动社区与乡村两个文明建设的全面发展。

（4）公益劳动和文明共建活动

包含校内公益劳动、校外社区服务活动，以及与企事业单位、部队、科研院所、乡村、居民委员会等机构的多元文明共建活动。

（5）互动活动

大学生党员与不同领域党员在构建党的先进性教育长效机制中积极开展互动活动，以提升党员素质，巩固党的执政基础，推动党事业发展。

（6）信息服务活动

信息服务工作旨在通过规范渠道，将人才、工农业、科学技术以及社会生活等多元领域的信息资源开发利用现状，全面、准确地传达给服务对象，并确保服务对象的信息得以有效传递。这一工作的目的是实现人才、社会和经济三方面的效益最大化。对于大学生而言，他们通过在校期间积累的专业知识，积极参与信息服务工作，推动信息资源的开发利用成果在各个领域内的广泛传播与深入应用，为信息资源的有效利用搭建坚实的桥梁。

（7）勤工助学活动

勤工助学对个人成长和国家人才培养都具有重要意义。个人层面，它有助于提升学生的实践能力和综合素质，促进个人成长。国家层面，勤工助学为培养高科技人才和推动教育改革发展提供了支持。高校应积极组织和引导学生参与，以助力教育事业和社会发展。

（8）教学实习活动

教学实习，作为教学计划内的重要环节，是在规定时间内必须完成的社会实践活动。每个学生都必须参与并取得相应学分，这是实现专业培养目标、确保人才质量的关键课程。教学实习涵盖了认识实习、生产实习和毕业实习等多种形式，是理工科、农学、医学等专业大学生社会实践的主要方式。通过将生产劳动与教学实践相结合，这一环节在大学生思想政治教育、职业道德教育、专业教学和职业训练等方面发挥着基础性作用，对于培养合格的专业人才具有重要意义。

二、高校学生社会实践化的创新

（一）社会实践理念的更新

新时代对大学生有新要求，同时社会实践任务更重。大学生需更新社会实践理念，以适应时代变革，为国家发展贡献力量。

第一，将大学生的社会实践与推进社会主义新农村建设的宏伟目标相结合，是一项具有深远意义的工作。社会主义新农村的建设涵盖了经济、政治、文化等多个维度，是一个全面而系统的工程，仅仅依靠国家的资金投入是远远不够的，还需要广大农村地区积极挖掘和利用自身的智力资源、文化资源。

大学生作为青年知识分子的代表，掌握了一定的基础知识和专业知识，他们的参与将为社会主义新农村建设注入新的活力和动力。他们的专业知识将在新农村建设的实践中得到充分发挥，同时，他们的实际能力也将在这一过程中得到锻炼和提升。

将大学生的社会实践活动与推动社会主义新农村建设的战略部署相融合，这不仅是对大学生社会实践观念的一次深刻变革，更是对大学生社会责任和担当的明确要求。这意味着，大学生不再仅仅是社会实践的受益者，而是应当成为社会实践的引领者和实践者。他们要将所学的科技知识和精神文明，通过实践活动运用到社会主义新农村建设的伟大事业中去。这样的转变，不仅能够提升大学生的实践能力和综合素质，更能够让他们在实践中深刻理解和把握社会主义新农村建设的内涵和要求，为实现乡村振兴和全面建设社会主义现代化国家贡献青春力量。

第二，深入融合大学生社会实践与城市社区精神文明及政治文明建设的实际需求。将大学生定位为社会实践的积极参与者和受益者，我们应充分鼓励大学生这一充满科技知识与精神文明的群体，将其智慧和力量投入到推动社会进步的活动中。紧密结合大学生的社会实践与城市社区的精神文明和政治文明建设需求，持久、稳定、高效地推动社会实践教育活动。这样的实践活动不仅促进了城市社区的精神文明和政治文明建设，同时也使大学生在实践中得到了成长和提升。

在此类社会实践活动中，大学生可以将高校思想政治理论课程中所学的理论知识与实际工作相结合，实现知识的有效运用，进一步加深对理论的理解。同时，通过不懈努力，大学生能够成为推动社会变革、促进社会文明进步的重要力量，实现个人价值与社会价值的双重提升。

（二）社会实践载体的创新

1.建立大学生党员城乡基层接待室

某高校在农村和城市社区设立了大学生党员接待室，此举不仅作为保持大学生党员先进性的长效机制，更成为党员和入党积极分子参与社会实践的重要平台。这一接待室不仅为大学生党员和入党积极分子提供了了解社会的窗口，更是向工人、农民、市民普及党的知识、政策以及国际国内政治、经济、社会形势的关键阵地。通过这一载体，大学生党员能够深入群众，与广大人民群众紧密联系，为构建和谐社会贡献自己的力量。

2.建立大学生社会实践临时党支部

某高校在深入推进大学生社会实践创新过程中，积极探索并构建了这一新兴机制。成立大学生社会实践临时党支部，旨在强化党对社会实践的全面领导，确保党的指导思想、政策主张和社会实践紧密结合，进而实现社会实践活动的政治引领和文化传播作用，提升整体实践活动的社会影响力和文化价值。

第三节　高校大学生管理模式的载体研究

在科技日新月异、时代飞速发展的今天，我国政府对高等教育给予了前所未有的重视，高等学校的入学率也在稳步提升。然而，学生数量的增加也带来了一系列的管理挑战。针对学生数量众多、管理工作繁重的问题，管理工作者需充分利用网络信息传播迅速、效率高、准确性强的特点，构建符合高校学生特点的管理体系。大学生群体的日常生活和学习与网络紧密相连，他们依赖网络完成各种学习和生活需求。当前，大学生对网络的依赖已经成为一种普遍的社会现象。网络不仅为学生提供了便捷的信息获取渠道，还丰富了他们的学习方式和生活方式。这种对网络的依赖，为高校学生管理工作的信息化建设提供了有力的支撑和便利条件，使得高校学生管理工作的信息化建设得以更加顺利地推进。

一、信息化建设对高校学生管理工作影响深刻，意义重大

高校学生管理工作的好坏直接关系到学生的全面发展，因此，国家对此项工作予以了高度重视。对于高校而言，学生管理工作的重要性不言自明。当前，信息化已成为各行各业发展的重要驱动力，特别是在大数据、云计算等信息技术快速发展的时代背景下，信息化建设的步伐日益加快。高校作为培养未来人才的重要基地，必须顺应这一时代潮流，不断加强信息化建设，以提升高校学生管理工作的效率和质量。

高校加强学生管理信息化建设，对于推动社会信息化发展具有积极意义。当前，科技进步导致信息纷繁复杂，真假难辨，这对学生管理工作提出了新的挑战。因此，高校学生管理工作者需从安全、便捷、高效等角度出发，积

极推进信息化建设，这不仅能够提升管理效率，更能够惠及广大学生。通过信息化建设，管理者能够更迅速、更准确地开展各项工作，同时，学生也能及时获取所需信息，为学习与生活做出合理安排。

高校管理工作的信息化建设，不仅是对学生人身安全的重要保障，同时也是提升管理效率、优化服务质量的必要手段。尽管大学生已具备相当的自主能力，但考虑到其社会经验相对不足，面对复杂多变的社会环境，仍可能遭遇人身安全、财产安全等风险，因此，在此阶段，经验丰富的学生管理者的工作尤为重要。信息化系统的成功建设，使得管理者能够迅速获取学生的问题与需求，实现问题的及时发现与处理，确保学生处于安全稳定的环境中。同时，当学生遭遇困境或危险时，信息化系统也提供了便捷的求助渠道，使学生能够及时向管理者求助，从而确保学生的安全无虞。由此可见，信息化建设在高校学生管理工作中占据举足轻重的地位。信息化管理不仅提升了管理效率，也增强了管理者的应变能力。

二、信息化建设需持续探索并采用适宜的方式方法

任何任务的完成，都需精心选择和执行恰当的方式。只有用对方法，才能有效达成目标。高校学生管理工作亦应如此。当前，高校学生的电脑和手机普及率极高，几乎人手一部手机，并广泛使用各种社交软件，这为学生管理工作提供了极大便利。应充分利用这些软件，推动信息化管理，高校教师应与时俱进，积极学习和高效利用相关软件工具。

高校的教务系统，作为学生学习与生活的重要支撑，其信息化程度至关重要。在保障系统安全的前提下，学生对教务系统发布的信息信任度将大幅提升。管理者应充分利用教务系统的各项功能，如发布通知等，提高工作效率，确保信息安全。此举不仅使管理工作更加规范、安全，同时也消除了学生对信息真伪的担忧。

三、要切实做好信息化建设过程中的问题排查与解决工作

当前，管理者普遍借助微信、QQ 等社交平台开展管理工作，学生群体亦广泛使用此类工具。然而，社交软件作为交流渠道，亦存在潜在问题。因此，高校管理者在执行学生管理职责时，务必保持高度细心与严谨态度。通过观察学生的言行举止，管理者应能及时发现并妥善处理各类问题，特别是涉及学生隐私的敏感事项。在信息化快速发展的当下，更应警惕可能忽略的问题，力求管理工作零失误，防止因疏忽而引发不必要的困扰。

综上所述，高校学生管理工作的信息化建设具有举足轻重的地位，管理者应深刻认识到其重要性，紧密跟随信息时代的发展步伐，积极提升自身的信息化素养。以学生为中心，将信息化管理方式作为重要手段，深入反思和探索学生管理工作的方式方法与途径。同时，要紧密结合本校实际，积极寻求最受学生欢迎且高效的管理方法。唯有如此，高校学生管理工作的信息化建设才能顺利开展并取得显著成效。

第九章 高校既有学生管理模式分析

第一节 高校制度化与人性化管理模式

一、高校的制度化管理及其局限性

首先，制度化管理，指的是通过科学、严谨的规章制度，对人的行为进行规范和约束的一种管理机制。这种管理方式强调外在的科学理性，以制度为基石，构建有序、稳定的管理环境。制度化管理起源于机器生产时代，随着社会进步和教育事业的发展，其在高校管理中的应用越发重要。

在高校制度化管理中，学校通过制定严密的规章制度，对学生的行为进行规范，有效减少学生思想行为的散漫性和无纪律性。这种管理方式不仅营造了公开透明的校园环境，还确保了课堂教学的有序进行，为培养高素质人才提供了坚实保障。

其次，制度化管理坚持以教学为中心，其特点在于将教学过程精确化、机械化，注重秩序和理性，但忽视人性因素，因此具有一定的局限性。一方面，高校制度化管理体系以外部规章制度为基石，缺乏人文关怀，限制了学生的思想和行为自由，从而影响了学生的主动学习热情。另一方面，大学生作为独特的个体，充满朝气和个性，而制度化管理过于强调刚性，忽视了学生的个性需求，未能充分尊重每个学生的独特性。管理本应灵活多变，因时、因地、因人制宜，但制度化管理难以做到这一点。

最后，制度化管理在特定层面上对当代学生的思维发展有所限制，对培养学生的创新精神也有所抑制。

二、高校人性化管理的实质及弱点

人性化管理在高校管理中的重要性不容忽视。它强调在管理过程中，将"人"作为核心要素，置于首要位置。这意味着，高校的所有管理活动都应致力于激发和调动教职工与学生的积极性和创造性。特别是对于教师而言，他们在教学过程中，应当充分尊重学生、爱护学生，为学生创造最佳的学习环境，使他们的潜能得到最大程度的发挥。

美国心理学家马斯洛提出了人类需求的五个层次理论，包括生理需求、安全需求、社交需求、尊重需求以及自我实现需求。他认为，个体在满足了基本的生存需求后，会追求更高层次的自我发展和实现。这一理论成为人性化管理理念的基础，强调管理者在组织中应关注个体的需求和成长，而不仅仅是简单的规则和约束。然而，在实际管理实践中，如果管理者过于片面地追求人性化管理，可能会忽视对学生行为的必要约束和规范，从而导致制度的松散和秩序的混乱。这种情况下，学生可能会表现出懒惰、自私、虚荣等固有的人性弱点，影响校园的健康发展和秩序。因此，我们主张在学校管理中应将制度化管理与人性化管理相结合，形成有效的管理体系。制度化管理能够提供明确的行为规范和约束，保障校园秩序和安全；而人性化管理则关注个体的成长需求和心理健康，鼓励学生积极发展自我潜力。通过合理的结合，管理者可以在尊重个体需求的同时，保持学校管理的严谨性和有效性，创造一个既有秩序又能促进学生全面发展的良好环境。

三、将制度化管理和人性化管理相结合，进行有效管理

制度是高校学生生活学习的基石，制度化管理对于维护学校秩序、促进学生全面发展具有根本性意义。在推进制度化管理和人性化管理的融合过程中，需重点关注两个方面：一方面，制度要彰显公平性和普适性，确保所有学生在统一的规章制度下的平等，维护学校的和谐稳定。另一方面，在严格执行制度的同时，必须充分保障学生的基本权利，激发学生的积极性和创造性，以制度之力为学生的全面发展提供坚实支撑。制度的双重功能——维护秩序与保障权利，均基于对人性特点的深入理解和尊重。因此，在制定和执行制度时，应充分体现制度的刚性和人性的柔性，确保两者相互补充、相互促进，共同推动学校事业的健康发展。

高校在构建内部管理体系时，必须充分尊重并吸纳全校教职员工的意见。学校领导应担当起引导与推动的责任，倡导并引领教职员工积极参与到制度的规划与设计之中。唯有如此，方能确保所制定的制度真正代表广大师生的利益与期望，为教育教学工作提供坚实的保障。

在制度制定的过程中，相关领导干部都需深入群众，通过多种形式广泛收集师生的意见和建议。这些意见将确保制度更加贴近实际，更具操作性。随后，在教职工大会上深入讨论这些制度草案，集思广益，细致打磨。

通过这种民主、科学的制定过程所形成的制度不仅会得到广大教职员工的认同和支持，更能体现学校对民主管理和人性化管理的坚定追求。这样的制度不仅能够规范学校的管理行为，还能激发教职员工的归属感和创造力，为学校的持续健康发展注入强大动力。

假如千里马若未得遇伯乐，即便天赋异禀，亦将淹没于群马之中，难以施展才华。同理，一套科学合理的管理制度，若在贯彻执行中出现偏差，亦将难以发挥其应有的作用，导致管理效能的降低。

针对当前我国部分高校管理中存在的制度执行不力的问题，我们必须采取"人性化管理"这一有力措施。在管理实践中，管理者必须以身作则，严

格要求自己，确保言行一致。正人先正己，身正则不令而行，身不正则虽令不从。人都是有情感的个体，当学生看到教师的高尚品德和崇高风范后，自然会受到感染，积极效仿，从而共同推动学校向更加美好的方向发展。

综上所述，制度化管理和人性化管理在高校管理实践中并非相互排斥，而是相互促进、相辅相成的。制度化管理作为管理的基础，提供了明确的规范和秩序，保障了学校的运行效率和稳定性。然而，单一依赖制度化管理可能会忽视个体的成长需求和心理健康，从而影响到教育质量和学生的全面发展。人性化管理则强调对个体的尊重和关怀，注重激发学生的内在动力和创造力。通过关注个体的心理健康和成长，人性化管理能够培养出更具创新精神和社会责任感的人才。

在 21 世纪，人才已成为最重要的生产力，因此高校管理需要在制度化和人性化之间找到平衡点。制度化管理不应忽视个体的情感和成长需求，而应基于人性化原则来构建和优化制度。只有在尊重个体差异、关注个体发展的基础上，严格的制度化管理才能更好地发挥作用，创造一个有利于学生成长和发展的环境。

因此，高校管理实践中的成功取决于刚柔并济、相辅相成的管理原则。制度化管理体现了管理的规范和效率，而人性化管理则体现了对个体的关怀和尊重。二者结合，能够实现高校管理的最佳效果，为国家培养出更多具有创新精神和社会责任感的优秀人才。

第二节　高校温情化管理模式

一、温情化管理的理念

学生管理工作者的管理理念对学生个体的成长与发展具有举足轻重的影响。作为班主任，必须确立科学的班级管理理念，始终将学生的利益放在首位，以人性化的管理方式营造和谐的班级氛围。班主任应树立正面的师德榜样，同时也要积极与学生建立亦师亦友的关系，增强彼此之间的亲近感。面对学生的错误，班主任应当秉持宽容与引导相结合的原则，避免单纯的惩罚与责备；当学生取得成就时，班主任要及时给予充分的鼓励和表扬，激发学生的自信心和积极性。在整个班级管理工作中，班主任应注入温情与关怀，让学生感受到来自班主任的温暖与支持，从而促进学生全面、健康地成长。

二、温情化的管理模式

（一）亲情化是幸福的渊源

经调研发现，多数学生将家庭幸福视为人生最大的追求。家庭，作为亲情的港湾，对学生而言至关重要。鉴于此，班主任在进行班级管理时，应积极融入亲情元素，构建亲情化的管理模式。在日常工作中，班主任应视学生如家人，避免以外部视角审视学生事务，而是要以对待"家事"的心态去处理学生的各种问题，让学生在班级中感受到家的温暖和亲情的关怀。同时，班主任还需引导学生树立正确的集体观念，将班级视作一个大家庭，同学之间应如同兄弟姐妹般相互扶持，师生之间则应建立起父母与子女般的深厚情感，让亲情成为班级文化的核心要素。

（二）友情化是幸福的扩展

友谊，作为一种独立于亲情的深厚情感纽带，其重要性不言而喻。与学生建立友谊关系，不仅能够拉近彼此的距离，更能引导学生形成正确的友情观念。在某些观点中，师生之间的关系往往被视为对立的，尤其是班主任与班级学生之间。因此，实施友情化管理模式的首要步骤，便是班主任与班级学生之间建立真挚的友谊。通过这样的互动，班主任可以深入了解学生的兴趣爱好，把握他们对事物的看法，洞察他们的内心世界，从而更好地进行班级管理。

友情化管理模式的第二个环节，在于引导学生树立正确的朋友观。班主任须让学生明确，真正的朋友是那些在你最需要时守护在你身边，无需言语便能默默给予支持的人。他们会关注你的细微变化，与你共度时光。虽然友情的深厚程度或许不及亲情那般血脉相连，但其同样具有深远的意义。一个人若能拥有真挚的友情，无疑会感到无比幸福与满足。

（三）温情化是幸福的内涵

温情是一种关怀与尊重的态度，体现了对人的深切关怀。在班级管理中，温情式的管理强调以人为本，重视激发学生的内在动力。班主任应以温情化的方式管理班级，确保对待每一名学生都能展现出关怀与尊重。不论学生成绩优劣或性格好坏，班主任都应保持公平公正，让学生感受到一视同仁的关爱，避免因个人偏见而产生误解。这样的管理方式有助于巩固班主任在学生心中的地位，营造出和谐、幸福的班级氛围，使学生真正感受到在这样一个班级中拥有这样一位班主任是多么幸福。

（四）随机化是幸福的催化剂

在班级管理中，随机化的管理模式指的是在管理过程中，班主任的管理方式较为灵活，不固定遵循某一具体规则。这种管理模式在班级中表现为学生兴趣发展的多样性和个性化。班主任应灵活采取这种管理模式，鼓励和支持不同学生展示各自的兴趣爱好和特长，而非过分限制或要求统一。学生在班级中得以充分展现自己的兴趣和特长，不仅是对他们自身的一种激励，也能让他们感受到内心的骄傲和自豪，从而滋生幸福感。

（五）制度化是幸福的方圆

制度化管理模式的本质在于依据既定规则推动班级治理，确保各项工作有序开展。正所谓"没有规矩，不成方圆"，任何工作或活动都须遵循一定的规则和准则，以规范行为，保障秩序。对于班级而言，班规的存在至关重要，它是班级治理的基础和保障。作为班级的一员，每位同学都应自觉遵守班级纪律，共同维护班级的和谐稳定。

当然，在班级管理过程中，我们可以融入亲情、友情和温情等元素，使管理更具人文关怀和灵活性。但这并不意味着可以忽视规章制度的重要性。相反，这些情感因素应以规章制度为前提，确保在规定的范围内得到合理表达。同学们应在遵守班规的基础上，体会亲情、友情和温情的真谛，实现个人兴趣爱好的有序发展。

三、温情化管理方法

（一）语言关怀

语言，作为人与人之间交流的核心媒介，其深奥程度和艺术价值不容忽视。在师生交流的过程中，班主任更应审慎运用语言，不仅要注重言辞的内容，还需注重表达的语气。在与学生的互动中，班主任应通过其言辞展现出对学生的深切关怀。具体而言，应多使用鼓励性、赏识性和尊重性的话语，避免使用讽刺挖苦、批评和霸道的言辞。同时，要给予学生充分的肯定，让学生感受到喜悦和幸福，以此促进其全面发展和健康成长。

（二）行为关怀

语言是一门艺术，行为亦然。行为是我们将内心想法付诸实践、展现给他人的桥梁。在班主任班级管理过程中，行为关怀的方式多种多样，这体现了教育智慧与人文关怀。幸福，其含义深远，简单中蕴含着复杂，困难中亦可见其简单。作为班主任，应深入了解学生的内心需求，通过温情化的管理方式，提升学生的幸福感受，从而化难为易，使管理工作更加得心应手。

第十章　高校学生管理模式创新分析

第一节　融入开放性的思想

我国高等教育现已实现由精英化向大众化的转变，这一转型使得受教育者的学习背景、知识基础发生了深刻变化。面对新的教育形势，政治辅导员和班主任应发挥关键作用，引导学生理性看待竞争，正确选择职业，并有效应对生活中的各种压力。同时，他们还需帮助学生树立远大理想，培养宽广胸怀和健全人格，确保德育贯穿学生成长和就业的全过程。此外，政治辅导员和班主任还需积极提高管理育人的能力和效率，为学生创造更加优良的育人环境和氛围，为国家培养更多优秀人才贡献力量。

一、建立优秀的管理团队和制度

在新时代背景下，如何顺应时代潮流，培育社会所需的高素质人才，已成为学生管理工作者长期面临的重大课题。这不仅对学生管理工作者提出了更高要求，同时也对领导干部队伍建设提出了更高的要求。

为此，学校高层领导必须深刻认识到学生管理工作的重要性，精心选拔一批思想政治素质过硬、业务能力强、具备丰富学生管理经验的工作人员担任学校学生管理领导职务。此外，还需定期组织并开展对各分校、教学点学生管理领导干部的专业培训，积极邀请业内高水平专家进行授课，全面提升学生管理干部的综合素质。

同时，要创新方式方法，推动校际间学生管理工作的交流与合作。可以邀请在学生管理工作方面表现突出的专家和管理人员来校进行交流，分享他们的管理经验和做法，通过深入讨论和交流，实现共同提升、共同进步。

此外，以校本部为核心，建立全校性的学生管理工作交流平台，广泛征集和发表管理体会，创办全校性的学生管理专刊，鼓励系统内人员积极投稿，确保学生管理工作真正落到实处，取得实效。

学校应构建一套完整的导学教师引进、培养、评价及交流机制。在引进环节，须严格执行筛选程序，确保选拔出既有能力又具责任心的优秀导学教师。同时，建立健全导学教师培训与考核体系，以确保其具备深厚的现代远程教育技术知识，能够熟练运用计算机网络等媒体技术获取并整合教学资源。在此基础上，导学教师还应能够有效地组织和指导学员进行网上答疑、BBS讨论、双向视频等多样化的网络教学活动，并利用 QQ 群、微信、电子邮件等渠道与学员保持日常沟通。

此外，学校还需完善导学教师的流动机制，打破原有封闭的教师队伍建设模式，激活用人机制，拓宽导学教师的职业发展通道。这不仅能够加强导学教师之间的交流与合作，还能有效解决他们的后顾之忧，进一步提升导学教师队伍的整体素质和教学水平。

针对导学教师流动性大、流失率高等问题，必须强化其专业化建设，首要任务是更新观念，特别是领导层的观念，以提升导学教师的整体素质。导学教师在长期工作中会积累丰富经验，同时亦能自我审视不足。因此，学校应构建完善的培训机制，为导学教师提供更多学习机会，此举对学校与教师个人均具重要意义。此外，加强导学教师间的沟通与交流，持续提升其业务能力，确保其在工作中发挥关键作用，以保障开放教育学生培养质量。

二、注重培养优秀的学生干部

优秀学生干部不仅能为同学树立榜样，更能分担教师的教育重任，这样的过程也有效提升了学生的工作能力，为其未来的职业生涯奠定坚实基础。在选拔学生干部时，教师应坚持公平公正原则，不因小瑕疵而忽略学生的优点。要广泛收集同学和任课教师的意见，结合学生的日常表现进行民主推荐或选拔。对于选拔出的优秀学生干部，教师应给予充分的信任和尊重，减少不必要的个人干预，以便他们更好地发挥个人的工作积极性和创造性。

学生干部队伍作为学校中坚力量，理应在先锋模范和战斗堡垒作用上发挥更大效能。学校必须强化团支部、学生会等学生组织的构建，确保它们成为促进学校与学生、教师与学生沟通的核心渠道。在选拔学生干部时，应秉持公正、公平、公开的原则，通过民主推荐与个人竞选相结合的方式，选拔出真正具备领导才能和群众基础的学生干部。

针对开放教育类学生的特殊需求，学生干部应积极组织多样化的思想交流活动，深入了解学生的内心世界，帮助他们解决实际困难。同时，要注重培养学生的自信心，对他们的成绩和努力给予充分认可，使他们能够看到自己的优点和潜力，从而激发他们更加积极的学习态度。

此外，学校应建立健全辅导机制，对学生在学习和生活中遇到的问题进行归类和总结，为他们提供切实可行的解决方案和经验分享。通过一对一的辅导，帮助学生逐一解决难题，实现自我提升和全面发展。

在交流沟通过程中，务必注重交流态度，切实尊重学生的主体性，避免僵局的发生，以免挫伤学生的学习积极性。鉴于成人学生自尊心较强，且易受伤，教育工作者应不断改进教育方法，积极与学生进行磨合，以减少代际隔阂。在沟通的过程中，要鼓励学生将所学知识运用到实际工作中，以推动个人领域的创新和进步，同时协助他们做好职业规划和人生规划。

在思想教育环节，尤其需要避免采用简单的说教方式，因为成人学生已经具备独立思考能力，强硬的教育态度往往会引发学生的逆反心理，不仅不利于教育工作的顺利开展，甚至可能导致学生放弃学习。因此，对于个别存在问题的学生，要给予特别关注，因材施教，通过深入了解和细致观察，找出学生学习困难的根源和影响因素，并与周围同学和同事共同努力，解决问题，最大限度地激发学生的学习积极性。

三、通过加强校园文化氛围引导学生的学习和发展

在推进开放教育的过程中，大多数学生主要依赖于远程教育，这种方式在一定程度上导致了学生的孤独感增强。他们渴望与同学交流，期望能像普通高校的学生一样，体验丰富多彩的校园生活，感受同学间的支持与友谊。为此，学校应积极为学生搭建情感交流、兴趣培养以及寻求帮助的平台，以促进学生间的沟通与合作，传承成长经验，解答学生疑惑，启迪学生智慧，传递情感关怀，培养学生间的深厚友谊，消除学习孤独感，增强学生对开放大学的认同感、归属感和凝聚力，营造积极向上的校园文化氛围，全面促进学生的自我管理、学习和发展。

为增进学生之间的友谊，学校应定期组织各类校区、班级间的竞赛活动，这些活动不仅能够丰富学生的课余生活，还能提升他们的团队协作能力。同时，针对不同学生原先从事行业的差异，学校应有针对性地邀请相关行业的专家学者来校举办讲座，以激发学生的学习兴趣，促进他们的积极参与和交流。此外，举办各类比赛可以激发学生的良性竞争精神，促进同学间的互帮互助，实现共同进步。

在此过程中，导学教师的作用至关重要。他们应合理引导学生的学习积极性，协助他们确立明确的学习目标，使学生的学习既具有针对性，又能实现自我检测与反馈。

第二节　提升教育服务意识

现代教育以促进人的现代化和全面发展为核心，主体性和发展性为其本质特征。在这一教育理念中，教育被视为一种服务，突出了以人为本的精神，强调个体的主体性和发展性。教育的目标是培养现代主体人格，为此，教育者即教师，需要致力于满足学生的个性发展需求，并为他们创造全面发展和主体生成的环境与条件。这一服务理念体现了现代教育的管理态度和思维方式，并呈现出以下特点：

首先，教育服务理念以人的发展为中心，直接关注个体的成长与进步。

其次，在此理念下，教育者与受教育者在教育活动中互为主客体，共同参与，形成互动关系。教育者的角色是启发、引导和指导，而受教育者则通过认知、体验和实践来实现自我发展。这种互动关系不仅体现了教育者的价值导向，也强调了受教育者的自主构建能力。

最后，教育服务作为现代教育的整体特征，贯穿于教育管理活动的始终和各个方面，不仅仅是教育活动的某个阶段或部分。

教育服务管理理念在高校改革、建设与发展中发挥着以下重要作用。

一、教育服务理念为改革高校学生管理提供内部驱动力

教育理念的核心在于育人、化人和塑人，这一理念具有深远的教育意义和社会价值。然而，在实施操作过程中，我们往往受到某种片面思维的引导，导致实际操作与理念之间存在偏差。长期以来，学生被视为教育的"加工对象"，这种观念化的教育方式使得我们难以准确把握教育与社会进步、个人成长之间的内在联系。因此，我们的教育政策与决策缺乏科学的指导和实践

基础，这在一定程度上影响了教育的全面发展和社会的持续进步。深化高等教育服务理念，是推动高校全面履行职责、积极适应市场变革、强化竞争意识的关键所在。这要求高校必须高度关注社会发展和受教育者的个性化教育需求，自觉自主地推进改革进程，敏锐把握市场动态，持续优化教育服务体系，切实增强效益观念，努力提升服务质量。来自高校管理者的内在需求和坚定认同，是驱动高校学生管理改革的核心力量。可以断言，若缺乏管理者对改革的深刻理解，缺乏其对学生管理工作的热情投入与积极参与，学生管理理念的转变将面临重重困难，难以实现预期目标。

高校学生管理工作者需秉持教育服务管理理念，以深化对服务与学生间紧密关系的认知，进而调整对待学生的态度，并以全新视角审视学生。同时，管理者应深刻认识到传统管理模式的不足。服务理念的核心在于以服务对象为中心，将学生满意度作为评估管理成效的关键指标，促使管理者反思既有管理观念，积极接纳新理念、新方法，形成推动改革的内在动力。

高校学生管理工作者在实践中应当秉持教育服务管理理念。这一理念强调深化对服务与学生之间紧密关系的认知，从而调整对待学生的态度，并以全新视角审视学生的需求和成长。传统管理模式的不足在于未能充分关注服务对象的个性化需求和满意度，因此，服务理念的核心是将学生置于服务的中心位置，将学生满意度作为评估管理成效的重要指标。

在实践中，管理者应当深刻认识到传统管理模式的局限性，并积极接纳新理念和方法。这意味着不断反思和调整既有的管理观念，以适应不断变化的学生群体和社会需求。通过引入新的管理理念和方法，管理者可以形成推动改革的内在动力，从而提升学生管理工作的质量和效果。

综上所述，教育服务管理理念的核心在于以学生为中心，通过提升学生满意度来评估管理成效，这对于高校学生管理工作者来说是一种重要的转变和进步，有助于建立更加亲和有效的管理关系，促进学生全面发展和学校的整体进步。

二、教育服务理念为引导高校学生管理提出新的目标

在传统教育理念的框架下，对学生的培养往往侧重于服从性和共性，强调"步调一致"和"统一标准"。然而，这种教育方式未能充分重视学生个体之间的差异和个性特征，从而难以适应不断变化的社会需求。

学生是共性与个性的结合体。共性代表着学生群体的普遍特征，而个性则凸显了每个学生的独特之处。在相同年龄段的学生中，由于生命历程和生活经验的相似性，他们在身心发展上展现出某些共同的特征和规律，这就是共性。然而，这种共性只是相对的，每个学生因为遗传、家庭、社会环境和教育等多种因素的不同，在身心发展的内容和水平上呈现出多样化的差异。他们的性格、兴趣、才能等方面都不尽相同，这就是个性差异。这种差异是绝对的，不依赖于人的意志而存在。

面对这一现实，教育应更加关注学生的个性发展，尊重并培养他们的独特才能。同时，在学生管理中，我们也应充分认识到个性差异的存在，采取灵活多样的管理方式，为每个学生提供适合他们成长的环境和条件。

深化高等教育服务理念，是确保教育质量的必要前提。这一理念强调，我们必须全面认识到学生个性与共性的差异，并深刻领悟"高等教育服务的生产者是教育工作者，他们凭借智力和体力的付出，产出符合不同教育对象需求、具备多元功能的教育服务，处于生产链的关键环节。而学生，作为高等教育的接受者，则处于消费链的核心地位"。这一理念为高校学生管理实践指明了新方向。

作为提供教育服务的教育工作者，我们必须坚持以学生为本的管理理念，全力以赴满足学生作为消费者的合理需求。每个学生都是独一无二的，他们的需求也各不相同；即便是同一学生，在不同阶段的需求层次也可能有所不同。这种需求的多样性，决定了教师工作的复杂性和挑战性。

在教育服务领域，教师的角色已经发生了深刻的变化，他们不再是单纯的管理者，而是成为为学生提供优质教育服务的生产者。为了满足不同学生

的合理需求，教师必须自觉树立"以人为本"的服务理念，深入了解学生的思想动态和个性化需求。

教师需要关注学生的思想动态，了解他们的兴趣、喜好、想法、关注点以及反对意见，这对于制定符合学生身心发展需要的管理规章至关重要。同时，教师还需要掌握不同年龄阶段学生身心发育的规律和特征，以便更好地指导他们的成长和发展。

为了实现这一目标，教师需要深入到课堂、食堂、学生宿舍以及学生活动的各个方面，全面了解学生的生活和学习情况。只有这样，才能制定出更加符合学生实际需求的管理规章，进一步完善学生的个性发展，并充分发挥他们的创造力。

通过这种做法，教师不仅能够更好地满足学生的需求，也能够赢得更多学生的欢迎和喜爱，从而促进教育事业的持续发展。

为了创造卓越的教育服务，教育工作者必须紧密跟踪学生需求的演变。随着社会、时代以及生活环境的变迁，学生的思想观念不断发生变化。这就要求教育工作者必须灵活调整教育策略，持续审视过去的教育规章制度是否仍然适应当前的发展实际，以及传统的教育方法和手段是否仍然符合学生的接受度。

三、教育服务理念为高校学生管理创造新型师生关系

传统的教育观念中，学生被视为教育的被动接受者，而教师则占据主导地位。在这种观念的影响下，学生管理往往呈现出管理者与被管理者、命令与服从的关系模式，学生在这种关系中处于相对弱势的地位，而学校则扮演了绝对强势的角色。尽管这种管理方式可能在短期内取得一定的管理效果，但其代价是巨大的，因为它严重抑制了学生的主体性、自主性和主观能动性的发展。

现代高等教育已经不仅仅是知识传授，更是一种服务。为此，教育者和

学生都需要重新审视师生关系。教育者应当尊重学生作为服务消费者的地位，从提高服务质量、保证学生满意的角度出发，主动倾听学生的意见和需求，才能更好地因材施教。而学生则需树立独立自主的意识，对自己的选择和行为负责，不能过度依赖学校和老师，这样才能更好地参与高等教育并获得真正价值。建立新型师生关系是现代教育服务的重要方向，它强调了师生之间平等互尊的沟通与互动，有助于提升学生管理和教育质量。管理者应意识到管理即服务，尊重学生等于尊重自己，与学生建立真诚的关系将促进教育环境的良性发展，实现教育者和学生的双赢。这种转变不仅关乎学生的发展，也是管理者自身成长的重要体现。

新型师生关系中的"爱"不仅是一种情感表达，更是教育和管理的动力源泉。通过以爱为核心的情感管理，管理者能够展现出耐心、细心、热心的特质，建立起与学生之间友爱互信的关系。成为学生的良师益友不仅可以激发管理者的友爱之心，还能让学生愿意向其敞开心扉，接受管理并且乐于合作。这种情感管理方式不仅有利于学生的发展，也有助于管理者的成长，促进教育环境的良性循环。

四、教育服务理念为高校学生管理的评价提供新的依据

在任何情况下，我国各类学校对学生管理的工作都应以取得积极成效为预期目标。在不同的历史阶段，社会对于学校学生管理质量的评价标准会有所不同。基于传统的教育观念，管理者通常将学生管理质量视为对学校组织规定与要求的满足程度，这一观念使学生管理工作更加注重效率，力求以最小的成本实现最大的教育效益。

深化高等教育服务意识，服务质量的核心评判标准应聚焦于服务接受者的满意度。这种视角转变强调了对学生及其家长需求的细致关怀与满足。相较于传统观念，现代高等教育理念已深刻认识到不同服务接受者对同一教育服务可能产生的不同质量感受。当学生和家长感受到满意的服务时，即意味

着他们的各项期望得到了满足或超出预期，进而将整体服务评价为优质，并因此对学校及教师产生深厚的信任感并获得归属感。以满意度作为衡量学生管理工作的新标准，传统的强制性管理方式将失去其效力，这促使学生管理者必须转变管理理念，积极研究学生群体，深入了解其身心特点与需求，创新教育方式方法，以满足学生的全面发展需求，从而为高校学生管理工作提供更为科学、全面的评价依据。

在评估学生管理工作时，满意度是衡量其是否符合学校教育质量要求的关键指标。根据这一要求，学生管理需具备以下几个显著特征：

1.有效性

学生管理应充分发挥教育服务产品的功能和作用，有效满足学生的学习需求，促进学生的全面发展。这要求我们在实际工作中，紧密结合学生实际，创新管理方式，提高管理效能。

2.经济性

在确保提供优质教育服务的同时，学校需充分考虑学生及家庭的经济承受能力，确保教育服务费用合理。这要求我们在制定收费标准时，要充分考虑学生的实际情况，确保教育公平。

3.安全性

学校应高度重视学生在接受服务过程中的安全保障工作，确保学生的生命安全、身心健康和人格尊严不受侵犯。这要求我们建立健全安全管理制度，加强安全教育，增强师生的安全意识。

4.时间性

学生管理应充分考虑学生在时间上的需求，提供及时、准时的服务，提高管理效率。这要求我们在工作安排上，要充分考虑学生的时间节点，确保各项工作的顺利进行。

5.舒适性

学校应为学生创造一个舒适的学习环境，提供优质的服务态度，提高学生的学习体验。这要求我们在环境建设和服务态度上，要注重细节，关注学生的实际需求。

6.文明性

学校应营造自由、亲切、尊重、友好、自然和善意的氛围，教师要具备高尚的知识修养、文化品位和优雅的举止谈吐，以培养学生的文明素养和社会责任感。这要求我们在校园文化建设上，要注重培养学生的文明习惯和社会责任感，提高学生的综合素质。

在评估学生管理工作时，应以服务对象即学生的满意度为主要衡量标准。学校应当赋予学生充分的评估权力，并制定相应的教育服务质量标准，以确保服务提供者能够明确并且遵循这些标准。这种做法不仅有助于提升服务质量，还能增强学生对教育过程的参与感和认同感。为了有效评估学生管理工作的效果，可以引入学生满意度问卷调查作为重要依据，从而及时了解学生对管理服务的实际感受和需求。然而，强调满意度作为衡量标准，并不意味着对传统评估方式的全面否定。相反，为了更科学地评价高校学生管理工作，建议构建一个全面的高校学生管理满意体系。这一体系不仅关注学生的满意度，还涵盖了管理者自我满意度、上下级间的满意度、家长满意度以及社会满意度等多个方面。

五、在学生管理工作中树立服务意识的几点要求

（一）思想观念要转变

长期以来，我国教育领域在对学生实施管理工作时，多以管理者为主导，赋予其对学生管理的绝对权威。在这种模式下，管理者与学生之间的关系呈现出一种"命令与服从"的态势。管理者通过明确的规定和要求，来指导学生的行为，确保他们"做什么"和"不做什么"，并对违反规定的行为施以"如果……则……"的惩罚措施。其管理方式主要表现为"指令性要求""批评指正"（在某些情况下，可能表现为严厉的训斥或恐吓）以及"纪律处分"等手段。尽管这种管理方式在特定的历史阶段，对于纠正学生的不良行为习

惯具有一定的积极效果，但也需要我们不断反思和改进，以适应新时代的教育需求。

随着我国社会主义市场经济的深入发展，社会竞争越发激烈，这对大学生的素质和能力提出了更高的要求。传统的高校学生管理模式已经难以适应当前的形势，我们必须以发展的眼光审视并改进这一模式，使其更加完善。将服务理念融入管理之中，贯彻"以人为本"的管理理念，是适应新形势、提升管理效能的重要途径。我们必须深刻认识到这一理念的重要性，并将其切实贯彻到管理工作的各个环节和方面，以更好地服务学生，促进他们的全面发展。

（二）工作态度要转变

学生是教育工作的核心，其个性和人格应得到充分尊重。在学生管理工作中，我们必须摒弃传统的"高高在上"的管理方式，转变态度，以"服务学生"为宗旨，不断提升工作的吸引力和亲和力。我们应主动融入学生群体，倾听他们的声音，及时采纳意见和建议，不断优化工作。要贴近学生生活，贴近学生实际，以朋友般的态度对待他们，宽厚待人，尊重、理解、关心和帮助他们。同时，我们要引导学生以主人翁的态度投入学习、工作和生活，培养他们的道德自觉和自律意识，充分激发他们的创造潜能，为他们的全面发展提供有力支持。

（三）工作作风要转变

强调落实服务意识的重要性，关键在于工作作风的切实转变。我们应紧密结合学生的思想问题与实际需求，积极关注并回应学生所关心的热点和焦点问题。在评优评奖、党员发展、贫困生帮扶以及就业推荐和指导等方面，必须秉持公平、公正、高效的原则，确保服务效果的真实性和有效性。特别是对待学习后进生和违纪同学，更应通过科学有效的教育方法，如指导学习方法、表扬优点等，触动他们的内心，使他们深切感受到教育工作者的关爱和为他们着想的初衷。这样，我们不仅能促进学生的全面发展，还能为整个群体管理的有序开展奠定坚实基础。

（四）服务意识的树立要与坚持执行制度相结合

在学生管理工作中，制度作为基石，为工作提供坚实保障；服务则作为核心理念，引领工作方向。稳定与和谐，始终是我们工作的终极目标。在强调树立服务意识的同时，我们并未忽视制度的约束作用，反而致力于提升制度执行的人性化水平。没有制度的支撑，服务将显得苍白无力。

针对部分纪律观念淡薄、思想觉悟不足、道德品质有待提高、多次违反校规校纪的学生，我们必须严格按照规章制度给予相应的纪律处分和适当处理。此举旨在维护广大同学的合法权益，并赢得他们的广泛支持，是保障校园秩序和学生健康成长的必然要求。

此外，在执行和落实规章制度的过程中，我们亦需注重融入服务意识。只有真正站在学生的角度，关心他们的成长与发展，才能赢得学生的理解与积极配合。通过将外在的规定内化为学生的自觉行为，我们能够有效提升学生的自我约束能力和责任感，确保学生管理工作的实效性和长久性。

六、在学生管理工作中树立服务意识的几点建议

（一）建立一套科学、规范、完善的学生工作制度

高校在完善规章制度时，应依据国家法律法规，结合校内实际制定可操作的管理程序，以确保有效管理。首要任务是确保学校领导、管理者和学生代表共同参与制定，以维护学生利益和实现"以人为本"的管理理念。同时，学生管理制度应包括明确违规行为、设立申诉机制等程序内容，并经过决策机构的审定才能执行。建立快速反应机制，及时响应国家最新政策，是确保制度有效性的关键。最后，除了强制性规定，自律性规定也应被重视，引导学生在集体生活中自我约束，促进良好的行为规范和自身发展。

（二）发挥学生主体能动性，变被动管理为自我管理

在工作中，务必充分调动学生参与管理的积极性，鼓励他们主动投身学生管理工作，扭转其从属或被动的角色定位。我们不能仅仅将学生视为教育管理的客体，而应将其视为参与管理的主体，以此来消除大学生对于被管理的逆反心理，推动他们实现自我管理。在学生管理工作中，应推行以学生工作处为指导，以辅导员和学生干部为协调者，以学生自律委员会为核心的学生管理方式。这不仅能有效锻炼学生的各项能力，同时也能够达成管理的目标，确保学生管理工作的顺利进行。

（三）完善学生管理者的选拔模式和培训机制

加强学生管理工作者的队伍建设，构建专业化、稳定化的管理队伍。

1.创新学生管理者的选拔机制

目前存在部分毕业生以留校任教为目标，将学生管理工作视为跳板，或是通过非正常渠道进入管理队伍的现象，这导致管理者工作热情不高，管理效能难以保证。因此，我们必须采取全新的选拔模式，面向全社会，通过科学完善的选拔机制，广泛吸引各类优秀人才，从而扩充管理队伍规模，提升整体质量。在选拔过程中，应特别关注候选人在教育学、心理学、管理学等领域的知识储备。

2.创新学生管理者的培训机制

学生管理工作的高效实施离不开管理者的专业素养和灵活应变能力。在现代学生管理模式下，广泛的专业化培训，如教育学、心理学和管理学的知识培养，能够有效提升各类管理者的能力水平。这种全面的培训策略不仅关注实质性管理内容，还强调应对复杂情况的能力，为构建专业化、稳定化的学生管理团队奠定了坚实基础。

3.关注学生管理者的待遇问题

学生管理工作需要管理者具备耐心和热情，但烦琐的工作内容可能影响

他们的长期工作热情。管理者的高流动性也对学生管理工作的稳定性和完善性构成挑战。因此，提升学生管理工作者的待遇水平至关重要，这不仅有助于吸引和留住优秀人才，还能够确保他们能够稳定地从事这一关键工作，为学生提供良好的管理服务。

（四）加强学生的品德教育和心理健康教育

在当前高等教育体系中，人才培养工作不仅要注重专业知识和技能的传授，更要强化道德修养和心理素质的培养。高校作为培育主流意识形态的关键场所，对于塑造大学生健康的精神世界具有至关重要的影响。为此，高校学生管理工作者必须采取多元化的途径和方式，引导大学生树立正确的世界观、人生观和价值观，培养崇高的道德品质和坚韧的心理素质。因此，加强德育教育和心理健康教育成为高校学生管理工作的重要组成部分。众多高校已经认识到这一点，并在不断优化相关工作。特别需要关注的是，要结合大学生的实际需求，深入开展谈心交流，有针对性地协助他们解决学习、就业、人际交往以及健康生活等方面的具体问题，从而提升他们的思想认识和精神境界。同时，还需制订详尽的大学生心理健康教育计划，明确教育内容和方法，积极开展心理健康教育活动和心理咨询辅导，为大学生的健康成长提供有力保障。

"以人为本"的管理理念，是适应当前社会发展趋势的、具有显著成效的管理模式。各级学生管理部门必须紧密结合实际，积极推广和应用这种管理模式，并在实际工作中不断强化服务意识，有效激发学生自我管理的热情和创造力，确保管理者与被管理者之间的和谐统一，从而达成学生管理工作的时效性与长效性的双重目标。

第三节　创新管理方式

创新是高校学生管理工作不可或缺的核心，也是推动高校持续发展的关键动力。为了提升管理水平和办学效果，高校应当积极推进管理创新，彻底抛弃过时的管理方式，建立符合时代发展需求的全新管理机制。这样的努力不仅能够显著提升办学质量和效益，还能够为高校培养出更多优秀的创新人才打下坚实的基础。虽然全面创新管理理念的提出最初是针对企业创新而言，但其对于高校管理同样具有重要的指导意义和实际应用价值。

一、高校学生管理工作创新的必要性

在全球化知识经济的新时代背景下，高等教育的角色和功能显著增强，成为推动社会进步的关键力量。高校作为法人实体，必须积极采纳全面创新思维，突破传统的管理模式，实现全时、全球化和全员的创新。这种创新理念不仅为高校的发展注入了强大动力，还拓展了创新的范围和深度，使其能够更好地适应新时代的发展要求。

（一）管理创新是培养高素质人才的需要

当前，科技日新月异，新兴技术层出不穷。为适应新时代生产建设需求，我们必须致力于培养大批高素质人才。为此，教育创新至关重要，它不仅涵盖了教育观念和制度的创新，更需要在人才培养模式和学生管理工作上探索新路径，以提升人才的综合素质和能力。学生管理工作作为高校育人的关键环节，其重要性远非简单的政策、制度和规章所能概括，它是一套完整的理论体系和系统工程。在推进学生管理工作的创新过程中，我们必须保持与外界思想、政策、环境的紧密对接，紧跟时代潮流和社会发展步伐，确保不被时代所淘汰。

（二）管理工作创新是高等教育大众化的需要

自 1999 年高校实施扩招政策以来，随着招生规模的不断扩大和学生人数的持续上升，传统的"精英教育"模式已逐步被更为普及的教育模式所取代。这一转变导致大学生的整体素质和层次发生了显著变化，对大学生管理工作提出了新的挑战。面对这一形势，高校学生管理工作必须积极创新，不断探索，以适应高等教育大众化发展的时代要求，确保高等教育质量和学生全面发展。

（三）管理工作创新是服务学生的需要

当前，我国正处于社会转型的关键时期，社会生活方式日趋多元化，大学生的思想观念、价值观念以及生活方式均发生了显著变化。随着互联网技术的迅猛发展，大学生对于新知识、新技术的接纳与学习速度日益加快，网络对他们的影响日益深远。

从学生管理的视角来看，互联网不仅带来了新的技术手段和方法，同时也对传统的管理方式和体制提出了挑战。为适应这一时代变革，创新管理模式显得尤为重要。这不仅是加强学生工作的必然要求，也是提升高等教育质量的关键所在。

二、全要素创新在高校学生管理中的应用

（一）高校创新发展战略的制定为全面创新指明了方向

在制定高校的战略措施时，需明确战略定位，凸显办学特色，坚定不移地走特色办学之路。要确保将有限的资源精准投放到战略性、关键性的发展领域，以实现资源利用的最大化。高校的核心竞争力源于对学校内部专业特

色、人才储备、科研成果、管理经验、资源知识积累以及整体创新能力的系统整合和优化。只有建立在现有优势基础上的战略规划，才能引导高校不断获取或保持持久的战略优势，推进特色办学战略，不仅在某一学科或专业上形成特色，还要在更广泛的领域实现特色化发展和提升。

（二）创新文化建设是实现高校全面创新的源泉

创新活动的蓬勃发展，其根源在于高校浓厚的创新氛围。若高校师生思想守旧，思路混乱，行为机械、僵化，满足于现状，缺乏进取心和创新欲望，甚至对创新行为持否定态度并加以阻挠，那么，这样的环境难以孕育出浓厚的创新氛围。深入研究表明，国内外那些享有盛誉的高等学府，其常盛不衰的活力源泉恰恰在于其独特校风的不断传承与创新机制的持续完善。

（三）创新技术是实现高校全面创新的手段

现代信息技术的快速发展不仅要求教师具备更高水平的学科知识和现代化教育技术应用能力，也推动了教育方法和手段的现代化转变，促进了课程内容的持续更新。这些变革不仅深刻改变了教学过程和人才培养机制，还对大学生的认知方式、行为模式、价值观念及政治倾向产生了广泛深远的影响。

（四）创新制度设计是高校实现全面创新的保障

任何一项制度和政策的制定，其核心目标均在于充分激发和调动人的积极性和创造性。高校作为人才培养的摇篮，必须深刻认识到个体在知识积累和学术成长过程中的独特性和差异性，坚持"以人为本"的教育理念，构建符合学生成长规律的管理制度体系。这样的制度设计，不仅有助于激发学生主动学习的热情和潜能，更能有效促进教师教书育人职责的履行，实现教学相长的良性循环。

（五）学习型组织是高校实施全面创新的必然选择

随着我国高等教育向大众化阶段发展，高校管理规模和层次持续提升，形成了错综复杂的组织系统。传统的金字塔式组织结构已难以应对知识经济时代的需求，因此必须进行组织结构的深化改革，建立有机、灵活、扁平化、人性化的新型组织体系。这一改革的目标是实现高校的可持续发展，并充分释放员工的创造力和创新能力。

（六）全时空创新在高校学生管理中的应用

全时空创新要求学校全员将创新作为基本能力，并通过课程体系的创新培养和综合实践课程的增设，提升学生解决问题的能力和创新思维。教师更新教育观念和教学方法，将最新学术成果和热点议题融入教学，引领创新潮流。在全球化和网络化背景下，高校应充分利用创新空间，整合全球创新资源，实现各领域的创新突破。

（七）全员创新在高校学生管理中的应用

全体师生员工必须深入贯彻创新精神，持续加强学习，不断提升自我。这不仅仅是对基础科学文化知识的系统掌握，更要深入研究各自专业的前沿领域，实现广博与专精的和谐统一。我们要强化当前阶段性学习的紧迫性，同时更要树立终身学习的理念，不断汲取新知识、新技能，优化知识结构，保持与时俱进。

高校学生管理工作者必须摒弃传统的组织管理模式，积极探索新时代高校学生管理的新规律、新问题。要深入研究现代化高校学生管理的新方法，寻求更加科学、有效的管理策略，增强高校学生管理的科学性和艺术性，提高管理效率。此外，我们还应积极借鉴国内外高校先进的学生管理经验，结合信息化管理方式，推动高校学生管理工作再上新台阶。

（八）全面协同在高校学生管理中的应用

为维护正常的教学秩序，高校需要建立稳定的教师队伍，并促进各部门间的协同管理创新。随着高校规模的扩张，学生管理工作呈现出纵向多层次和横向多部门协作的特点，各部门的协同创新成为必然选择。这种协同创新汇聚了多个部门的创新力量，要求各部门全面深入地了解高校的组织创新实际情况，从而增强相互理解和信任。通过协同创新，高校能够集聚力量，提升管理效率和创新能力，解决内部矛盾和纠纷，推动整体创新的实现。

三、对高校学生管理工作创新的几点建议

（一）完善学生管理制度

高校学生管理规章制度，作为全校范围内具有普遍约束力的规范体系，是高校治理的重要组成部分。这些规章制度依据国家法律法规制定，体现了高校管理的科学性和有效性。然而，随着时代的进步和社会的发展，传统的学生管理制度已无法完全适应新的教育环境和人才培养需求。因此，高校必须积极创新，制定与时俱进的管理制度，以更好地服务学生成长和推动教育事业的发展。同时，还需要不断完善管理制度，弥补管理上的不足，确保高校治理的规范化和科学化。

（二）学生管理队伍专业化

目前，我国高等教育系统中，学生工作管理队伍的建设仍然面临一些问题和挑战。这些问题包括队伍成员的专业背景多样化、理论基础不够深厚，以及学历水平和思想素质的差异。这些挑战不仅影响了学生管理的效率和效果，也制约了学校在学生培养和服务方面的能力。因此，培养和构建一支具备高度专业化和高素质的学生工作管理队伍，成为当前高等教育机构学生管理工作的迫切需求。只有建立这样一支队伍，才能确保学生工作的规范性和

有效性，更好地服务学生的全面发展，进一步提升学校的整体办学水平和竞争力。

（三）构建高校全面创新管理体系

构建高校全面创新管理体系涉及政府、高校和科研机构多层面的合作与改革。政府需在宏观层面明确角色定位和制定战略规划，引导高校的科技发展方向。高校则需要与国内外科研机构加强合作，打造科教经一体化的创新合作机制，促进人才培养和科技创新投入。在微观层面，各高校应推进科技管理体制的创新，建设科技资源共享平台，培育科技创新文化，提升科技资金使用效益。

第四节　坚持"以人为本"的理念

现代教育事业的进步与改革的不断深化，要求我们重新审视和构建学生管理体系。传统的学生管理模式正在逐步被"以人为本"的新型管理模式所取代，这标志着学生管理改革进入了一个全新的阶段。在教育管理中，学生始终是核心要素，他们的素质提升、积极性调动以及全面发展，直接关系到管理效果的提升。科学发展观的核心是以人为本，这一理念不仅具有深厚的理论价值，更应成为现代高等教育办学的核心理念。因此，我们必须坚定不移地贯彻"以人为本"的学生管理工作理念，推动学生管理工作向更加科学、人文、全面的方向发展，为学生的全面发展提供坚实的保障。

一、什么是"以人为本"的管理

"以人为本"的管理模式强调以学生为核心，全面尊重他们的个性和需求，激发他们的创造力和积极性，促进个人全面发展和组织的持续发展。这种管理理念不仅关注学生的经济性投资，更注重其全面发展性投资，将个体的自我完善视为组织发展的重要组成部分，实现个人与组织的和谐共生。高校学生管理工作必须坚守"以人为本"的管理理念，这意味着所有管理活动都应致力于调动学生的积极性，促进学生全面发展。具体而言，高校学生管理应以学生为中心，全心全意为学生服务，确保他们能在良好的教育环境中茁壮成长。

要落实"以人为本"的管理理念，高校需从各个层面进行改进。在教学、行政管理、学生学习和后勤服务等各个环节，高校都应深化教育改革，转变传统的以学校和教育者为核心的工作思路，形成以学生为核心的服务型管理。

这意味着高校不仅要教育学生，更要理解学生、尊重学生、服务学生和信任学生。

"以人为本"的高校学生管理，意味着高校的所有工作都应以学生的发展为出发点和落脚点，确保学生在德、智、体、美等方面得到全面发展。高校应致力于营造一个充满人文关怀的环境，使学生在这样的环境中受到潜移默化的积极影响，从而更好地实现自我价值和社会价值。

二、实现"以人为本"的管理模式的必然性

高校在当前社会中扮演着关键的人才培养和输出角色，其管理体系中存在的抽象化和格式化问题限制了管理工作的效能。高校学生管理的核心是培养合格的综合素质人才，这需要从根本上审视管理目标的具体化和个性化，以更好地完成学校的整体使命，担起社会责任。

人性化管理是一种注重提高管理效率的管理模式，其核心在于通过情感引导和个性化的方法，尊重被管理者的个人自由和创造力，从而激发其积极性和主动性，使其能够全身心投入到学习和工作中。这种管理模式不是放任自流，而是强调在管理中同时考虑情感因素和理性法则，从而实现管理和教育的人性化发展。

对于高校学生管理而言，实行"以人为本"的管理模式至关重要。因为学生管理本质上是对人的管理，涉及人的需求、属性、心理、情绪、信念、素质、价值等一系列核心问题。因此，高校学生管理应以学生的全面发展为出发点和落脚点，关注学生的个性差异和多样化需求，营造积极向上、健康和谐的校园环境，促进学生的全面发展和成长成才。这种管理模式不仅有助于提高管理效率，更能促进学生的全面发展和提升整体教育质量。

高校肩负着为社会进步和发展输送教育和人才的重要使命。大学生已经具备了成为国家栋梁的基本素质和潜力，因此，在教育和培养过程中，必须充分激发和调动大学生的主动性、积极性和创造性，为他们创造一个有利于

培养创造力和自主创新能力的环境。

为实现这一目标，高校学生管理工作必须坚持人性化管理的原则，推行"以人为本"的管理理念。首要任务是转变教育管理理念，树立科学的人才观，避免以单一的人才模式束缚学生，限制其个性的发展。学生管理工作者需要具备前瞻性的视野和多样化的育人策略。

同时，必须重视提高教师的综合素质，加强管理者的人格魅力，以更好地引导和教育学生，促进他们全面发展。通过这些措施，我们能够为大学生的成长和发展创造更好的条件，为社会的繁荣和进步贡献更多的优秀人才。

在新时代背景下，高校学生管理工作面临诸多变革与挑战。传统的高校学生管理模式已无法完全适应现代学生的需求和发展，迫切需要我们转变管理理念，探索新的管理路径。

一方面，随着招生规模的扩大和对个性培养、创新教育的重视，学生群体的特点和需求发生了显著变化，这要求我们在高校学生管理中更加注重学生的主体性和个性化发展。

另一方面，构建和谐社会、和谐校园的大背景下，高校学生管理必须坚持以人为本的原则，强化管理者的人格魅力，提升教师的综合素质，以实现学生全面发展和个性发展的目标。

因此，高校学生管理应当积极探索人本化管理模式，适应新形势下的管理要求。这不仅是对教师和管理者的一次挑战，更是推动高校学生管理向更高水平迈进的重要机遇。

三、构建"以人为本"的学生管理模式

（一）加深对学生的本质认识

高校学生管理工作，自计划和任务的设定，至内容和形式的抉择，均基于对学生群体的全面认识与精准把握，更离不开对学生成长过程中各类复杂矛盾的深入剖析。实际上，每一名学生均有其独特且不可替代的个人需求。

这些需求在群体之中并非孤立存在，而是相互交织、互为影响。针对高校学生管理工作而言，学生对于所处管理环境的直观感受、在学校中的定位，以及学习、恋爱、人际关系、就业等个人发展需求的满足程度，均为决定管理成效的关键因素。因此，高校学生管理工作应充分考虑学生的个性化需求，以更好地促进学生全面发展。

缺乏对上述因素的深刻认识、敏锐洞察和精准把握，高校学生管理就如同失去源头的水流、失去根基的树木，难以立足。因此，我们必须全面考量学生的个体差异，高度重视个人需求在管理中的重要性和作用，并视其为动态变化的过程。只有这样，高校学生管理才能目标明确、措施得力，有效提升管理效率，实现预期的管理效果。

（二）营造"以人为本"的校园文化环境

校园文化环境综合了物质和精神两个方面的要素，是高校发展和师生成长的重要基础。良好的物质环境体现在合理的建筑布局和优美的绿化、舒适的学习和生活空间；而丰富的精神环境则体现在校风校训、文化活动等，表现出积极向上的学术氛围和人文精神。建设和维护一个健康、和谐的校园文化环境，是推动学校发展、提升教育品质的重要保障。

人的发展与才能获得不仅受到遗传和教育的影响，环境同样扮演重要角色。在学校中，精心设计校园文化环境和组织多样化、富有创意的集体活动，塑造了学校独特的教育氛围和精神风貌。这种环境不仅促进了学生的道德情操和志向发展，也为他们提供了展示个人才能、发挥潜力的重要舞台，推动了学生的全面成长和学校教育品质的提升。

在健全的集体中，在同伴的积极影响和优良校风的熏陶下，学生更易于纠正不良行为，塑造良好品德。这是因为集体的凝聚力和向心力对于促进学生思想品德的健康发展具有强大的推动力。因此，我们必须充分激发和调动学生的主动性、创造性，以及他们内在的潜能，通过举办丰富多样的集体活动，让学生在实践中锻炼和提升自己的能力。同时，这些活动也为学生提供了展示才华、发挥特长的机会，使集体活动与教育工作相辅相成，共同促进学生的全面发展。

（三）构建以学生为中心的管理模式，实现学生自我管理

在建设符合人性发展的学生管理体系中，我们必须牢记两大基本原则：一是尊重每名学生的主体地位和人格尊严，保障其在受教育过程中的自主权利；二是平等对待所有学生，积极提供高质量的全面发展服务，确保每名学生都能够在良好的环境中成长与发展。为了实现这一目标，需要充分调动和发挥教育主体的主观能动性，让学生的个性得到全面展示，潜力和发展潜质得到充分挖掘。积极倡导和实践学生的自我管理、自我教育、自我约束、自我服务、自我发展等理念，是培养学生独立思考、分析、解决问题能力的重要手段。这种管理方式不仅有助于提升教育工作的质量，为学生的自主发展提供更大空间，而且符合学生成长成才的客观规律，有利于实现教育目标的全面达成。

四、学生在管理中的问题

高校学生常有叛逆心理，渴望自由，不喜欢规章束缚。为此，我们可采取以下措施：通过激励和参与课外活动培养自我管理能力，让学生自主参与，而非被强制；同时，灵活运用物质和精神激励方式，激发学生的积极性和竞争心，促进良好的管理习惯的形成。这样的管理模式既能满足学生的自由需求，又能有效推进学校管理工作。

五、加强学生管理机制

加强学生管理工作，需要我们持续付出努力，深入与学生沟通交流，全面理解学生需求，以更精准地推进管理工作。我们必须立足于学生的实际需

求与期望，真心实意地为他们提供优质服务。在教育管理层面，教育工作者应广泛涉猎教育类书籍，深入掌握当代学生的心理特征，明晰问题处理策略。同时，承担学生管理工作的教育者必须具备满腔的工作热情与无私的奉献精神，这是管理工作的基本要求，要始终关心学生，深入了解他们的需求，从人性化的角度出发，为他们提供更好的指导与帮助。此外，建立健全的教师晋升与培训机制同样至关重要，这能够有效激励表现优秀的教师，激发他们的工作热情，使学生管理工作得以更加高效地推进。

高校管理工作是一项肩负重大责任的任务，它要求我们紧密围绕学生的基本需求，坚定不移地以促进学生的全面发展为出发点和落脚点。在这个过程中，管理者应更多地扮演引导者的角色，助力学生迈向更加光明的未来。这不仅是我们的职责所在，更是我们在未来工作中必须不断强化的重点。

六、提高学生管理工作者的素质

"以人为本"的管理核心体现了管理的自主性、民主性、灵活性和发展性，这对从事学生管理工作的人员提出了更高要求。教育的根本目的在于"育人"，而"教书"是实现这一目标的手段与过程。在高等教育中，各门课程均承载着培养人才的使命，全体教师都肩负着教育学生的职责。教师的道德品质和职业素养对学校道德教育成效具有决定性影响。因此，教师和所有管理人员需从不同层面对学生施加积极影响，确立全员参与、全程管理的育人观念。面对经济社会形势的不断发展变化，学生工作者须保持敏锐洞察力，因势利导，有效引导学生，确保教育工作的顺利开展。

要建设一支高素质的学生工作队伍，高职院校需做好规划与人员选配，领导部门要给予全面支持。学生工作者个人则应努力提升自身素质，以服务意识和创新精神推动学生工作的发展。这样的合作与努力将有助于促进学生成长成才，推动学校事业的不断发展。

以"以人为本"的理念进行学生管理意味着注重新颖创意和巧妙方法，

关注学生的细节并重视服务。管理者需要推崇积极向上的观念，并不断改革创新管理模式，才能真正促进学生全面、和谐、持续发展。这种管理方式符合新时期的科学发展观，能够引导学生形成积极向上的世界观、人生观和价值观。

第五节　"以人为本"的高校学生管理模式

一、"以人为本"高校学生管理的内涵

在构建高校学生管理模式时，应深入贯彻"以人为本"的核心理念，具体体现在以下几个方面：

首先，必须牢固树立服务学生的观念。高校需要以学生为中心，以提供优质服务为宗旨，不断优化管理方式和服务功能，确保满足学生多样化的教育需求，从而促进教育质量和学生发展的有机结合。

其次，要积极树立民主管理观念。在当前时代背景下，高校管理需积极响应学生对平等参与管理的需求，将学生视为管理的重要主体和对象，通过充分调动他们的积极性和主动性，建立全员参与的管理模式，实现真正意义上的"以人为本"，体现高校管理的民主精神和管理效能。

最后，必须加强法治观念。加强法治观念的应用是实现"以人为本"管理理念深入发展的重要保障。通过依法管理，严格遵守法律法规，有效保障学生的合法权益，并推动管理工作向规范化、制度化方向发展，从而确保管理工作的公正性、透明性和高效性。

在高校学生管理中，采用"以人为本"的管理模式意味着要充分尊重和关注每位学生的个性特点和发展潜力，而不是简单地强调共性。这种模式的核心在于激发学生的创新意识和创新能力，以促进他们的全面发展和成长。通过积极培养创新观念，学校能够更好地引导学生发挥个性优势，为其未来的职业发展和社会贡献奠定坚实基础。

"以人为本"的高校学生管理理念强调从心理学角度深入理解学生心理特征，尊重其合理需求，并通过人性化教育与管理实施个性化指导。该理念

重视学生的主体地位，激发其自我教育、自我管理和自我服务能力，促进全面发展。同时，强化角色转换与有效督导，确保教育管理的实施。全面加强对学生的教育与服务，旨在培养有理想、有道德、有文化、有纪律的社会建设者和接班人。

二、推行"以人为本"高校学生管理模式的意义

（一）"以人为本"是时代进步及现代高等教育管理价值观转变的体现

在当下世界日新月异、风云变幻的大环境下，政治多极化、经济全球化的深入发展，金融危机的复杂影响，以及文化多元化的交融碰撞，都对高校学生管理模式的创新提出了更高要求。随着我国社会主义市场经济体制的日益成熟，社会分工的精细化、就业竞争的激烈化，以及职务晋升的挑战性，都对人才培养提出了更为严格的标准。

面对这一新形势，高校学生管理必须深入研究新情况、新问题，积极迎接新挑战，不断提升自身的管理水平和服务质量。这既是高校学生管理理论与实践的重要课题，也是推动高等教育事业持续健康发展的必然要求。

"坚持以人为本，树立全面、协调、可持续发展观，促进经济社会和人的全面发展"的指导思想，为高校学生管理工作提供了根本遵循。在这一思想指导下，高校学生管理应坚持以人为本的理念，关注学生的全面发展，努力营造有利于学生成长成才的良好环境。

同时，高校学生管理还应积极探索新的管理模式和方法，不断提高管理效率和服务质量，以适应新时代的发展需求。只有这样，才能培养出更多符合时代要求的高素质人才，为国家和社会的繁荣发展做出积极贡献。

（二）"以人为本"的学生管理模式代表高等教育管理手段改革的新趋势

在 21 世纪知识经济快速发展的背景下，教育的关键在于如何有效适应和引导这一时代的变革和需求。因此，高校教育管理者需要深刻理解和践行"以

人为本"的管理理念。这一理念强调个体的尊严和发展，注重人的潜力开发和创新能力的培养。管理者应不断学习新知识，提出新见解，更新观念，以开拓新的管理思路和方法，来应对现代人文教育的挑战和需求。

在当前社会变革和知识经济发展的背景下，高校教育必须深刻理解和贯彻"以人为本"的管理理念。这一理念不仅强调对学生个性和尊严的尊重，更关注个性化教育、主体意识的培养以及创新精神的激发。通过建立健全管理体系，高校能够为学生提供更为适宜的学习环境，使他们在学术、人格和能力方面都能得到充分的发展和提升，为社会培养出更具有创造力和适应力的新一代人才。

尊重学生的个性和尊严是教育管理的基础，但这并不意味着对违纪行为放任不管。真诚的关怀和坚定的教育原则能够在思想、学习和生活层面全面促进学生的发展，为他们的成长和自我实现打下坚实的基础。

（三）"以人为本"的学生管理模式在网络时代成为可能

随着互联网的迅猛发展，高校学生管理工作面临新的挑战和机遇。网络时代的到来改变了学生获取知识和信息的方式，同时也产生了对网络素养教育的迫切需求。高校应该积极应对这些挑战，通过加强网络素养培养，引导正确使用网络资源，促进学生的全面发展和健康成长。这不仅是管理者的责任，也是确保学生在信息化社会中具备应对能力和竞争力的重要举措。

（四）"以人为本"的学生管理模式是大学生权利本位的要求

在经济蓬勃发展与科技日新月异的时代背景下，当代大学生群体展现出了鲜明的时代特质。他们普遍具有强烈的自我意识、独立精神、平等观念和个性追求。多数学生学识渊博，思维敏捷，对新事物的接纳能力强，甚至在特定领域的知识储备已超越师长。现代学生不再满足于传统的被动接受与权威服从，而是追求平等对话和独立思考。然而，我们也必须正视当代大学生面临的一些挑战。部分学生在自理能力、团队协作能力方面存在不足，意志力薄弱，心理承受能力有待提高。这些问题同样不容忽视，需要我们共同努力加以解决。

在经济和科技迅猛发展的今天，当代大学生展现出了独特的时代特质，包括强烈的自我意识、独立精神和对平等对话的追求。他们具备广泛的知识储备和快速接受新事物的能力，展示出前所未有的学术和思维水平。然而，同时面临着自理能力不足、团队协作能力有限以及心理承受能力需提升等挑战。这些问题需要教育管理者和社会共同关注和努力，以促进学生全面发展和健康成长，确保他们在现代社会中具备应对复杂挑战的能力。

当代大学生不仅是教育的接受者，更是消费者。他们对自我权利的认知更加清晰，将维护权益视为个性和精神独立的重要体现。因此，他们在教育消费中关注学费公平性、住宿费合理性等方面，以及教育质量与消费支出的对应关系。这种态度促使高校管理者需要更加关注学生的需求和期待，确保教育服务的公平性和质量，以满足学生对于高质量教育的期待和要求。

对于学校的各项规章制度，大学生们亦会积极表达观点，对制度的科学性与合理性进行评议，并期望通过正规渠道反映意见。他们渴望深入了解学校的发展状况、奖惩机制、师资建设以及就业前景等信息。这种维权意识对于学校而言，是一种积极的推动力，促使学校更加审慎地调配教学资源，优化师资队伍管理，以及提升校园管理的科学性和人性化水平。

当代青年学生展现出积极的权利意识，不满足于简单觉醒，而是努力将其付诸实践。然而，他们在这一过程中面临着认识模糊和表达方式冲动的挑战。因此，高校学生管理者需要在尊重学生权利的同时，引导和教育学生，防止其思想中可能出现片面化和极端化倾向，以促进学生个人成长与学校发展的和谐共进。

三、"以人为本"高校学生管理模式的特征分析

高校学生管理模式若以人本理念为指导，相较于传统模式，主要展现出

以下显著特点:

（一）"以人为本"的高校学生管理模式注重学生的全面发展

高校学生管理工作应坚持以人为本的原则，将学生的全面发展作为工作的核心目标和最终归宿。这要求我们在管理工作中，始终以学生为中心，关注学生的个性化需求和全面发展，注重培养学生的品德、智力、体魄和审美等多方面的素质。

相较于传统的管理模式，人本管理不仅关注学校和班级的组织目标和利益，更重视学生的成长和发展。它强调在保障组织运行的同时，应更加注重学生的个性化发展，尊重学生的个性差异，培养学生的独立性和创新精神。

因此，以人为本的高校学生管理，旨在培养具有独立思考能力、鲜明个性和多元化才能的人才，而非仅仅追求学生的服从和标准化。这样的管理模式更符合教育的本质和目标，有助于实现学生的全面发展和社会的可持续发展。

（二）"以人为本"的学生管理尊重学生的主体性

主体性，从根本上讲，是指人作为主体在与客体（即自然）的对比中，所展现出的独特属性，这些属性使人类与动物区分开来。那么，人的主体性应如何体现呢？马克思主义提出，人的主体性特征主要体现在人与客体的相互作用中，具体展现为自主性、能动性和创造性。在学校教育中，学生的主体性也应通过这三个方面得以展现和培育。

传统管理理念视规章制度为神圣不可侵犯的，它被视为学生管理的基石与核心，强调"无规矩不成方圆"的硬道理。在这一理念下，制度被赋予了至高无上的地位，其严肃性、刚性和不可通融性被淋漓尽致地体现出来，制度面前人人平等，不容有任何例外。这种管理理念在学生管理中体现为采用"管、卡、压"的强硬手段。然而，这种管理方式在实际上却忽略了一个重要事实，即学生并非被动接受管理的对象，而是具有自主性、能动性和创造性的主体。

学生的积极参与是提升管理质量不可或缺的一环。即便管理制度再完备，若缺乏学生的积极响应与配合，也难以取得理想的管理效果。因此，要确保学生管理取得显著成效，必须充分激发学生的参与热情，切实尊重学生的主体地位。为实现这一目标，我们在管理实践中应始终坚持"导之以行，晓之以理，动之以情"的指导原则，确保管理工作既规范严谨，又充满人文关怀，从而有效引导学生自我管理、自我发展，共同营造和谐有序的学习生活环境。

人本管理在学生管理中旨在通过外在规章制度和环境影响，引导和规范学生的行为，同时强调内在因素的培养和激发。管理者不仅要提供有效的管理措施和良好的学习生活环境，还需激发学生的自觉性和积极性，使其能够在管理过程中实现自我提升和成长。因此，学生管理不是简单地将外界的行为规范强加于学生，而是通过内外结合，促使学生在自我意识和自我管理能力上不断进步，达到全面发展的目标。在这个过程中，管理者应理解和信任学生，尊重每位学生的个性和需求，通过个性化的服务和支持，激发其自我动力和创造性，使他们在学习和成长过程中充分展示其独特的潜力和能力。这种管理方式不仅关注学生的行为规范，更注重其内在的成长和自我实现，以实现学校教育目标的全面提升和学生个体价值的最大化。

（三）"以人为本"尊重学生的个性发展

根据马克思主义关于人的全面发展理论，个体性是个体在自然素质基础上，经过个体实践、教育和社会环境等多重因素作用所塑造出的独特心理特性的总和。个体性具有先天性、差异性、社会性和可塑性等鲜明特征。在个体性发展中，自主性和创造性的发挥处于核心地位，是推动个体全面发展和实现自我价值的关键。

在传统的学生管理模式中，我们未能充分认识到学生作为一个不断成长和发展的个体，正经历着由个体性向社会性的转变。因此，许多教师在学生管理工作中过于强调学生的服从性，要求学生循规蹈矩，唯命是从。这种管理方式不仅不能容忍学生的缺点，而且在面对学生不规范行为时，采取简单粗暴的教育手段，其效果往往不尽如人意。

这种管理模式过于追求"齐步走"和"整齐划一"，忽视了学生个体之间的差异和个性特征。因此，培养出来的学生往往缺乏创新思维和独立思考的能力，难以适应时代发展的要求。为了改善这种情况，我们需要转变学生管理理念，更加注重学生的个体差异和个性发展，以更加科学、人性化的方式来进行学生管理。

在现代社会，我们既要看到它为个人发展提供了前所未有的机遇，也要清醒认识到它对人才素质提出了更为严苛的要求。因此，我们在培育新时代的青少年时，必须确保他们不仅具备扎实的基础知识和卓越的实践操作能力，还必须拥有全面优秀的个人品质和灵活适应社会环境变化的能力。这要求青少年不仅要具备强烈的事业心和使命感，还要承担起社会责任，展现出丰富的想象力、敏锐的洞察力以及严谨的科学精神。同时，他们应具备良好的心理素质，勇于面对挑战，积极参与竞争，关心他人，善于团队合作。更重要的是，青少年要培养自觉、自主、自强、自信的品质，保持进取精神，勇于创新，努力成为新时代的优秀建设者和接班人。

（四）"以人为本"的高校学生管理体现因材施教的原则

"因材施教"作为我国古代教育的重要原则，由孔子在教学实践中深入探索并确立。宋代学者朱熹将孔子的这一思想凝练为："夫子教人，各因其材。"这一原则强调，教师在教育工作中，应依据每个学生的个体差异和特质，如他们的能力水平、性格特点、特长优势以及原有的知识基础等，来设定有针对性的教育目标和要求。教师需要灵活选择教学方法，为每个学生提供符合其特点的教育路径，以推动学生的全面发展和个性成长。然而，在实际教学工作中，部分教育工作者未能充分尊重和发挥学生的主体地位，仅将学生视为教学的被动接受者，过分强调共性而忽视了学生的个体差异和主观能动性。

在教育实践中，这种问题具体表现为专业设置过于细化，培养目标单一，教学计划和考核评价标准过于注重统一性和共性，缺乏对学生个性发展的关注和尊重。受此影响，学校开设的专业和课程往往成为学生必须学习的固定内容，学生的选择空间有限。同时，学校安排的老师也往往成为学生必须听从的权威，学生缺乏足够的自主选择权和参与权。

这种从属、被动的教学模式严重制约了学生的个性发展和能力培养，导致学生的视野和思想受到局限，专业素质难以提升，创新意识和创新能力不足。这不仅不利于学生的个人成长和发展，也难以满足社会和时代对人才的需求。因此，我们必须重新审视和改进传统的教学观念和方法，更加重视学生的主体地位和个性发展，为学生提供更加宽松、自由、多样化的学习环境和机会，以促进学生的全面发展和社会的持续进步。

人本理念在高校教育中的核心是坚持"以学生为中心"，推动教育教学改革以满足学生个性化发展的需求。通过实施一系列措施，如学分制管理、跨院（系）选修、校际选课制度等，学生在学业选择上获得更大的自主权和灵活性。这些改革措施不仅尊重了学生的主体地位，还体现了因材施教的教育原则，促进了学生自主发展和全面成长。选课优先和学生选老师机制更是通过保障教学质量，确保学生的学习需求得到满足。这些创新举措为学生提供了更广阔的发展空间和更多元的教育资源，全面体现了以学生为本的教育理念

（五）"以人为本"强化学生管理的服务意识

传统学生管理模式以管理者为核心，过分强调个体服从于群体，忽视了学生的主体地位及其权益。该模式将学生视为单纯的管理对象，侧重于约束与规范，要求学生行为符合社会与学校既定标准，以"无事故"为管理核心目标。然而，此模式忽视了学生个性和创造力的培养，制约了学生自由全面发展的可能性。面对当前高等教育的新形势和对于创新精神的高度要求，此种管理模式已显得不合时宜，不利于构建注重素质教育的创新人才培养模式。

在中国人民共和国《高等教育法》明确的法律框架下，教育作为第三产

业的一部分，应当体现出其服务性质。高等院校必须强化服务意识和质量，视学生为教育的核心服务对象。学生与学校的关系可以比喻为买方与卖方，学生作为消费者有权利要求高质量的教育服务。这要求学生管理工作者在提供各种服务时，必须充分尊重学生的主体地位，注重其个性和创新能力的发挥。高等院校的核心使命是为学生提供优质的服务，满足其合理需求，培养符合社会主义现代化建设需要的优秀人才。通过提升服务质量和意识，高校能够更好地支持学生的全面发展，确保教育服务真正落实到位。

在处理学生事务时，必须将学生视为特殊的消费群体，充分认识到他们身心发展的不成熟性。学生因缺乏社会经验，需要在成长过程中获得特定的支持。这种支持不仅包括心理咨询服务，还涉及世界观、人生观和价值观的正确引导，以及个人潜能的开发和个人权益的维护。学生管理工作者需具备高度的责任感和使命感，致力于帮助学生塑造健全的人格，培养深厚的人文素养，树立正确的世界观、人生观和价值观，并激发他们的创新精神。通过提供这种全面的支持和引导，真正体现以学生为本、以学生为中心的教育理念，促进学生的全面发展和健康成长。

四、构建"以人为本"的高校学生管理模式

（一）重新认识和理解学生的本质

高校学生管理工作，必须建立在深入了解学生的基础之上，无论是规划工作流程、分配工作任务，还是选择管理策略和内容，都应以学生的需求和发展为导向。每个学生都是独特的个体，他们的思想、情感、需求都各具特色，不容忽视。因此，高校学生管理工作者应当积极思考，如何更好地满足学生的个性化需求，促进学生的全面发展。

同时，我们也要看到，学生的个体需求并非孤立存在，而是与整体环境紧密相连。学生与学校、家庭、社会之间的关系是相互影响、相互作用的。高校学生管理工作者应当站在全局的高度，把握学生需求与学校整体发展的

关系，推动学生个体与整体的协调发展。

此外，我们还要认识到，学生的需求是不断发展变化的。随着时代的发展和社会的进步，学生的思想观念、价值观念、生活方式等都在不断发生变化。高校学生管理工作者应当保持敏锐的洞察力，及时把握学生需求的变化，不断调整管理策略和内容，以适应学生的发展需要。

（二）高校的管理方略要以学生为中心，鼓励学生开展自我管理

首先，营造一种宽松而和谐的校园环境至关重要，这样的环境能够激发学生的自主管理意识。高校有责任为学生提供优质的文化环境，这不仅是实现学生自我管理的基石，也是塑造他们个性和价值观的关键因素。学校的文化环境需保持宽松，让学生自由成长，同时激发他们的主体精神。

其次，改革现有的学生管理结构势在必行，应以建立学生自我管理制度为核心。学生作为自我管理的主体，需要充分发挥创造性和责任感。因此，我们将设立专门机构，确保学生自我管理顺利进行，并将其制度化和常规化。

（三）实现学生管理方式的不断创新

高校学生管理方式的科学性与合理性，对于学生的全面发展和人才培养具有至关重要的影响。因此，高校学生管理工作必须严谨规范、科学合理，以确保学生能够在良好的教育环境中茁壮成长。为实现这一目标，我们需注意以下几点：

首先，必须高度重视教师在学生成长过程中的关键作用，并关注他们对学生产生的深远影响。借鉴人本主义心理学理念，我们应将道德教育与日常教学活动紧密结合，使学生在潜移默化中塑造健全的人格。

其次，要采取恰当的教育形式和方法，确保其与教学目标和内容相契合。结合大学生的心理特点和认知能力，我们应关注学生的真实生活体验，从实际出发，引导他们树立正确的世界观、人生观和价值观，并培养他们独立思考和判断的能力，以及独立生存的技能。

第六节 目标设置理论下的高校学生管理模式

在高等教育领域，辅导员是承担学生管理重任的中坚力量，他们不仅是学生日常事务的管理者，更是学生全面发展的引导者。作为学生工作的一线执行者，辅导员与学生保持着最直接的联系，他们对学生的了解最为深入，对学生的影响也最为深远。辅导员的管理哲学和工作方法，直接关系到高校学生管理工作的整体质量和效率。因此，将目标管理理念引入辅导员的日常工作中，对于提高学生管理工作的系统性和针对性，推动高校学生管理工作向更高水平迈进，具有十分重要的意义。

一、目标管理理论的特点

目标管理理论由彼得·德鲁克提出，以目标设置理论为基础，强调通过激励机制细化和分解组织目标，并对目标执行进行严格的跟踪和控制。将组织目标转化为个人目标，并通过奖惩机制来促进目标的实现。在这一过程中，员工通过自我控制和自我管理，积极投身于工作，既提高了工作积极性和效率，又为企业的稳健发展奠定了坚实的基础。这一理论在实践中证明了其有效性，成为现代企业管理的重要工具。目标管理理论的核心特征如下：

（一）以目标为导向的管理模式

目标管理不仅仅是对目标本身的管理，更是通过目标的设定、实施和评价来实现对整个组织的管理。它要求各级管理人员和员工都要有明确的目标，并根据目标进行工作。

（二）注重参与式管理

在目标设定过程中，组织员工参与，充分发挥员工的智慧和创造力。这种管理方式有助于增强员工的责任感和归属感，提高员工的积极性和工作动力。

（三）推行员工自我管理

目标管理理论倡导员工自主管理、自我驱动，让员工对自己的工作负责，并激发员工的创造力和创新精神。这种管理方式有助于培养员工的自主性和独立性，提高员工的工作效率和质量。

（四）强调成果导向的评价机制

在目标实施过程中，组织重视员工的工作成果和贡献，并根据目标完成情况进行奖惩。这种评价方式有助于激发员工的工作热情，提高员工的工作满意度和忠诚度，同时也有助于实现组织的持续发展和创新。

二、高校学生管理工作困境呼唤目标管理

高校学生管理工作的优化与目标管理理论的融合，是基于目标管理理论的核心特质以及当前高校学生管理工作所面临的挑战所做出的必然选择。

在高校中，辅导员的学生管理工作历来面临两大挑战。

其一，辅导员与学生之间建立了深厚的情感联系，从入学指导、生活琐事处理到专业学习咨询，学生都高度依赖辅导员。辅导员需要在情感投入与职责定位之间寻找平衡，既要履行思政教育职责，又要承担学生管理任务。这种双重角色定位往往导致辅导员在工作中产生困惑，影响工作效率和质量。

其二，高校专职辅导员的师生比例通常不低于 1：200，加之学生事务的繁杂性，辅导员面临巨大的工作压力。如何在保证工作量的同时，确保学生管理工作的质量和水平，成为辅导员工作的重要课题。

然而，需要明确的是，思政教育与学生管理并非相互排斥。根据目标管理理论，辅导员可以通过设定明确的目标，引导学生参与自我管理，将思政教育融入目标教育中。这样既能避免辅导员在日常工作中的角色冲突，又能提升工作效率和质量，实现思政教育与学生管理的和谐统一。

三、目标管理在学生管理中的具体运用

（一）确定目标管理的推行范围

在高校学生管理中，要精心挑选目标管理的实施范围，这关乎到目标管理的受众选择。经过长期实践观察，我们发现大一学生群体是最为适宜推行目标管理的对象。相较于其他年级，大一学生在多个维度上，如学业追求、社交活动、职业规划以及对未来的憧憬等，都展现出了更高的热情和积极性。有研究表明，大一学生在设定各类目标时，包括学习目标、社交目标、社会责任目标以及未来发展规划等，普遍展现出更高的水平。这背后的原因是，大一新生正处于人生的新起点，他们对大学生活充满期待，同时他们的世界观、人生观和价值观正处于塑造和形成的关键时期。因此，大一学生群体成为实施目标管理的重点对象，辅导员在推行目标管理时，应当采取分班级、渐进式的策略，确保工作的有序和高效。

（二）加强对学生的宣传和教育

为深入推动学生对目标管理的全面认知，为未来的目标管理工作奠定坚实基础，辅导员需认真执行以下任务：

第一，对传统班级管理体系中的班干部进行适当调整。在确保班级管理工作的高效与顺畅的前提下，对班委成员和结构进行优化。班干部的选拔应坚持简洁高效的原则，形成班长、团支书为核心，学习委员、宣传委员、组织委员为支撑的三级管理体系。同时，每个宿舍一个学习小组，并由宿舍长兼任小组长，负责组织和协调小组成员的学习活动。

第二，明确宣传教育的重点对象。大一学生是整体宣传教育的对象，而班干部是其中的关键。他们的理解力和执行力对全体学生正确实施目标管理具有重要的引领作用。

第三，精心策划宣传教育内容。宣传教育应围绕"目标管理的核心理念"和"实施目标管理的具体步骤"展开，使学生深刻理解目标管理相较于传统管理的优势，并明确目标管理与自身学习发展的紧密关系。

第四，选择恰当的教育方式。为了有效开展宣传教育，辅导员应制订详细的计划，明确责任人，并根据不同层次实施。首先，对班干部进行系统培训，确保他们具备领导、宣传、教育的能力。接着，通过专题讲座和发放宣传资料等方式对全体学生进行普及教育。同时，鼓励班干部利用班会、板报等形式，在班级内部开展有针对性的宣传教育，确保每个学生都能参与和受益。此外，学习小组组长也应积极履行职责，确保宣传教育覆盖到每一位小组成员。

（三）师生共同制定发展目标

"四年之约"是一个旨在帮助大学生合理规划其大学生活的指导计划，涵盖学习、生活、择业和就业的各个方面。通过明确的总体和阶段性目标，学生可以更清晰地了解自己在大学期间的发展方向。师生共同参与目标的制定，不仅能加强师生之间的互动和信任，而且能促进学生全面发展。老师的有效指导和支持能帮助学生逐步达成目标，成长为具备全面素质的人才，从而为他们未来的职业生涯打下坚实的基础。

（四）控制目标执行过程

在确立了目标之后，实践环节显得尤为关键。在此期间，辅导员和班干部要肩负起过程管控的职责，具体涵盖对目标执行进度的监督、细致的检查以及必要的调整。

过程管控在学生管理中至关重要，其核心目的是及时发现和纠正目标执行过程中出现的偏差，特别是要对特殊群体给予关注和帮助，激励他们持续努力。辅导员需充分利用班干部的信息传递作用，特别是学习组长，确保及时掌握学生的最新动态。此外，定期召开动员会、交流会，并严格执行月汇总、月考核、月反馈工作机制，有助于提升过程管控的质量和效率。这一系列措施不仅确保了目标的有效达成，也为学生的全面发展提供了坚实保障。

（五）考评目标执行结果

目标执行结果的考评，是一个至关重要的环节，它是对过去工作成果的总结，也是对下一步工作的规划。在这一过程中，辅导员需要遵循以下三个核心原则：首先，考评的奖惩标准必须事先与学生明确并达成共识，以确保考评的公正性和有效性，辅导员不应擅自更改；其次，考评工作应及时进行，以充分发挥其激励和引导作用，任何拖延都可能削弱其效果；最后，考评的目的不仅在于奖惩，更在于促进学生的全面发展和成长。因此，对于那些在目标执行过程中表现出积极态度、努力进取的学生，即使他们的执行结果并不理想，也应成为我们鼓励和奖励的对象，以激发他们继续努力的动力。

第十一章　思想政治教育的创新发展

第一节　文化软实力：思想政治教育的新领域

进入 21 世纪，国际竞争日趋激烈，其中文化软实力的较量尤为关键。文化软实力不仅是综合国力的重要支撑，也是思想政治教育的重要载体。在我国社会主义现代化建设的进程中，加强文化软实力建设，特别是以价值观建设为核心的文化软实力建设，已成为提升国家综合国力和国际竞争力的关键。这不仅是一项战略任务，也是推进思想政治教育创新发展的必然要求。因此，我们必须坚持以价值观为核心，大力加强文化软实力建设，以此开辟思想政治教育新领域，凝心聚力，为社会主义现代化建设提供有力支撑，推动我国综合国力和国际竞争力不断迈上新台阶。

一、文化软实力：基于中国实践的话语创新

文化软实力作为中国特色社会主义实践的重要成果，不仅是中国共产党人的理论创新，也是推动社会主义事业发展的强大精神力量。深刻认识文化软实力与中国特色社会主义实践的内在联系，对于我们全面把握其科学内涵和时代价值，加强文化软实力建设，推动中国特色社会主义实践具有重要意义。

（一）文化软实力创新话语的深刻蕴含

文化软实力是在中国特色社会主义伟大实践中孕育而生的独具特色的理论概念，它深刻反映了中国共产党对文化和文化建设规律认识的持续深化与创新发展，蕴含了丰富而深刻的思想内涵。我国所强调的文化软实力，不仅体现在对外的文化吸引力上，更在于对内的文化凝聚力上，这两者相互统一，共同构成了我国文化软实力的重要内涵。

文化凝聚力源于文化内核的价值观念，这种力量对于民族精神的塑造和社会发展的推动作用不可估量。在当代中国，文化不仅是凝聚全民族力量的纽带，也是国家软实力的重要组成部分。中国特色社会主义文化以社会主义核心价值观为核心，通过强化文化建设和价值观教育，不断增强民族精神的凝聚力，推动中国社会主义事业不断向前发展。这种文化凝聚力不仅体现了国家的自信，也为实现中华民族伟大复兴提供了坚实的精神支撑。

文化吸引力是国家软实力的重要体现，对于增强国家影响力和国际竞争力具有重要意义。要提升文化吸引力，必须采取多种手段，积极推广本国文化，让世界各国人民有机会接触、了解、欣赏、认同和接受我们的文化。

中华文化的吸引力源自其深厚的历史底蕴和独特的文化魅力，包括诗歌、戏剧、书法、绘画等多种文化载体，承载着伟大的中华民族精神。然而，单纯的文化传承并不足以形成强大的文化吸引力，我们还需要通过深化中国特色社会主义文化建设，促进中华文化同世界各国文化的交流与融合，以文化融合化解文化冲突，增进世界各国人民对中国的理解、认同和支持。因此，提高推动中华文化走向世界的能力，必须构建全方位、多层次、宽领域的对外宣传和文化交流工作新格局，形成与我国国际地位相称的对外宣传舆论力量。我们要不断创新宣传方式，强化宣传效果，努力增强中华文化在世界上的吸引力、竞争力和影响力，为推动构建人类命运共同体贡献智慧和力量。

（二）文化软实力话语创新的时代价值

首先，文化软实力话语创新的提出不仅是对传统文化转型的积极响应，也为建设社会主义文化提供了新的理论支撑和实践路径。通过富有创新性和包容性的文化表达，我们能够进一步激发国内外对中国文化的关注和认同，增强国家软实力在国际舞台上的竞争力。这不仅有助于塑造具有国际影响力的文化形象，还能深化社会主义核心价值体系在国内的传播与实践，促进民族团结和国家的全面发展进步。

其次，文化软实力的创新发展不仅为我国综合国力的提升注入新的动力，而且在国家战略布局中展现了重要的战略视野。通过强化文化软实力的建设，我们能够更有效地整合和利用国内外资源，从而全面增强国家的综合竞争力。在实现中华民族伟大复兴的进程中，重视文化软实力的发展，不仅是提升国家形象和凝聚国内外人心的关键，也是推动社会主义文化建设和国家综合国力增长的战略举措。

最后，信息化时代，文化软实力的创新话语体系成为维护国家文化安全的关键要素。信息化时代的到来不仅改变了信息传播的方式，也深刻影响了国家间文化软实力的竞争格局。随着文化与科技的深度融合，国家在全球舞台上越来越依赖其文化软实力来提升国际影响力和竞争力。在这样的背景下，有效地利用信息技术和互联网平台，成为各国增强文化软实力、塑造国际形象的重要手段。

在信息时代的浪潮下，掌握、分配信息并产生实际吸引力，必须融入文化的精髓和导向。因此，深刻领会并有效运用信息时代的新型文化软实力，具有至关重要的意义。面对全球信息化的挑战，若被琐碎无效的信息所困扰，将极大消耗人们的精力与时间；若被传播错误价值观的信息所迷惑，将严重侵蚀人们的精神世界。鉴于此，我们必须以正确的价值观为引领，通过文化软实力的介入与引导，占领新型软实力的阵地，确保其作用方向正确，避免沦为价值真空或思想混沌的场所。这既是当务之急，也是长远之计。

二、我国文化软实力发展的战略选择

在当前我国社会主义现代化建设持续深入和经济全球化步伐加快的背景下，提升国家文化软实力成为一项重大且紧迫的任务。这不仅是为了满足国内外广大人民群众日益增长的精神文化需求，更是全面建设社会主义现代化国家的重要战略举措。

文化软实力是国家文化所具有的凝聚力、吸引力和影响力的体现。这种力量源自国内民族精神的集聚，同时又通过对外文化魅力的吸引，共同构筑了国家文化的内在与外在实力，从而增强国家的国际竞争力和整体实力。文化软实力并非自然形成，而是通过主动的文化建设与发展来实现。在国内，强化文化凝聚力；在国际上，扩大文化吸引力，进而将文化转化为国家的软实力，是当前和未来发展的重要战略任务。

近年来，我国已将文化软实力建设提升至国家发展战略的高度。这不仅是我国经济社会发展阶段性成果的反映，也是在全球化背景下提升国家国际影响力、塑造良好国家形象、营造和平发展国际环境的必然需求。

为进一步提升我国的文化软实力，需要深入研究和科学规划文化软实力的发展战略。这意味着要能够全面评估国家文化在国内外的影响力和竞争力，有针对性地推动文化资源的整合和优化利用，通过创新文化产业和文化产品，提升文化的全球传播能力和影响力。同时，还需通过教育、媒体、文化交流等渠道，增强国际社会对中国文化的理解和认同，进一步提升中国在国际上的软实力地位。因此，制定和实施有效的文化软实力发展战略，不仅能够在国家层面提升综合国力，还能为全球文化多样性的发展做出积极贡献，促进世界文化交流与共享。

根据我国文化软实力建设的实际背景、当前挑战和长远目标，加强我国文化软实力建设需慎重考虑并落实以下发展战略。

（一）科学发展战略

强化文化软实力建设需要从整体国家发展战略的角度出发，将其与经济硬实力建设同等重视。通过"双轨并进、协同发展"的战略导向，确保文化与经济在发展过程中相辅相成，共同促进国家全面进步。科学规划和统筹协调是关键，必须处理好文化建设中各种关系，以确保其能够为中华民族伟大复兴提供强大的文化支撑。

（二）价值主导战略

文化的力量源自其价值观念的深刻影响和广泛传播。在国家层面，坚持以社会主义核心价值体系为引领，推动文化软实力的发展，不仅有助于增强国家的文化自信，还能提升国家在国际舞台上的影响力和竞争力。价值观念在文化建设中扮演着重要角色，决定了文化的精神内涵和社会的行为规范，因此必须在全面发展文化的同时，始终保持价值观念的引领作用，以实现文化软实力的持续增强和国家综合实力的全面提升。

（三）文化融合战略

在经济全球化和信息化的时代，我国不仅要提升自身文化软实力，还要通过促进和谐文化建设和加强与世界各国的文化交流，推动中国文化在国际上的广泛传播。这不仅是我国文化软实力发展的必由之路，也是参与全球文化互动、推动构建人类命运共同体的重要战略。通过这一过程，我国将不断提升在全球文化舞台上的影响力和吸引力，为推动世界文化多样性和共同繁荣贡献智慧和力量。

（四）自主创新战略

创新是推动国家民族文化持续繁荣的核心动力，在提升国家文化软实力的过程中，深入挖掘和大力传承优秀的民族传统文化的同时，积极借鉴和吸纳世界各国文化的有益成分至关重要。然而，更为关键的是立足本国文化发展的实际，紧密结合人民群众日益增长的精神文化需求，自主创新，走出一条具有中国特色的文化发展道路，这是提升我国文化软实力的根本战略和必由之路。

三、提升意识形态安全视域下的文化话语权

（一）意识形态安全视域下文化话语权的价值凸显

文化话语权不仅仅是国家在全球文化交流中的声音，更是其在维护文化自主性和塑造国家形象方面的重要策略。通过塑造和传播具有国际影响力的文化话语，国家不仅增强了在全球文化市场中的竞争力，也确保了国家文化在国际上的地位和影响力。特别是在当前全球化背景下，文化话语权的维护不仅关乎国家文化的软实力，更涉及国家意识形态安全和根本利益保障。因此，加强文化话语权的建设，对于维护国家文化自主权、增强国际影响力具有深远而重要的意义。

（二）意识形态安全视域下文化话语权的内容聚焦

在全球化背景下，国际思想文化领域的频繁交流和竞争体现了文化话语权的重要性和复杂性。文化话语权指国家或地区通过创造、表达、传播特定的文化话语，影响全球文化交流与认知的能力。这是维护国家意识形态安全、传播国家价值观念以及实现国家利益的重要手段。

国际思想文化领域的交流和竞争反映了不同意识形态之间的竞争，最终涉及国家利益的较量。不同国家通过文化话语权的争夺来塑造自己的国际形象、维护自身利益和争夺影响力。文化话语权包括表达、创造、传播文化话语的权利，以及设置文化议题和主导文化发展的能力。通过有效行使这些权力，国家可以确保自身文化在全球范围内的影响力和认可度，从而维护和推动国家意识形态的安全。

（三）意识形态安全视域下我国文化话语权的有效提升

文化话语权是国家维护意识形态领导权和主导权的关键手段。通过掌握国际舆论和宣传自身文化，国家能够有效推广本国文化价值观念、维护文化安全，影响国际社会对本国形象和发展道路的看法。经济发展为提升文化话语权奠定了物质基础。持续推动经济发展，夯实物质基础，不仅能够增强国家综合实力，还能为文化事业的繁荣和意识形态的稳固奠定坚实基础。在战略高度上，需要全面优化我国文化话语权的布局和结构。这包括通过多样化的文化表达和传播形式，充分发挥我国文化的多样性和独特性，提升在国际文化话语权竞争中的地位和影响力。

第二节 网络育人：思想政治教育的新形态

网络育人工作，即通过网络平台开展思想政治教育活动，也可称之为网络思想政治教育。作为互联网时代的产物，网络育人具备独特优势，与传统思想政治教育形成鲜明对比。我们必须深入研究网络思想政治教育的内在规律、基本要求和重要环节，积极探索创新育人方式，加强思想互动与交流，以推动网络育人工作的深入开展，满足思想政治教育创新发展的时代要求。

一、吸引、判断、选择：网络思想政治教育的关键

网络思想政治教育的吸引、判断、选择环节，是其区别于传统教育形式的核心要素。加强这一教育形式，首先在于如何有效吸引受众，关键在于如何做出准确判断，最终目的在于引导受众做出明智选择。在新时代背景下，应深入实施网络思想政治教育，不断提升人们在吸引、判断、选择等方面的能力，以确保教育目标的实现。

（一）吸引：网络思想政治教育的前提

网络思想政治教育的兴起、存续与深化，其核心优势在于其独特的吸引力。确切而言，若丧失了这种吸引力，网络思想政治教育的存在与发展便失去了立足之本。鉴于此，加强并提升网络思想政治教育的吸引力，已然成为我们面临的首要任务。

1.吸引是网络思想政治教育的主要优势

随着互联网技术的快速发展，人们的思维方式和社交模式发生了根本性的变化，使得思想交流和互动方式日益多样化和高效化。在这一背景下，网

络思想政治教育凭借其在数字化信息传播和互动性教学方面的优势，得以迅速发展和普及。其独特的吸引力成为教育主体与客体之间建立有效互动关系的基础，为思想政治教育的深入开展提供了重要支持。

网络思想政治教育以数字化手段广泛传播教育信息，其核心在于建立教育主体与客体之间的数字化互动关系。这种关系的形成取决于教育主体积极推送信息和教育客体积极接收或获取信息的相互配合。只有通过这种默契的互动，网络思想政治教育才能真正发挥其教育功能，推动教育内容的深入传播和广泛普及。

2.吸引是网络思想政治教育的本质特征

网络思想政治教育，作为一种新兴的思想政治教育形态，显著区别于传统的教育模式。它以开放的网络空间为平台，这一特性深刻影响着其教育方式和内容。网络空间的开放性，不仅为网络思想政治教育提供了广阔的平台，更在本质上决定了其吸引力和构成要素，使其在新时代的教育工作中占据重要地位。

3.要不断增强网络思想政治教育的吸引力

网络思想政治教育的成功与否取决于其吸引力、影响力和生命力。为了提升其吸引力和影响力，必须严格遵循网络传播规律，精心策划话题，增强信息的感染力，并优化视觉呈现以塑造富有感染力的形象。通过精准推送和广泛传播信息，可以有效提升网络思想政治教育的实效性，推动思想教育的深入开展。

（二）判断：网络思想政治教育的关键

首先，网络思想政治教育是在高度开放的网络空间内，针对亿万网络用户实施的一项重要教育任务。鉴于网络环境中海量、多元、复杂且不断变化的信息，特别是存在相互矛盾与冲突的情况，提高网络用户对复杂网络信息的辨识能力显得尤为重要。唯有如此，网络用户才能在网络空间中保持清醒的头脑，做出独立且正确的价值判断。这不仅是信息时代对网络思想政治教育提出的迫切要求，更是推动网络思想政治教育不断改进与加强的核心所在。

其次，网络思想政治教育判断的核心环节在于事实判断、价值判断以及政治判断。具体而言，网络思想政治教育需侧重于对网络信息的真实性、利弊关系和是非曲直进行审慎判断，以此引导人们确立正确的政治方向和价值取向，深化对社会主义核心价值观的理解与认同，坚定走中国特色社会主义道路的信念与决心。

最后，网络思想政治教育判断工作，必须严谨采用比较、鉴别和检验的方法论。熟练掌握并恰当运用科学的判断方法，对于提升网络信息鉴别能力、确保思想政治教育工作的正确导向具有至关重要的意义。

（三）选择：网络思想政治教育的根本

网络思想政治教育致力于引导网民在开放的网络空间中形成正确的价值判断，并在此基础上做出合理的选择。这一工作是网络思想政治教育的重要使命，也是其工作的核心和灵魂。通过教育引导，希望广大网民能够在复杂的网络环境中保持清醒的头脑，明确自己的价值取向，坚决抵制不良信息的侵蚀，共同营造一个积极健康的网络空间。

1.网络思想政治教育旨在选择

网络思想政治教育的重要性，不仅仅体现在吸引和引导网民，更在于对信息的精准判断与明智选择。选择的正确性，直接体现了网络思想政治教育的核心价值和深远意义。此项工作，虽然旨在改变人的思想观念，但其效果最终要落实到人的实际行为选择上。通过吸引网民的注意力，我们可以逐步提升他们对网络信息的辨识能力；而这种辨识能力的提升，正是为了引导网民做出更为理智和正确的选择。

在网络环境中，判断是网民认识事物的重要思维活动，而选择则是这种认识活动的直接体现。换句话说，人们的每一次选择，都源于其内心的判断。因此，网络思想政治教育对网民的选择能力提出了新的标准和要求，尤其是在善恶之间的抉择，往往在一念之间，凸显了判断与选择之间的紧密联系。

人的现实表现，源自其所做出的选择，这些选择深刻地塑造着个体的人生轨迹。特别是在面临关乎社会进步与人生道路的重大抉择时，其影响更是深远，直接关系到个人乃至整个社会的未来与命运。

在网络信息繁杂、观念多元、价值观多样的时代背景下，网络思想政治教育选择显得尤为重要。这是个体在审慎比较、深入思考和科学判断各种网络信息、观念、价值后做出的决策，它集中体现了人们的认知方向、价值追求和政治立场。当众多个体形成共识，共同做出某种选择时，这种集体意志将有力地影响并决定社会的价值取向、政治导向和发展道路。因此，我们必须高度重视网络思想政治教育选择，引导人们做出符合时代要求、有利于社会和谐发展的正确选择。

当前，网络思想政治教育的关键在于提升公众对繁杂信息的鉴别与选择能力。我们应坚持马克思主义指导思想和社会主义核心价值观的主导地位，引导多元社会思潮与价值观的发展。同时，在多样的社会背景中，寻求共同利益和价值理念的统一，凝聚全国人民的共识力量，共同追求实现中国梦的目标。在社会经济发展的变化中，稳定思想方向，引导公众应对信息碎片化带来的挑战，坚定不移地沿着社会进步和个人成长的正确道路前进。

2.网络思政教育的三大统一选择

网络思想政治教育选择的本质在于政治立场与价值导向的有机结合，理论认知与实践应用的相互促进，以及目标导向与发展过程的协调统一。

首先，网络思想政治教育选择是政治选择与价值选择的深度融合。政治选择，即在涉及国家政治方向、立场和观点的重大是非问题上所做出的明确认同、坚定立场和积极行动的决策。这些决策必须毫不动摇地坚守和贯彻党的政治方向、立场和观点，确保网络思想政治教育的正确政治导向。

其次，网络思想政治教育的有效性在于将认识与实践紧密结合起来。辩证唯物主义强调认识的来源在于实践，并随着实践的深化而不断发展。因此，在进行网络思想政治教育时，必须统一认识选择和实践选择，确保理论知识与实际操作相结合，以实现教育目标和效果的有机统一。

最后，网络思想政治教育的核心在于统一方向选择与过程选择，特别是在网络信息传播中，对思想观点的明确态度至关重要。这不仅影响个人和社会对事实真假的认知，还关乎到价值取向和国家发展的政治方向。因此，网络思想政治教育需要引导人们始终坚持正确的认识、价值和政治导向，以确保其在个人成长和社会发展中的方向正确。

3.网络思政教育的三大选择策略

网络思想政治教育涉及互动、博弈和优化等选择方式，旨在引导人们做出正确选择。为提升选择能力，必须深入理解和掌握这些方式。主要选择方式包括互动选择、博弈选择和优化选择，它们共同构成网络思想政治教育的完整框架。在网络思想政治教育中，应综合运用这些方式，以取得显著成效。

二、移动互联网条件下的思想互动微交往

（一）思想互动微交往的时代价值

思想互动微交往是利用现代移动互联网技术，通过微博、微信和微视频等互动媒介，实现人们在虚拟网络空间中的信息传递和交流。这种新型交往方式不仅反映了生产社会化的发展趋势和现代信息科技的迅猛进步，也顺应了社会生产力和信息科技发展的必然需求。

与传统的社会交往模式相比，思想互动微交往以其鲜明的时代特色，展现于以下几个方面。

第一，深化了思想交流的新领域与广度。随着思想交流微互动的兴起，既有的社交模式得以革新，特别是突破了既往的时空局限，促进了人与人之间全方位、全时段、无缝隙的思想交流与互动。

第二，加强了思想互动的交流性与协作性。思想互动微交流通过现代移动互联网技术，极大地增强了交流和协作的能力。微交流形式的引入为思想互动注入了新的生命力，显著提升了参与者的积极性，拉近了教育者之间以及教育者与受教育者之间的沟通与联系。这种交流与协作性质，不仅促进了

资源、信息和经验的共享，也有效提升了思想政治教育的实效性，为教育工作的深入开展奠定了坚实的基础。

第三，推进思想政治教育的生活化、隐性化实践是提高其有效性的关键途径。除了传统的理论教育和灌输，还需运用生活化、隐性化的教育方式丰富教育手段，以提升教育质量。思想互动微交往的兴起为这种教育方式提供了有力支持，能够实现"润物细无声"的教育效果，有效推动思想政治教育活动的深入开展。

（二）思想互动微交往的突出特点

随着信息技术的突飞猛进，人类社会的思想交流方式经历了从固定互联网络向移动互联网的转变。大众传媒也随之从"1.0 时代""2.0 时代"演进至今天的"3.0 时代"，全媒体时代的到来标志着传播方式的全面革新。现代媒介如图像、影音等不仅改变了传播形式，更重塑了人们的思想交流模式，使每个个体都能参与信息的传播、交流与互动，开启了全方位、立体式、交互性的全媒体交流新时代。

思想互动微交往，作为一种新兴的交流方式，相较于传统的思想互动模式，展现出独特的特点。

1.圈层性

圈层性指的是在思想互动与微交往中，各群体基于共同的兴趣爱好、审美情趣及价值观念形成互动的基础。这种特性与传统的以利益或社会关系为基础的交往模式有所不同。在特定的圈层内，思想互动与微交往展现出了其独特的特点与规律，即人们因共同的思想追求和文化认同而形成紧密的交流和互动。

2.碎片性

思想互动微交往的普及，促使人们的交往方式发生了深刻变化，甚至在一定程度上引导了人们生活方式的转变。这种转变的根源在于思想互动微交往的细致入微和碎片化特征。

3.流变性

思想互动微交往相较于传统交往方式，其核心特征在于其显著的流变性。具体而言，这种流变性不仅体现在互动参与者的角色身份上，还贯穿于互动所处的环境场域之中。然而，最为关键的，在于互动话题的持续更新与变换。

4.便捷性

这种高效便捷的特性，其核心在于人机之间的紧密配合与协同。机器紧随人的步伐，实现信息的即时发送与接收，从而展现出极高的便利性和效率。

5.推送性

"信息推送"是一项基于计算机技术的专业服务，是指网络公司通过运用特定的技术手段或协议，从各类在线信息源或信息提供商处高效获取所需信息，借助预设的信息通道，将这些信息及时、准确地传送给用户的现代化信息传播体系。

（三）思想互动微交往的有效推进

作为一种创新的思想交流形式，思想互动微交往不仅促进了人与人之间的深层次思维对话，也为社会信息的传递和引领提供了新的视角和难题。在此背景下，"微时代"的思想政治教育工作面临着前所未有的挑战。要有效应对这些挑战，我们必须找准切入点，把握关键要素，充分利用思想互动"微平台"的优势，推动思想互动微交往的深入发展，从而更好地发挥"微时代"思想政治教育的价值引领作用，为培养有理想、有道德、有文化、有纪律的社会主义建设者和接班人贡献力量。

第一，科学规划思想互动微交流的主题。在推进思想互动微交流的过程中，应合理设定议题，这有助于明确人们思想互动微交流的方向和步骤，引导人们围绕关键议题展开深入探讨，充分表达个人观点，有效沟通思想，明确是非观念，形成共识，进而推动社会各项事业的稳步发展。

第二，深化思想互动微交往的创新策略，提升网络舆论引导能力。鉴于思想互动微交往在网络时代的重要性，其沟通方式亟须创新，以更有效地引导广大网民的思想舆论。为实现这一目标，须摒弃传统的权威沟通模式，推动思想互动向更加平等、互动的方向发展。

　　第三，努力构建思想互动微交往的稳定模式。要主动探索并确立思想互动微交往的长效机制，推动其规范、有序且持续发展。

第三节　学科前瞻：思想政治教育学科发展的新趋势

思想政治教育学科，作为改革开放伟大进程中的产物，经历了从无到有、由半独立向独立迈进的历史性跨越。在这一过程中，思想政治教育学科由非重点学科逐步跻身为重点学科，从低层次迈向高层次，呈现出蓬勃发展的态势，取得了令人瞩目的成就。当前，思想政治教育学科正紧密围绕思想政治教育实践的需求和学科自身发展的内在规律，展现出新的发展趋势。

一、分化与整合：更加注重整合发展

在新的历史起点上，思想政治教育学科建设面临的关键问题之一是如何妥善处理学科分化与整合的关系。学科分化是学科演进的必然趋势，它要求我们对具体领域进行精细化研究，推动新分支学科的形成。而学科整合则是在分化发展的基础上，强调学科间的互动与交融，促进知识的综合创新。

在思想政治教育学科的总体研究阶段，应全面把握学科的发展脉络和内在逻辑，为后续的专业化研究奠定坚实基础。随着研究的逐步深入，应细化学科领域，形成专业化的分支学科，以满足社会发展和实践需求。

在学科分化的过程中，加强学科间的交叉融合是十分关键的。通过整合不同学科的知识与方法，形成综合性的研究成果，可以推动思想政治教育学科的全面进步。这一过程不仅是一个由整合到分化再至整合的循环过程，也是一个逐步由基础向高级演进的发展过程。这种学科发展规律深刻体现了科学研究的内在逻辑和时代趋势。

现代科学的进步强调了高度分析与综合的紧密结合。各学科的深入研究不断精进，同时跨学科的综合探索也日益深入。这两者相辅相成，共同推动

了现代科学的蓬勃发展。因此，学科建设应当紧密遵循科学发展的内在规律和学科自身的发展逻辑，以确保在学科分化的基础上实现学科的有机整合与发展。对于思想政治教育学科而言，更应如此，以应对复杂多变的社会需求和知识交流挑战。

当前，思想政治教育学科的发展路线必须坚持独立自主。它不仅需要在与马克思主义理论的紧密结合中寻求前进，还要与新兴学科进行有效的交流与融合。过去，这一学科曾在马克思主义理论和教育学科的框架中发挥了关键作用，现在则需要在开放的环境中保持创新，并适应多变的知识交流与社会需求。

经过学科调整，马克思主义理论与思想政治教育被确立为马克思主义理论一级学科的重要组成部分。在此架构下，思想政治教育作为该一级学科的一个分支，也即二级学科，其发展进程须紧密围绕并依托马克思主义理论这一核心学科。同时，马克思主义理论一级学科的整体进步亦须建立在包括思想政治教育在内的所有二级学科的协同发展和学术积累之上，从而实现学科的深度整合与成果的全面提升。简言之，二者呈现出密不可分、相互支撑的整体与部分关系。

思想政治教育学科及其他相关二级学科的发展对马克思主义理论学科的全面进步至关重要。为促进整体发展，需要系统总结和综合研究成果，并推动不同学科间的融合。保证思想政治教育学科的独立自主发展，是确保其在理论学科中发挥重要作用的关键。

在处理分化与整合的关系时，思想政治教育学科需要重视其内部分支学科的协调与发展。除了关注整体学科架构外，更需强化各分支学科的独立性和深化发展。学科内涵包括多个重要分支，如教育原理、方法论、历史演进及国际比较等，应该在各自领域中取得显著进展。同时，通过推动分支学科间的交叉融合，实现学科的整体优化和协同发展，为思想政治教育的进步提供坚实的学术基础和支持。

二、内涵与外延：更加注重内涵发展

在持续的发展进程中，思想政治教育学科正经历着深刻的变革，即由过去主要关注外延拓展逐步转向内涵深化，这一转变标志着学科进入了一个新的发展阶段，成为推动思想政治教育学科不断前行的又一关键趋势。

思想政治教育学科的发展必须坚持内涵式发展道路，不断提高学科建设的质量和水平，以满足党和国家事业发展的迫切需要。我们必须将学科建设的重点从单纯扩大规模转向提升学科建设质量上来，确保思想政治教育学科在培养高素质人才、服务国家发展大局等方面发挥更大的作用。

（一）注重凝练学科方向

在推动思想政治教育学科建设过程中，关键在于紧密结合实践需求和学科发展趋势，专注于思想政治教育理论与实践的最新动态。为确保学科的质量和生命力，必须努力确立具有独特优势和长期稳定性的研究方向。将凝练学科方向视作推进思想政治教育学科发展的核心任务，需要承担高度的责任和使命感，以坚实有效的步伐推进各项建设工作。

学科前沿的学术研究方向一旦确立，应该持续深入探索，并致力于开拓新的学术领域，力求形成独具特色的研究成果。在思想政治教育学科中，应特别注重基础理论、方法论、比较研究、历史发展及现代问题等核心议题。各学科应根据自身的学科基础和优势，精心选择和凝练研究方向，集中资源进行重点建设和突破，以推动学科研究达到更高水平。

（二）组建学术梯队

在过去，思想政治教育学科博士点申报中存在临时组建团队、缺乏系统整合的问题，这直接影响了学科的稳健发展和整体提升。随着学科独立博士点设立和国家重点学科的提升，我们必须彻底改变这种无序状态。为此，我们需要根据实际需求，精确定位和合理配置人力资源，重视培养学科和学术领域的领军人才及中青年骨干。通过建立科学合理的学术梯队，将人才队伍建设置于学科建设的核心，为培养大批高水平的思想政治教育专业人才奠定坚实基础，促进学科的持续健康发展。

（三）明确学科任务

思想政治教育学科在承担科学研究、人才培养和社会服务等重要任务时，须注重学科内涵的拓展与深化，推动理论研究与实践相结合，培养具有高水平理论素养和实践能力的专业人才，以更好地为国家和社会发展服务，实现学科发展与社会使命的有机统一。思想政治教育学科在面临科研、人才培养和社会服务方面的挑战时，需要加强对重复现象和非专业研究的管理与规范，优化课程设置、教材建设和教学方法，以提升人才培养质量；同时，学科应注重应用性，积极发挥资政育人、服务社会的职能，实现学科发展与社会需求的有机衔接，为思想政治教育事业注入新的活力与动力。思想政治教育必须紧密围绕改革开放和社会主义市场经济发展的实际需求，切实承担起引导人们解放思想、更新观念的重任，激发人们积极投身于改革开放和社会主义现代化建设的火热实践中。在此过程中，思想政治教育学科应深化科学研究，夯实教材建设，强化人才培养，提升社会服务水平，以充分发挥其学科价值，为推动我国社会主义现代化建设提供坚强有力的思想保障和智力支持。

（四）加强集体攻关

思想政治教育学科应当聚焦理论与实践的前沿动态，针对当前思想政治教育面临的关键问题，确立重大研究课题。通过集结学科专家、研究人员及实践工作者，形成研究合力，努力产出一批具有广泛影响力和理论深度的学术成果。只有如此，思想政治教育学科才能在不断深化内涵发展的基础上，实现新的跨越，持续提升教育质量和学科水平，为党和国家的思想政治工作贡献智慧和力量。

三、传承与创新：更加注重创新发展

思想政治教育学科正在经历重要的转型，从过去对传统学科传承的侧重，转向重视学科创新。这一转变不仅标志着学科发展进入全新的阶段，更体现了思想政治教育学科发展的重要趋势。

在推动思想政治教育学科发展的过程中，传承是不可或缺的重要元素。缺乏传承，思想政治教育学科将失去其发展的根基，难以实现长远的进步。自学科建立之初，就高度重视对党的思想政治教育优良传统和实践经验的继承与发扬。这种传承不仅体现在对党的思想政治教育理论与实践成果的深入总结上，更在于将这些宝贵经验提炼升华，把握党的思想政治教育的内在规律，从而推动思想政治教育学科的创立与发展。同时，在借鉴其他成熟学科以及马克思主义理论与思想政治教育学科建设经验时，也需注重保持学科特色，确保学科建设的正确方向。

在思想政治教育学科的发展历程中，不断学习借鉴哲学社会科学中的成熟经验，科学地构建了马克思主义理论与思想政治教育学科，并始终将二者紧密结合。这种结合不仅凸显了马克思主义理论在思想政治教育中的指导地位，也强调了探索该学科特点和规律的重要性。通过这一过程，思想政治教育学科为马克思主义理论的科学传播提供了坚实的理论支撑，积累了丰富的学科建设经验，为学科的孕育和发展奠定了坚实基础。

思想政治教育学科在创立和发展过程中积极吸收教育学、心理学、伦理学、社会学等多学科的理论知识和研究方法，经过精心改造和转化，逐步形成了独特的核心概念和理论体系。这种跨学科的学习和借鉴有效促进了学科的建设与发展，增强了学科的综合性和系统性。然而，过度的跨学科借鉴也可能使学科特色不够鲜明，这是未来学科发展中需要认真思考和解决的问题。

在当前马克思主义理论一级学科的发展框架内，思想政治教育学科正逐步走向成熟与独立。这一学科的进步不仅要求坚守传统，更要求实现创新，以拓宽研究视野并深化研究内容。

为了确保思想政治教育学科的稳健发展，必须遵循以下原则：首先，要继承并深入挖掘马克思主义理论与思想政治教育的核心思想，为学科的持续发展提供理论支撑；其次，鼓励创新思维，推动学科领域的拓展和深化，以应对新时代的挑战；再次，构建具有鲜明特色的理论体系和方法论，以区别于其他学科，并体现学科的独特价值；最后，在借鉴其他相关学科的理论与方法时，应始终保持学科的独立性和自主性，避免盲目跟从。

思想政治教育学科的创新发展，是实现其质变和飞跃的必由之路。具体而言，这种创新发展主要体现在以下三个方面：

第一，完善性创新是思想政治教育学科发展中的关键因素，指通过对现有理论成果的充实与提升，以及从新的角度对既有理论和方法进行解读与论证，赋予学科新的科学内涵，推动理论内容的更新与进步。

第二，集成性创新是思想政治教育学科发展的关键策略，通过将思想政治教育及相关学科的研究成果集中与整合，实现整体效应超越部分之和。这种方法推动了理论研究成果的深化与创新，为学科的进步提供了重要动力。

第三，在思想政治教育学科建设中，原创性至关重要。通过站在理论与实践的前沿，深入探索思想政治教育的内在规律和人的思想品德形成科学规律，推进基础理论、方法论、历史发展、比较研究以及当代发展等多方面的研究，力求在关键、难点问题上取得创新性突破，形成一批具有原创性的理论成果，为推进思想政治教育事业的科学发展提供有力支撑。

综上所述，只有紧密跟随思想政治教育学科创新发展的步伐，以理论创新、实践进步为重要抓手，不断推动思想政治教育的发展，才能有序建立起独具特色的思想政治教育科学体系，进一步凸显思想政治教育的学科特色与优势，为其全面发展与提升开创新的局面。

第十二章 思想政治教育与高校学生管理工作协同发展的有效路径

第一节 "立德树人"的实现路径及有效机制

一、"立德树人"的实现路径

深化理论教育、强化实践锻炼、丰富文化教育，均构成落实"立德树人"根本任务的重要路径。唯有将三者紧密结合，发挥各自优势，形成协同效应，才能全面提升"立德树人"工作的整体效能，推动培养更多德智体美劳全面发展的优秀人才。

（一）理论育人是"立德树人"的重要途径

育人工作，理论先行。以多元的理论教育手段进行思想、政治、道德等知识的灌输与传授，无疑是实现"立德树人"伟大教育目标的重要基石。只有当公众深刻理解道德的本质，明确社会对于道德的具体期待，方能明确如何树立高尚的品德，进而将之内化为自身的行为准则。

思想政治理论课程，作为思想政治教育工作的核心阵地，责任重大。同时，其他社会科学课程也是思想政治教育不可忽视的重要组成部分，共同构成全面育人的理论体系。

在当前的时代背景下，为充分发挥理论育人在"立德树人"过程中的吸引力、说服力和影响力，我们必须紧密围绕社会现实问题，针对性地开展理论教育。这种"立德"的理论教育，既是对传统文化的继承，又是对教育方法的创新。它要求我们紧密联系改革开放和社会主义现代化建设的生动实践，深入剖析人们的思想动态，同时关注社会变迁对社会成员思想道德观念产生的深远影响。

德育，作为关乎个体全面发展和社会精神风貌建设的重要环节，其重要性不言而喻。在当前社会主义市场经济快速发展、利益格局日趋多元化的背景下，社会主义核心价值观的培育与践行面临着市场逐利性的严峻挑战。受利益驱使，社会中出现了拜金主义、享乐主义和极端利己主义等扭曲的价值取向，这不仅对社会主义道德体系造成了严重冲击，也给思想政治教育工作提出了新的挑战。

面对复杂多变的利益关系，思想政治教育需要紧密结合现实生活，否则难以发挥其作用。当前的理论教育存在理论与实践脱节的问题，未能真实反映个体的思想道德和心理发展。因此，必须进行深入的改革和完善，加强理论教育与实际生活的联系，坚持以人民为中心的发展思想，提高德育工作的针对性和实效性，为全面建设社会主义现代化强国提供坚实的思想保障。

（二）实践育人是"立德树人"的基本途径

实践是认识的源泉，也是培育人才不可或缺的重要环节。将生产劳动与智育、体育紧密结合，不仅提升社会生产效率，更是塑造全面发展人才的关键途径。党的教育方针强调，教育必须与生产劳动及其他社会实践紧密相连。实践育人凸显了理论的实践价值，强调了育人的实践性，使参与者作为实践的主体，能够充分发挥其主体性，避免了理论教育中可能出现的硬性灌输问题，确保教育效果的积极性和长远性。

大学生实践活动的形式丰富多样，应积极探索并建立一套将社会实践与专业学习、服务社会、勤工助学、择业就业及创新创业紧密结合的管理体制。

各级教育部门和高校应积极组织大学生参与各类社会实践活动，如军政训练、社会调查、生产劳动、志愿服务、公益活动、科技发明和勤工助学等。这些实践旨在让大学生在实践中得到教育，增长才干，为社会做贡献，同时培养他们的社会责任感。这些活动不仅有助于塑造大学生正确的人生观和价值观，还能提升他们的社会实践能力。各级单位应高度重视，确保社会实践活动的顺利进行，为大学生的全面发展提供支持。

学生社会实践的意义在于"受教育、长才干、做贡献，增强社会责任感"，但首要之务仍是"受教育"，它强调了实践育德的基础性功能。教育家苏霍姆林斯基强调，尽管教材充满政治思想和道德思想，但学生在掌握知识时往往以认知为首要目的。这种倾向导致的结果是，部分学生虽然拥有丰富的道德知识，却缺乏相应的道德情感和正确的道德行为。因此，实现"立德树人"的目标，既要注重严谨的理论教育，也不能忽视生动的社会实践。

对于思想理论正确性的判断，虽然可以通过间接观察和分析他人的社会实践来进行，但更为关键的是通过直接的参与和实践来验证。作为实践的参与者，亲自运用思想理论指导社会实践，并从实践中获得实际成效，是验证理论真理性的最有效方式。同时，这样的过程也是对社会实践的学习过程，有助于形成新的思想观念，提升个人能力和才干。因此，投身社会实践，不仅是验证思想理论真理性的重要途径，也是个人成长和发展的必经之路。

社会实践对个体正确思想的形成与发展至关重要，是其根本动力和坚实基础。参与社会实践使个体能够深入了解社会实际，全面认识社会发展需求，并从中提炼出反映时代精神的重要观念。在此过程中，个体通过提出新思路、新理论和新方法来解决社会实践中的新问题，推动了社会实践的持续发展。

社会实践对于锤炼和提升个人意志品质至关重要。个人的意志品质在社会实践中得以体现，并通过实践不断得到锻炼和磨砺。经过社会实践磨炼的意志品质能够转化为推动个体成长和社会实践发展的强大精神动力，从而为社会进步做出重要贡献。

社会实践所追求的目标越崇高，所遭遇的阻碍和挑战便越严峻。社会实践的过程、条件与环境若充满艰辛，对于参与者的意志锻炼与考验则愈加深刻。正是在这样的环境下，人的意志力量得以不断塑造和增强，变得更加坚韧不拔、强大无比。

（三）文化育人是"立德树人"的隐性路径

文化育人，作为一种独特的教育方式，与理论教育和实践教育相辅相成，具有环境育人的深远影响。其育人方式主要体现在精神文化、制度文化及环境文化的熏陶中。需要明确的是，任何文化精神的形成都不是偶然的，而是依赖于特定的组织或群体的精心培育。这种文化精神对个体，特别是青年一代，具有潜移默化的影响，对于塑造他们的思想观念和行为方式起着至关重要的作用。

目前，学校应紧密围绕"立德树人"的核心使命，深入挖掘本校历史沿革中蕴含的具有深刻教育意义的文化元素，并将校园文化的发展与革新始终聚焦于促进学生思想道德品质的提升与人格魅力的完善，这无疑是文化育人工作中一项至关重要的任务。

二、构建"立德树人"的有效机制

构建"立德树人"的稳固根基，是确保高等教育质量的关键所在。对于高校而言，这一稳固根基主要包含以下三大机制：一是在党委的坚强领导下，形成以学校专职思想政治教育工作者为核心，以教师团队为主导，以学生干部为助手的"三位一体"育人架构，保障立德树人的正确方向；二是实现"教书育人、管理育人、服务育人"三位一体的内部联动机制，通过教育、管理、服务的有机结合，提升立德树人的整体效能；三是构建学校教育、家庭教育、社会教育三位一体的外部联动机制，形成全社会共同参与、协同推进的良好局面。这三大机制各有侧重，相互支撑，共同构筑了"立德树人"的稳固根基，为培养德智体美劳全面发展的优秀人才提供了坚实保障。

（一）建立"三位一体"的育人主导机制

"三位一体"育人机制，以学生干部为骨干，形成主导性育人体系。在党委的统一领导下，实现党政齐抓共管、专兼职队伍紧密结合、全校紧密配合及学生自我教育的目标。这是推动"立德树人"工作取得实效的关键机制。

在此机制中，党委担任领导核心，专职思政工作者是中坚力量，教师是主导力量，学生则是主体力量。四方主体共同协作，推动学校育人工作深入发展，为培养时代新人、实现教育现代化贡献力量。

（二）建立"教书育人、管理育人、服务育人"相结合的内部整合机制

实现"立德树人"的宏伟目标，必须构建学校内部"教书育人、管理育人、服务育人"三位一体的协同育人机制。这一机制不仅体现了全员参与、全程覆盖、全方位渗透的育人理念，更彰显了教书、管理、服务在育人工作中的内在统一与相互促进。

"立德树人"是一项系统工程，它要求学校充分调动和整合校内外各种资源，形成全员育人、全程育人、全方位育人的强大合力。正如恩格斯所强调的，众人的协作与力量的汇聚能够形成超越个体总和的"新的力量"，这种力量在本质上区别于单一力量的简单相加。

在教书育人方面，专业教师不仅要承担起"授业"的职责，更要成为"传道者"和"解惑者"。他们应自觉提升思想政治教育的主动性和自觉性，深入挖掘学科专业和教学过程中的德育资源，实现知识与德行的双重滋养，让学生在获取知识的同时，也得到品德的熏陶与培育。

管理育人和服务育人则要求我们将思想政治教育工作融入学生的日常管理和服务之中，让学生在潜移默化中接受正确的价值引领和行为规范。通过管理与服务的有机结合，我们可以更有效地促进学生的全面发展，为实现"立德树人"的根本任务奠定坚实的基础。

（三）建立学校教育、家庭教育和社会教育相结合的外部协同机制

"立德树人"的协同育人机制，涵盖了学校教育、家庭教育和社会教育三大板块，其目的在于整合学校、家庭、社会等多方资源，形成互补效应，共同发力。其中，学校教育扮演着有组织、有计划的思想政治教育主阵地角色，不仅促进学生全面发展，更在协调社会与家庭力量方面发挥着主导作用。家庭教育则是以血缘亲情为纽带，以父母及其他家庭成员为主体，通过情感渗透和日常行为引导来实施教育。而社会教育则广泛依托社会各界的资源和力量，通过多元化途径对学生进行思想政治教育。三者共同构成了协同育人机制的重要组成部分，对于提升学生的综合素质具有不可替代的重要作用。

思想政治教育是一项复杂的系统工程，需要多方参与。党和政府应该发挥领导作用，引导各部门协同合作，学校、家庭和社会应该共同肩负起培养学生的责任。只有通过各方的积极参与和协同努力，才能实现教育目标，最大程度地发挥社会资源的教育作用。

第二节　坚持知识教育与价值教育紧密结合

一、坚持知识传授与价值导向相结合

大学生的成长离不开思想道德素质和科学文化素质的双重培养。在大学教育中，要把握好知识传授和价值导向的平衡，既注重学科知识的传授和智力培养，也要关注价值观念的引导和道德品质的培养。这样才能更好地发挥大学教育的作用，培养出符合社会需要、具有良好思想道德素质和科学文化素质的高素质人才。因此，为了系统、深入地为国家开发人力资源，大学必须高度重视智力资源的培养。通过全面、深入的科学文化知识教育，大学应努力培养出掌握现代科学文化知识的高级专门人才，以此推动学生智力水平的提升。同时，由于知识传授过程中蕴含的价值取向对学生的成长具有重要影响，大学在传授知识的同时，必须注重价值导向，将科学知识的学习与思想修养的提升相结合。在智育活动中，大学不仅要传授知识，更要注重育人，引导学生树立正确的价值观，为国家的长远发展提供有力的人才保障。

在知识传授中，应坚持价值引导，以马克思主义为指导，注重社会主义核心价值体系教育。引导大学生正确处理自我价值与社会价值关系，将个人理想融入社会理想，个人智慧与力量汇入集体，实现自我价值与服务祖国、人民的有机结合。

将知识传授和价值引导相结合是大学教育的必然要求。这种方式能够使科学性的知识中蕴含着深刻的价值观念，为价值观教育赋予更深的科学内涵。同时，教师作为传道、授业、解惑的主体，在知识传授中贯穿价值引导，能够更好地启发学生，使得价值观教育更有智慧和富于艺术性，也更具感染力和影响力。因此，大学生思想政治教育的加强与改进必须紧密结合知识传授与价值导向，实现德育与智育的高度统一。

二、坚持科学内化与自觉外化相结合

坚持知识教育与价值教育并重，既要注重知识的系统传授，更要强化价值观念的引导，确保两者相互融合、相互促进。同时，还需将内化于心与外化于行紧密结合，实现知行合一，确保教育工作的全面性和有效性。

坚持将知识教育与价值教育深度融合，是提升学生思想道德素质的关键。特别是在哲学社会科学和思想政治理论课程中，应将科学知识的规律性认识转化为学生的思想道德素质，帮助学生自觉遵循客观规律，积极认同并恪守社会道德规范。教育过程中，要指导学生明辨是非，区分真科学与伪科学、正确理论与错误理论，并内化科学的理论和价值体系。

通过这种教育，学生不仅在学术上获得扎实的科学知识，还能在道德和价值观上得到正确的引导。这种内化科学理论与改造主观世界相结合的过程，有助于提升学生的思想道德素质和综合素养，促进其全面发展和健康成长。要实现知识教育与价值教育的统一，还需要引导学生将内化的科学理论和价值观念转化为自己的行为习惯，实现知行结合。整个教育过程需要严谨规范，确保知识的准确传达和价值观的正确引导，为学生的未来奠定坚实的基础。这种教育方式不仅培养了学生的科学素养，还塑造了他们正确的价值观，使他们在未来的社会生活中能够做出正确的选择和贡献。

三、坚持知识评价与价值评价相结合

在高校思想政治理论课程教学中，进行综合的知识评价是确保教学质量和效果的关键步骤。评价覆盖教材科学性、教师教学方法和学生学习成果，旨在促进教学内容与方法的创新，提升教师的教学责任感，激发学生的学习积极性，全面提升课程教学质量，为培养高质量人才提供重要支持。

为了充分发挥知识评价与价值评价在推动知识教育与价值教育相结合中的关键作用，必须创新评价思路，扩大评价主体和范围，改进评价方法。高校课程教学在体现知识教育与价值教育统一方面，以及提升学生科学文化素质和思想道德素质方面，其成果和效果不能仅依赖高校内部或高等教育系统的自我评价来全面确认。高校作为人才培养的重要基地，其教育质量和学生综合素质的优劣，最终需接受社会的严格检验。因此，用人单位应成为评价高校人才培养质量的主导力量，以判断高校所培养的人才是否符合社会需求，是否满足社会实践的发展需要。通过这样的评价机制，可以确保高校教育工作与社会实际需求紧密相连，为社会的全面进步提供坚实的人才支撑。

在评价人才素质与质量时，应确保评价过程的规范性，并明确区分培养单位与使用单位的作用。产品质量最终由使用产品的顾客来评价，同样地，人才的素质与质量也应主要由社会用人单位来评估。这种评估应以人才在社会实践中的表现为依据，以确保评价的客观性和科学性。

在高校教育教学评价中，知识教育与价值教育的有机统一至关重要。评价应将社会用人单位视为主体，社会实践则是衡量人才教育实效性的关键标准和主要手段。这不仅是理论上的问题，更是教育实践中的重要议题。

第三节 强化思想政治教育的实践环节

一、强化社会实践的观察教育

社会实践观察教育是一种重要的教育方式，它通过深入接触、全面了解和细致观察社会实践活动，使人们能够将实践结果与预期目标进行对比分析，从而得出科学结论，促进正确思想认识的形成和深化。这一过程旨在引导人们以客观、全面、严谨的态度对待社会实践，不仅关注实践的直接结果，更深入思考其背后的原因与影响。

通过社会实践观察教育，人们能够从中受到启迪，形成正确的思想观念，进而指导未来的实践活动。这种教育方式对于培养人们的社会责任感和实践能力具有重要意义，是推动社会进步和发展的重要途径。

社会实践的每一步进展，都是在特定思想理论的指导下取得的。这些思想理论，深入揭示了客观事物和社会发展的规律性认识，为社会实践提供了明确的目标和方向。它们不仅是社会实践的引领者，更是实践活动的推动者。社会实践的成果作为客观现实的反映，与社会实践的预期目标进行对比，是检验理论和实践是否正确的关键。那些与预期目标相符的社会实践，证明了其实践的正确性；而那些成功引导社会实践达到预期目标的思想理论，也验证了其科学性。这种理论与实践的相互作用，是确保社会实践正确性和有效性的重要保障。

经过社会实践检验和证实为正确的思想理论，通过对客观现实与主观预期的深入对比，得到更深刻的认识并被广泛接受。这些理论不仅深化了人们的思维与行为，还成为推动社会进步的重要精神动力。理论在实践中的引导作用，实质上是理论由抽象到具体、由精神到物质的转化过程。精神力量源于实践基础上的物质转化，同时又通过反作用推动实践和物质世界的进一步发展。

经过对精神在实践中转化为物质的客观现象进行深入观察与研究，可以将具体化的精神成果与主观的精神理念进行详细的比对与分析。这种比对与分析能够形成对思想理论正确性的科学判断。每一次对社会实践成果的审视与反思，都是对正确思想理论理解和把握的深化，有助于增强人们对正确理论的认同与接受度。进一步提升在社会实践中认识世界、改造世界的能力。

生产实践作为人类社会最基本的活动，直接反映了社会生产力的提升。在这一过程中，正确的思想理论的首要任务是引导和推动生产实践的发展，最终促进社会生产力的提高。思想理论在指导生产实践和推动生产力发展方面的实际成效，为观察和比较提供了重要依据。同时，这些成效也反过来加强了正确思想理论的教育和引领作用。在这个过程中，重要的是不依赖主观判断，而是通过严谨的数据分析和客观观察，确保理论与实践紧密结合，从而推动社会的持续进步和发展。

二、强化社会实践的参与教育

参与和深入社会实践是人们直接理解和接受科学理论的不可或缺的途径。观察和分析他人如何应用理论是重要的，但更关键的是通过实际参与，亲身运用正确的理论指导实践，并根据实践结果来深化和验证对理论的理解。这种过程不仅强化了对理论真理性和实用性的认知，还培养了运用理论指导社会实践的自觉性和坚定性。

因此，社会实践具有独特的观察教育和参与教育功能，是提升理论素养和实践能力的关键途径。

三、强化社会实践的磨砺教育

社会实践是锤炼和提升人意志品质的重要途径。通过实践的洗礼和磨砺，人变得更加坚定和有力量。这种坚定的意志不仅推动个人在各个方面的成长，还成为社会进步的重要精神动力，促使社会在不断变革中向前发展。因此，社会实践在培养和发展意志品质上具有不可替代的作用和价值。

第四节　注重新媒体时代的寓教于乐

在新媒体时代，寓教于乐的方式创新地将德育理念与多媒体娱乐相结合。这种实践不仅深度整合了新媒体技术和艺术，同时也兼具思想性、技术性、艺术性和趣味性，展示出创造力、吸引力、感染力和影响力的深度融合。通过影视艺术、动漫电游、综艺活动、体育竞技等多种娱乐形式，德育的理念和精神被生动地融入个体的参与、体验、审美和感悟中，实现了德育在新时代的创新发展。这种方式不仅符合现代人的精神文化需求，也在娱乐化的基础上有效地传递和弘扬了正能量，为社会的道德建设注入了新的活力和动力。

一、新媒体时代寓教于乐的主要特点

（一）交互性

新媒体时代，寓教于乐的核心理念在于充分利用新媒体技术和环境，推进思想政治教育，深化德育实践。作为德育活动的重要组成部分，它涉及广泛的交往交流，实现信息的有效传递、深入交换和整合处理。

（二）多样性

新媒体时代背景下，寓教于乐的形式展现出了多样化的特征。相较于传统媒体，教育者和受教育者在获取信息、认识世界方面，通过新媒体拥有了更多元化的路径、更高效的手段以及更丰富的信息。

（三）融合性

在新媒体时代，寓教于乐的融合性主要体现在教育理念与各类新媒体技术、艺术的有机结合，以及虚拟环境与现实环境的相互融合。这种融合的实现，主要依赖于新媒体技术和艺术本身所具备的融合性特质。新媒体通过巧妙运用视频、音频、图片、三维动画等多种数字媒体元素，借助电脑、手机和相关辅助软件的精准处理与实时交互，能够创作出新颖独特、表现力强、冲击力大的数字产品，从而更有效地吸引受众的注意力。这种融合性的教育理念和实践，不仅丰富了教学手段，也提升了教育效果，为培养全面发展的新时代人才提供了有力支持。

（四）仿真性

在新媒体时代，寓教于乐通过高度仿真的场景模拟，实现了虚拟世界与现实世界的紧密融合，为人们提供沉浸式的体验。通过数字空间、三维画面和虚拟活动，人们可以参与各种学习、交流、娱乐活动，并与虚拟世界中的人物进行互动，这种体验不仅促进了虚拟与现实生活的交融，还进一步实现了个人的多维发展。此外，新媒体强调"代入式"体验，通过模拟现实情境将德育内容巧妙地融入其中，使人们在参与虚拟生活的过程中自然地接受德育的熏陶。这种方式不仅增强了德育的吸引力和感染力，还帮助个体以不同的视角审视自我，形成更为深刻的自我意识和主体意识，从而有效提升了德育的实际效果。

（五）渗透性

新媒体时代背景下，寓教于乐的渗透性对隐性德育的实现尤为关键。为实现德育的深入渗透，我们应借助多元化的载体，以春风化雨的方式，让受教育者在潜移默化中受到正面的影响和启迪。这一目标的实现，要求德育工作者具备前瞻性的视野和全局性的预判能力，将体现社会主义核心价值观的德育主题以科学、巧妙的方式融入娱乐活动之中，从而实现德育与娱乐的有机结合，达到寓教于乐的目的。

（六）大众性

新媒体时代的寓教于乐，其核心在于以群众喜闻乐见的形式，深入细致地做好群众工作，体现出了鲜明的大众化特色。这不仅是新媒体时代的重要任务，更是我们党的群众路线的生动实践。

二、新媒体时代寓教于乐的有效推进

（一）加强新媒体时代的艺术创新

在新媒体时代背景下，艺术已然成为人民群众丰富多彩社会生活的重要组成部分。人们通过新媒体平台随时记录、创作和分享生活中的美好瞬间，这已成为新媒体艺术大众化的重要体现。这种艺术形式的普及，不仅丰富了人民群众的精神文化生活，也推动了艺术形式的创新与发展。

（二）发展新媒体时代的文化产业

文化，作为民族生生不息、薪火相传的精神纽带和核心灵魂，深刻影响着每个社会成员的思维方式和行为准则。在新媒体时代的大潮中，积极发展文化产业，提升文化产品的市场竞争力，是推进文化消费、实现寓教于乐目标的关键一环。通过优化文化产品供给，丰富文化消费选择，我们能够更好地满足人民群众日益增长的精神文化需求，为社会的全面进步提供有力支撑。

（三）促进新媒体时代的自娱教育

在新媒体时代，寓教于乐的理念应该得到充分尊重。自娱教育作为一种通过自我参与和享受实现教育目的的方式，强调人们在自主选择和自主体验中的教育效果。随着新媒体技术的迅速发展，多媒体、自媒体和全媒体的特质不仅改变了信息传播的方式，也扩展了人们的娱乐选择和参与形式，为自娱教育创造了丰富的平台。在这种环境下，人们通过自觉的审美活动，不仅获得乐趣，还在娱乐中接受教育和思想情操的熏陶，实现个人精神世界的升华和丰富。因此，新媒体时代的自娱教育形式，不仅具备教育的效果，更能够激发个体的创造力和思维深度，推动社会的全面发展。

（四）创新新媒体时代的娱乐形态

移动互联网技术的迅猛发展，已经颠覆了传统的生活和娱乐模式，不仅大幅降低了娱乐的参与门槛，还极大地提升了娱乐在人们日常生活中的地位。现如今，人们不再受时空的束缚，可以随时随地沉浸在阅读的海洋、音乐的旋律、影视的画面以及游戏的世界之中，生活与娱乐的界限逐渐变得模糊。随着新媒体时代的不断演进，寓教于乐的形式和内涵也在持续拓展，那些充满趣味性、生动性和启发性的娱乐活动正逐步成为寓教于乐的新阵地。因此，应顺应这一时代趋势，积极创新娱乐形态，推动新媒体时代的寓教于乐工作向更高层次发展。

（五）整合新媒体时代的娱教力量

在新媒体时代背景下，寓教于乐的形式呈现出多样性、广泛性和交叉性的鲜明特点。为充分发挥这些特点的优势，我们必须整合新媒体时代的娱教资源，强化多方协调合作，以形成强大的寓教于乐合力。

第五节 实现中华优秀传统文化价值观的现代转换

对于中华优秀传统文化的传承与弘扬，重点在于促进其价值观的现代化转型。这一过程的关键在于实现中华优秀传统文化价值观的创造性转化和创新性发展。必须深入挖掘、系统整理、精准凝练和全面阐发中华优秀传统文化中的价值观念，并赋予其新的时代内涵，以转化为社会主义核心价值观的重要思想源泉。在新的历史条件下，要积极推动中华优秀传统文化蕴含的价值观念的创新、发展和弘扬，从而促进中华文化的繁荣兴盛。这一任务并不依赖于任何单一主体，而是需要社会各界的共同努力和参与。全社会的协同合作可以更好地保护和传承中华优秀传统文化，推动其在新时代的创新和发展。

一、中华优秀传统文化价值观现代转换的重点

（一）重点转换反映人际关系一般规律的价值观念

人作为社会性动物，其本质属性在于其所处的社会关系之中。和谐的人际关系是构建和谐社会的基石，也是实现国家繁荣和民族振兴的必要条件。而要实现和谐的人际关系，必须遵循一定的人际交往法则。因此，研究和理解人际关系的一般规律以及人际交往的基本法则，对于个人生存和社会发展具有重要意义。这种思想理念，正是中华优秀传统文化的重要组成部分，值得我们深入学习和传承。

（二）重点转换彰显中华民族伟大精神的价值观念

民族精神，作为民族凝聚力的核心，是维系民族生存与发展的精神纽带。

一个民族若缺乏坚定的精神追求和高尚的道德品质，将无法在世界民族之林中立足。历经五千多年的文明积淀，中华民族形成了以爱国主义为核心的伟大民族精神，包括团结统一、爱好和平、勤劳勇敢、自强不息等核心价值。这种民族精神，不仅为中华民族提供了团结奋斗、克服困难的强大动力，更是推动实现中华民族伟大复兴中国梦的坚实基石。因此，我们必须深入传承和弘扬蕴含中华民族伟大精神的优秀传统文化价值观，以确保中华民族在新时代的征程中继续繁荣昌盛。

（三）重点转换契合社会主义市场经济的价值观念

社会主义的本质任务在于推动生产力的持续进步。社会主义市场经济作为发展生产力的关键途径和必要条件，其稳健运行与健康发展均离不开正确的价值导向与道德规范的有力支撑。因此，要积极构建与社会主义市场经济相适应的思想道德体系，以引导和规范市场主体的行为。同时，在发展社会主义市场经济的过程中，不仅要求建立健全的法律法规体系，确保市场运行的法治化、规范化，而且要求同步建立与之相匹配的思想道德体系，以强化市场主体的道德自觉，促进市场的公平竞争与和谐发展。这一过程中，必须遵循客观规律，确保各项措施的科学性和有效性，不断推进社会主义市场经济的深入发展。

二、中华优秀传统文化价值观现代转换的关键

第一，对于中华优秀传统文化的价值观，应持科学态度，审慎扬弃，这是推动其实现现代转型的首要前提。

第二，在扬弃的基础上，须进一步拓展和深化中华优秀传统文化的价值观，注入新的时代内涵，以适应现代社会的需求和发展。

第三，为实现中华优秀传统文化价值观的现代转换，须丰富其时代内涵，并创新话语表达方式。话语作为思想的载体和表达工具，是人们进行精神交

流的重要媒介。缺乏恰当的表达方式，深邃的思想亦难以形成具有感染力和影响力的话语体系。

第四，推动中华优秀传统文化价值观与现实文化价值观的深度融合。传统文化并非僵化不变，而是随着社会进步不断自我更新与演进。传统文化逐步融入现代生活，成为现代文化的重要根基和内在精神，而现代文化则在继承传统的基础上实现创新与发展，形成传统文化的时代化表达。因此，传统文化与现代文化并非截然对立的"过去"与"现在"，而是相互交织、互为补充的有机整体。我们应坚决避免割裂中华优秀传统文化价值观与我国现实文化价值观的紧密联系，而应积极促进二者的和谐统一，以整体视角规划和构建中国特色社会主义文化体系，培育和践行社会主义核心价值观。唯有如此，我们才能有效推动社会主义文化的繁荣兴盛，切实提升我国的文化软实力和国际影响力。

不忘历史才能开辟未来，善于继承才能善于创新。"优秀传统文化是一个国家、一个民族传承和发展的根本，如果丢掉了，就割断了精神命脉。我们要善于把弘扬优秀传统文化和发展现实文化有机统一起来，紧密结合起来，在继承中发展，在发展中继承。"因此，必须贯通古今文化价值观，使中华优秀传统文化与社会主义核心价值观相融合，相得益彰，从而激发中华优秀传统文化的生机与活力，提升社会主义核心价值观的影响力与凝聚力，将中华优秀文化的深厚软实力资源转化为真正的文化软实力。

例如，爱国主义是中华民族悠久且深厚的文化传统，历经千年沧桑而越发鲜明。尽管历史背景和社会发展不断变迁，但爱国主义的本质和内涵始终如一，熠熠生辉。在新时代的征程上，紧密结合时代步伐，将我国悠久的爱国主义传统与崇高的爱国主义精神融合创新，形成符合时代发展的"爱国"价值观，是时代赋予我们的重要任务。深化对爱国价值的理论认识，将爱国之情转化为具体行动，成为团结海内外中华儿女的强大精神力量，是推动社会主义现代化建设的内在驱动力。这不仅是构建我国社会主义核心价值观的核心内容，更是实现中华民族伟大复兴中国梦的必由之路。

参考文献

[1]陈万柏,张耀灿. 思想政治教育学原理[M]. 3 版. 北京:高等教育出版社,2015.

[2]曾瑜,邱燕,王艳碧. 高校学生管理工作法治化研究[M]. 成都:西南交通大学出版社,2016.

[3]齐立石. 大学生思想政治教育[M]. 成都:电子科技大学出版社,2017.

[4]骆郁廷. 思想政治教育引论[M]. 北京:中国人民大学出版社,2018.

[5]李玲. 高校学生管理工作创新研究[M]. 长春:吉林人民出版社,2020.

[6]奉中华,张巍,仲心. 大学生教育管理的创新与实践研究[M]. 长春:吉林人民出版社,2020.

[7]陈少雄,宋欢. "三大创新"推动高校学生思想政治教育工作化无形为有形[J]. 高教探索,2018(8):104-106.

[8]步海洋. 新时代高校思想政治教育协同创新探析[J]. 江苏高教,2023(2):91-96.

[9]荣华伟. 高校思想政治教育的历史逻辑与创新发展[J]. 江苏高教,2023(9):104-109.

[10]黄艳,李佳玲,黄金岩. 互联网接触对大学生思想政治教育传播效果

的影响研究——基于全国 35 所高校调查数据的实证分析[J]. 高校教育管理，2021，15(6)：13-24.

[11]骆郁廷，王巧. 大学生网络社交圈层化及其思想传播的空间分布[J]. 学校党建与思想教育，2021(5)：30-33.

[12]陈志勇. 信息过载环境下高校思想政治教育创新[J]. 思想理论教育导刊，2018(9)：124-127.

[13]杨颖萱，孙绍勇. 信息技术与高校思想政治教育传播深度融合探析[J]. 传媒，2023(24)：80-81，83.

[14]王战军，乔刚. 大数据驱动的教育研究新范式[J]. 北京大学教育评论，2018(1)：179-185.

[15]雷朝滋. 教育信息化：从 1.0 走向 2.0——新时代教育信息化发展的走向与路径[J]. 华东师范大学学报(教育科学版)，2018(1)：98-103.

[16]张引琼，唐琳. "大数据"背景下学校教育管理的现代变革思路[J]. 教育理论与实践，2018(26)：14-16.

[17]匡益明. 互联网背景下高校学生管理模式创新研究[J]. 食品研究与开发，2023，第 44 卷(15)：240.

[18]张坤. 大数据时代高校学生管理工作信息化建设现状及建议[J]. 移动信息，2023，45(6)：86-88.

[19]赵立川. 高校学生管理协同治理的困境与学生管理高质量发展新路径[J]. 辽宁青年，2023，12(5)：140-142.

[20]胡爱祥，钱平，盛晟. 高校学生管理协同治理的困境与学生管理高质量发展新路径[J]. 江苏高教，2022，(12)：64-68.

[21]袁雯．人本理念下高校学生管理的路径创新思考[J]．公关世界，2021(24)：68–69.

[22]陈恳．高校学生管理与思想政治教育结合的改革与创新[J]．产业与科技论坛，2022，21(1)：267–268.

[23]杨春梅.新媒体时代高校辅导员学生管理工作的挑战及创新优化[J].创新创业理论研究与实践，2023，6(4)：146–148.

[24]秦杰，基于互联网思维的高校学生管理工作转型分析[J]．中国科技期刊数据库 科研，2022(6)：177–180.